教育部职业教育与成人教育司推荐教材
中等职业学校汽车运用与维修专业教学用书

中等职业院校汽车运用与维修专业技能型紧缺人才培养培训教材

Qiche Jixie Jichu
汽车机械基础

（第二版）

凤 勇 主编

人民交通出版社股份有限公司
China Communications Press Co.,Ltd.

内 容 提 要

本书是教育部职业教育与成人教育司推荐教材,也是中等职业院校汽车运用与维修专业技能型紧缺人才培养培训教材,依据教育部颁布的《中等职业院校汽车运用与维修专业技能型紧缺人才培养培训指导方案》以及国家和交通行业职业标准编写而成。

本书内容主要包括:识图常识、汽车常用机构、汽车典型零件、汽车典型液压液力元件、汽车机修基础知识,共计5个单元。

本书是中等职业院校汽车运用与维修等专业的教材,亦可供相关专业人员学习参考。

图书在版编目(CIP)数据

汽车机械基础/凤勇主编. —2版. —北京:人民交通出版社股份有限公司,2014.9
ISBN 978-7-114-11544-8

Ⅰ.①汽… Ⅱ.①凤… Ⅲ.①汽车—机械学—中等专业学校—教材 Ⅳ.①U463

中国版本图书馆 CIP 数据核字(2014)第 154232 号

书　　名:	汽车机械基础(第二版)
著 作 者:	凤　勇
责任编辑:	闫东坡
出版发行:	人民交通出版社股份有限公司
地　　址:	(100011)北京市朝阳区安定门外外馆斜街3号
网　　址:	http://www.ccpress.com.cn
销售电话:	(010)59757973
总 经 销:	人民交通出版社股份有限公司发行部
经　　销:	各地新华书店
印　　刷:	北京市密东印刷有限公司
开　　本:	787×1092　1/16
印　　张:	18
字　　数:	430千
版　　次:	2005年5月　第1版 2015年1月　第2版
印　　次:	2018年1月　第2版　第3次印刷　累计第19次印刷
书　　号:	ISBN 978-7-114-11544-8
定　　价:	39.00元

(有印刷、装订质量问题的图书由本公司负责调换)

交通职业教育教学指导委员会
汽车运用与维修专业指导委员会

主 任 委 员：魏庆曜

副主任委员：张尔利　汤定国　马伯夷

委　　　员：王凯明　王晋文　刘　锐　刘振楼　刘越琪

　　　　　　　许立新　吴宗保　张京伟　李富仓　杨维和

　　　　　　　陈文华　陈贞健　周建平　周柄权　金朝勇

　　　　　　　唐　好　屠卫星　崔选盟　黄晓敏　彭运均

　　　　　　　舒　展　韩　梅　解福泉　詹红红　裴志浩

　　　　　　　魏俊强　魏荣庆

秘　　　书：秦兴顺

第二版前言

为深入贯彻《国务院关于加快发展现代职业教育的决定》以及教育部等六部委《关于实施职业院校制造业和现代服务业技能型紧缺人才培养培训工程的通知》精神,积极推进课程改革和教材建设,为中等职业教育教学提供更加丰富和多样化的实用教材,适应经济发展、产业升级和技术进步,满足交通运输业科学发展的需要。人民交通出版社股份有限公司组织全国交通职业院校的专业教师,按照"专业设置与产业企业岗位需求对接、课程内容与职业标准对接、教学过程与生产过程对接,明显提升职业院校毕业生就业质量"的要求,依据教育部颁布的《中等职业院校汽车运用与维修专业领域技能型紧缺人才培养培训指导方案》,对教育部职业教育与成人教育司推荐教材进行了再版修订,供全国中等职业院校汽车运用与维修等专业教学使用。

此次再版修订教材符合国家对技能型紧缺人才培养培训工作的需要,体现了中等职业教育的特色,教材特点如下:

1. "以服务发展为宗旨,以促进就业为导向",加强文化基础教育,强化技术技能培养,符合高素质中、初级汽车专业实用人才培养的需求;

2. 总结近几年教学改革经验,教材修订符合中等职业院校学生的认知规律,注重知识的实际应用和对学生职业技能的训练,符合中职院校教学与培训的需要;

3. 依据最新国家及行业标准,剔除第一版教材中陈旧过时的内容,教材修订量在20%以上,反映了新知识、新技术、新工艺。

《汽车机械基础》是汽车运用与维修专业核心课之一,由四川交通职业技术学院凤勇担任主编。教材主要内容包括:识图常识、汽车常用机构、汽车典型零件、汽车典型液压液力元件、汽车机修基础知识,共计5个单元。

限于编者经历和水平,教材内容难以覆盖全国各地中等职业院校的实际情况,希望各学校在选用和推广本系列教材的同时,注重总结教学经验,及时提出修改意见和建议,以便再版修订时改正。

编 者
2014 年 6 月

目 录

单元一 识图常识

1 正投影与三视图基础 ... 1
2 图示与标准 ... 20
3 零件图与装配图 ... 56

单元二 汽车常用机构

1 机构常识 ... 72
2 汽车常见四杆机构 ... 76
3 汽车配气机构 ... 87
4 汽车轮系 ... 91
5 回转件的平衡 ... 106

单元三 汽车典型零件

1 钢材类零件 ... 111
2 铸铁类零件 ... 160
3 有色金属类零件 ... 164
4 其他材料类零件 ... 171

单元四 汽车典型液压液力元件

1 液压泵 ... 178
2 液压缸 ... 183
3 液压辅助元件 ... 186
4 液压控制阀 ... 188
5 汽车典型液压系统 ... 201
6 液力元件——变矩器 ... 206

单元五 汽车机修基础知识

1 钳工基础知识 ... 210
2 测量与划线的基本知识 ... 212
3 锯削的基本知识 ... 222
4 錾削的基本知识 ... 226

5	锉削的基本知识	230
6	钻孔和攻套螺纹	234
7	刮削和装配	243
8	焊接的基本知识	253
9	钣金的基本知识	268

参考文献 ········· 280

单元一 识图常识

学习目标

知识目标

1. 陈述点、线、面的投影规律,描述基本几何体的三面投影;
2. 叙述国家标准中有关制图的规定;
3. 叙述公差与配合、形位公差和表面粗糙度的概念和表示方法。

能力目标

正确识读汽车零件图和装配图。

1 正投影与三视图基础

1.1 投影的概念

1.1.1 概述

投影法是指投影线通过物体,向选定的面投射,并在该面上得到图形的方法。如图1-1所示,设定平面 P 为投影面,不属于投影面的定点 S 为投射中心。过空间点 A 由投射中心 S 可引直线 SA,SA 称为投射线。投射线 SA 与投影面 P 的交点 a,称为空间点 A 在投影面 P 上的投影。

1.1.2 正投影法

当投射线互相平行且垂直于投影面时,称为正投影法。由正投影法得到的投影,称为正投影,如图1-2所示。

1.1.3 三投影面体系

如图1-3所示,三投影面体系是由三个相互垂直的投影面组成。其中 V 面称为正立投影面,简称正面;H 面称为水平投影面,简称水平面;W 面称为侧立投影面,简称侧面。

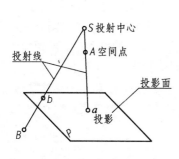

图1-1 投影法

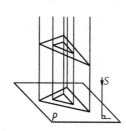

图1-2 平行投影法——正投影

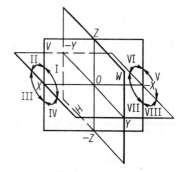

图1-3 三投影面体系

V 面与 H 面的交线记为 OX 轴,H 面与 W 面的交线记为 OY 轴,V 面与 W 面的交线记为 OZ

轴。三条轴的交点为原点,记为 O 点。三个投影面把空间分成 8 个部分,称为 8 个分角,其划分顺序如图 1-3 所示。

1.1.4 三视图的形成

如图 1-4 所示,将物体放在三投影面体系内的第一分角内,分别向三个投影面投射,为了使所得到的三个投影处于同一平面上,可保持 V 面不动,将 H 面绕 OX 轴向下旋转 $90°$,W 面绕 OZ 轴向右旋转 $90°$,则 H、W 面与 V 面处于同一平面,这样便得到物体的三个视图。V 面上的视图称为主视图,H 面上的视图称为俯视图,W 面上的视图称为左视图。在画视图时,投影面的边框及投影轴不必画出,但三个视图的相对位置不能变动,即俯视图在主视图的下边,左视图在主视图的右边,三个视图的名称均不必标注。

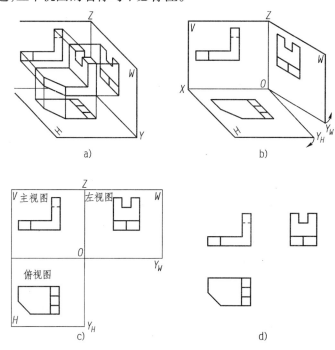

图 1-4 三视图的形成

1.1.5 三视图之间的对应关系

物体有长、宽、高三个方向的尺寸。物体的左右面之间的距离为长度,前后面之间的距离为宽度;上下面之间的距离为高度,如图 1-5 所示。主视图和俯视图都能反映物体的长度,主视图和左视图都能反映物体的高度,俯视图和左视图都能反映物体的宽度。三个视图之间的度量对应关系可归纳为:主视图、俯视图长对正;主视图、左视图高平齐;俯视图、左视图宽相等,即"长对正,高平齐,宽相等",这是三视图的重要特性,也是画图和看图的主要依据。

主视图能反映物体的左右和上下关系,左视图能反映物体的上下和前后关系,俯视图能反映物体的左右和前后关系。

1.2 点的投影

1.2.1 点的三面投影

如图 1-6a)所示,第一分角内有一点 A,将其分别向 V、H、W 面投影,即点的三面投影。其中，V 面上的投影称为正面投影，记为 a'；H 面的投影称为水平投影，记为 a；W 面上的投影称为侧面投影，记为 a''。

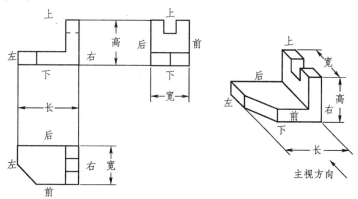

图 1-5　三视图之间的度量对应关系和方位关系

移去空间点 A，保持 V 面不动，将 H 面绕 OX 轴向下旋转 $90°$，W 面绕 OZ 轴向右旋转 $90°$，则 H、W 面与 V 面处于同一平面，即得到点 A 的三面投影，如图 1-6b) 所示。图中 OY 轴被假想地分为两条，随 H 面旋转的称为 OY_H 轴，随 W 面旋转的称为 OY_W 轴。投影图中不必画出投影面的边界，如图 1-6c) 所示。

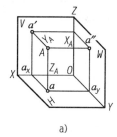 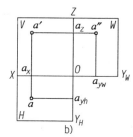 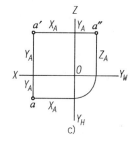

图 1-6　第一分角内点的投影

1.2.2　点的三面投影与直角坐标的关系

如图 1-6 所示，点 A 的三面投影与其坐标间的关系如下：

X_A 表示 A 点到 W 面的距离；

Y_A 表示 A 点到 V 面的距离；

Z_A 表示 A 点到 H 面的距离。

X_A，Y_A，Z_A 也称为 A 点的三个坐标值。有了点 A 的一组坐标 (X_A,Y_A,Z_A)，就能唯一确定该点的三面投影 (a'',a',a)。

1.2.3　点的三面投影规律

如图 1-6 所示，根据点的三面投影关系，可以得知"点的三面投影规律"为：

(1) 点的正面投影与水平投影的连线垂直于 OX 轴；

(2) 点的正面投影与侧面投影的连线垂直于 OZ 轴；

(3) 点的水平投影与侧面投影具有相同的 Y 坐标。

1.2.4　重影点及其可见性

空间两点在某投影面上的投影若出现重合，称为重影。图 1-7a) 中，空间两点 A、B 处于同一条投影线(该投影线垂直于 H 面)上,则点 A、B 称为 H 面的重影点,其水平投影重合为一点 $a(b)$。同理,点 C、D 称为对 V 面的重影点,其正面投影重合为一点 $c'(d')$。

当空间两点在某投影面上的投影发生重合时,其中必有一点的投影遮挡另一点的投影,这就出现了重影点的可见性问题。图 1-7b)中,点 A、B 为 H 面的重影点,由于 $Z_A > Z_B$,点 A 在点 B 的上方,故 a 可见,b 不可见(规定:对点的不可见投影,要加括号表示)。同理,点 C、D 为 V 面的重影点,由于 $Y_C > Y_D$,点 C 在点 D 的前方,故 c' 可见,d' 不可见。

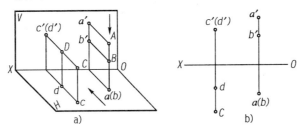

图 1-7 重影点和可见性

1.3 直线的投影

1.3.1 直线的投影

直线的投影可由属于该直线的两点的投影来确定。一般用直线段的投影表示直线的投影,即作出直线段的两个端点的投影,则两点的同面投影的连线为该直线段的投影,如图 1-8 所示。

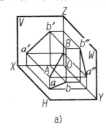 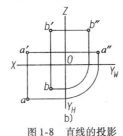 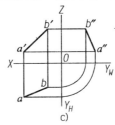

图 1-8 直线的投影

1.3.2 各种位置直线的投影

根据直线在投影面体现中相对于三个投影面所处的位置不同,可将直线分为投影面平行线、投影面垂直线和一般位置直线三类。其中,前两类统称为特殊位置直线。

1.3.2.1 投影面平行线的投影。平行于某一投影面、而倾斜于另外两投影面的直线,称为投影面的平行线,并分为三种:

正平线——与正面平行的直线;

水平线——与水平面平行的直线;

侧平线——与侧面平行的直线。

表 1-1 列出了三种投影面平行线的立体图、投影图和投影特性。

1.3.2.2 投影面垂直线的投影。垂直于某一投影面、而平行于其余两投影面的直线,称为投影面的垂直线,也分为三种:

正垂线——与正面垂直的直线;

铅垂线——与水平面垂直的直线;

侧垂线——与侧面垂直的直线。

投影面的平行线　　　　　　　表1-1

名称	正平线	水平线	侧平线
立体图			
投影图			
投影特性	1. $a'b'$反映实长和实际倾角α、γ； 2. $ab // OX$，$a''b'' // OZ$，长度缩短	1. cd反映实长和实际倾角β、γ； 2. $c'd' // OX$，$c''d'' // OY_W$，长度缩短	1. $e''f''$反映实长和实际倾角α、β； 2. $e'f' // OZ$，$ef // OY_H$，长度缩短

表1-2列出了三种投影面垂直线的立体图、投影图和投影特性。

投影面的垂直线　　　　　　　表1-2

名称	正垂线	铅垂线	侧垂线
立体图			
投影图			
投影特性	1. $a'(b')$积聚成一点； 2. $ab // OY_H$，$a''b'' // OY_W$，都反映实长	1. $c(d)$积聚成一点； 2. $c'd' // OZ$，$c''d'' // OZ$，都反映实长	1. $e''(f'')$积聚成一点； 2. $ef // OX$，$e'f' // OX$，都反映实长

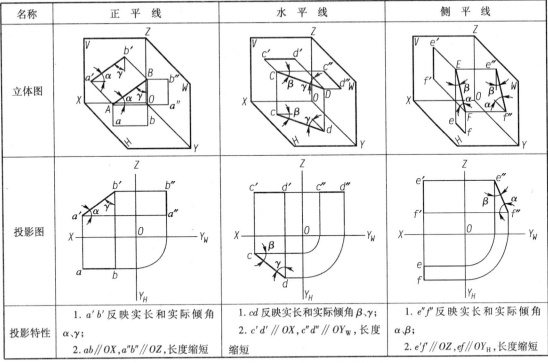

1.3.2.3 一般位置直线的投影。相对于三个投影面都倾斜的直线,称为一般位置直线。由于一般位置直线同时倾斜于三个投影面,故有如下投影特点,如图 1-9 所示。

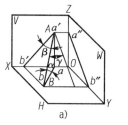 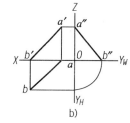

(1)直线的三面投影都倾斜于投影轴,它们与投影轴的夹角,均不反映直线对投影面的倾角;

(2)直线的三面投影的长度都短于实长,其投影长度与直线对各投影面的倾角有关(即 $ab = AB\cos\alpha$,$a'b' = AB\cos\beta$,$a''b'' = AB\cos\gamma$)。

图 1-9 一般位置直线的投影
a)立体图;b)投影图

1.4 平面的投影

在三面投影体系中,根据平面相对于三个投影面所处的位置不同,可将平面分为投影面平行面、投影面垂直面和一般位置平面三类。其中,前两类统称为特殊位置平面。

1.4.1 投影面的平行面

平行于某一投影面、而垂直于另外两投影面的平面,称为投影面的平行面,并分为三种:

正平面——与正面平行的平面;
水平面——与水平面平行的平面;
侧平面——与侧面平行的平面。

表 1-3 列出了三种投影面平行面的立体图、投影图和投影特性。

投影面平行面的投影特性   表 1-3

名称	正 平 面	水 平 面	侧 平 面
立体图			
投影图			
投影特性	1. 正面投影反映实形; 2. 水平投影 // OX,侧面投影 // OZ,并分别积聚成直线	1. 水平投影反映实形; 2. 正面投影 // OX,侧面投影 // OY_W,并分别积聚成直线	1. 侧面投影反映实形; 2. 正面投影 // OZ,水平投影 // OY_H,并分别积聚成直线

1.4.2 投影面的垂直面

只垂直于某一投影面、而倾斜于其余两投影面的平面,称为投影面的垂直面,也分为三种:

正垂面——与正面垂直的平面;

铅垂面——与水平面垂直的平面;

侧垂面——与侧面垂直的平面。

表1-4列出了三种投影面垂直面的立体图、投影图和投影特性。

投影面垂直面的投影特性　　　　　　表1-4

名称	正 垂 面	铅 垂 面	侧 垂 面
立体图	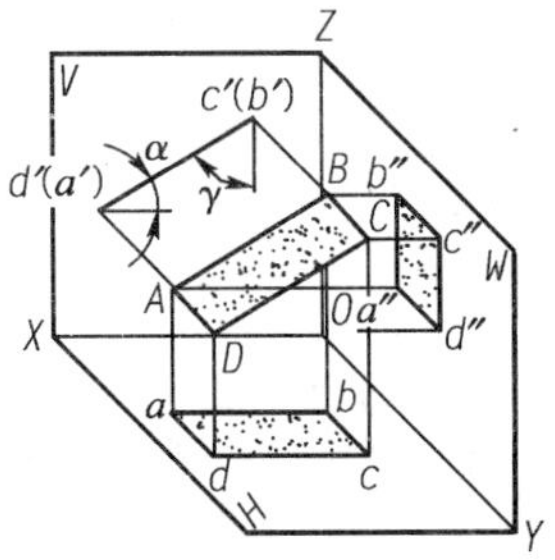	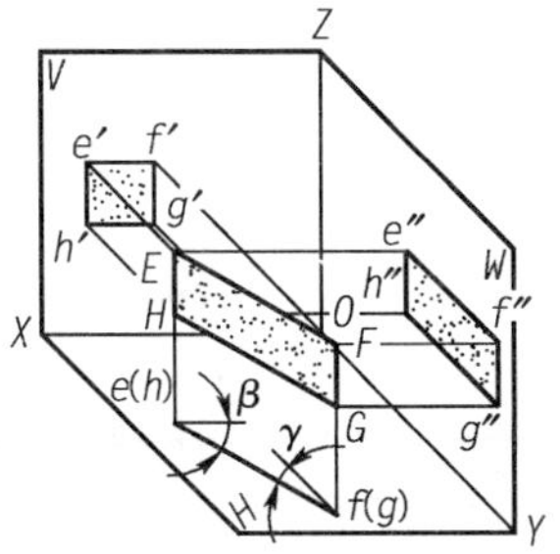	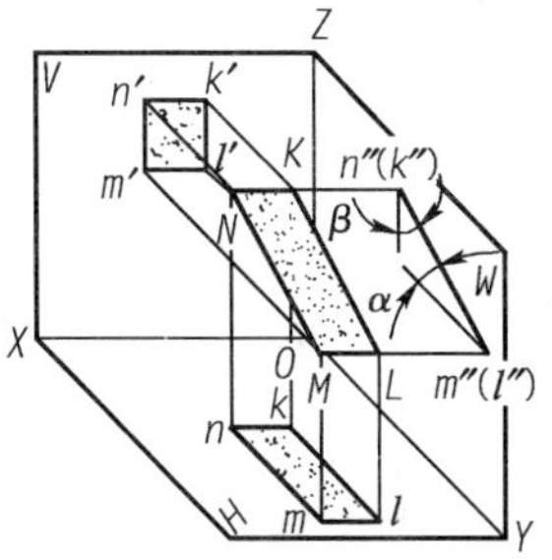
投影图	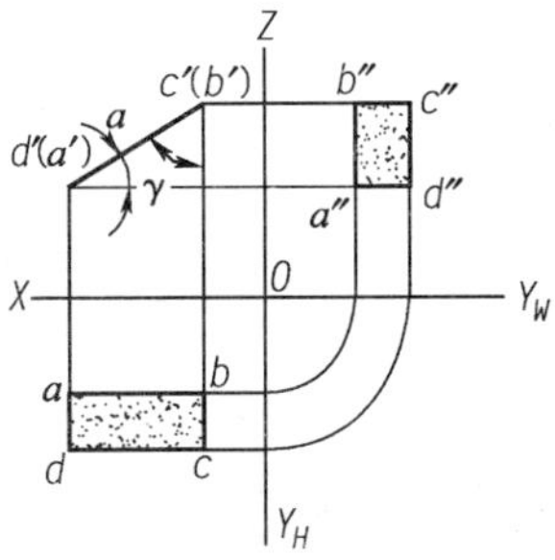	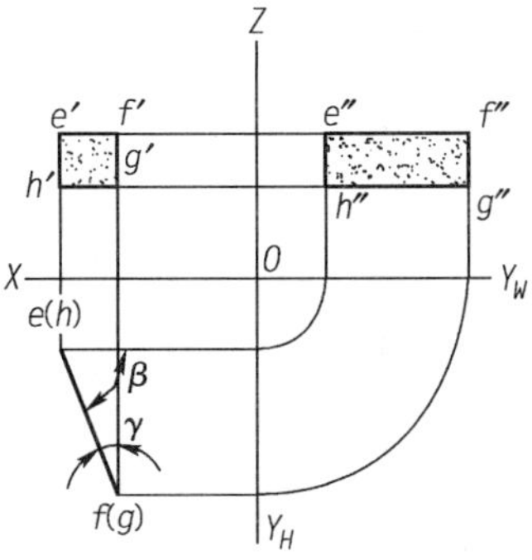	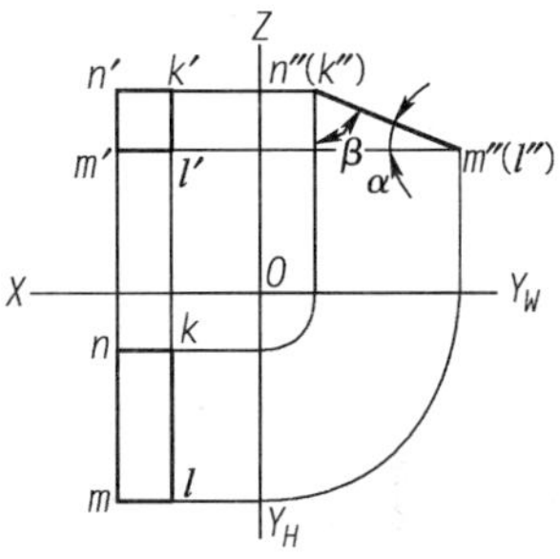
投影特性	1. 正面投影积聚成直线,并反映真实倾角 $\alpha、\gamma$ 2. 水平投影、侧面投影仍为平面图形,面积缩小	1. 水平投影积聚成直线,并反映真实倾角 $\beta、\gamma$ 2. 正面投影、侧面投影仍为平面图形,面积缩小	1. 侧面投影积聚成直线,并反映真实倾角 $\alpha、\beta$ 2. 正面投影、水平投影仍为平面图形,面积缩小

1.4.3 一般位置的平面

相对于三个投影面都倾斜的平面,称为一般位置平面。如图1-10所示,△ABC 倾斜于 V、H、W 面,是一般位置平面。

图1-10b)是 △ABC 的三面投影,三个投影都是 △ABC 的类似形(边数相等),且均不能直接反映该平面对投影面的真实倾角。

由此可得处于一般位置的平面的投影特性:它的三个投影仍是平面图形,而且面积缩小。

1.5 基本体的投影

工程中,通常把棱柱、棱锥、圆柱、圆锥、球、圆环等简单立体称为基本几何体,简称基本体。在基本体中,棱柱、棱锥是平面立体,它们的表面由若干多边形围成。所以绘制平面立体的投影就是把组成立体的平面和棱线表示出来,然后判别其可见性,看得见的棱线画成实线,看不见的棱线画成虚线。

工程中常见的圆柱、圆锥、球和圆环等称为回转体。

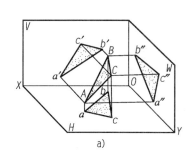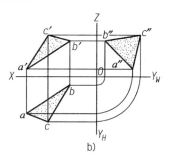

图1-10 一般位置平面
a)立体图;b)投影图

1.5.1 棱柱的投影

图1-11为一正六棱柱的投影。其顶面和底面均为水平面,它们的水平投影反映实形,正面及侧面积聚为一直线。六棱柱有六个侧棱面,前后两个为正平面,它们的正面投影反映实形,水平投影及侧面投影积聚为一直线。其他四个侧棱面均积聚为直线,正面投影和侧面投影均为类似形。

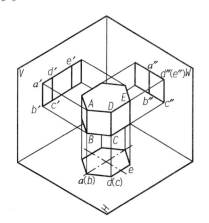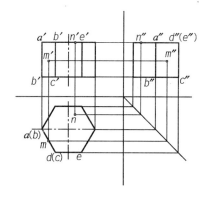

图1-11 棱柱的投影及表面取点

棱线 AB 为铅垂线,水平投影积聚为一点 $a(b)$,正面投影 $a'b'$ 和侧面投影 $a''b''$ 均反映实长。顶面的 DE 为侧垂线,侧面投影积聚为一点 $d''(e'')$,水平投影 de 和正面投影 $d'e'$ 均反映实长。底面的边 BC 为水平线,水平投影 bc 反映实长,正面投影 $b'c'$ 和侧面投影 $b''c''$ 均小于实长,其余棱线可作类似分析。

作图时,可先画六棱柱的水平投影(正六边形),再根据投影规律和棱柱的高度作出其他两个投影。

1.5.2 棱锥的投影

图1-12为正三棱锥的投影。底面 $\triangle ABC$ 为水平面,因此其水平投影反映底面实形,它的正面投影和侧面投影积聚为一直线。棱面 $\triangle SAC$ 为侧垂面,它的侧面投影积聚为一直线,水平

投影和正面投影均为类似形。棱面△SAB和△SBC为一般位置平面，它们的三面投影均为类似形。

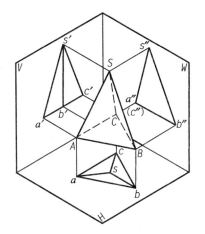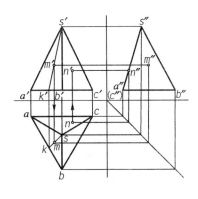

图1-12 棱锥的投影及表面取点

作图时先画出底面三角形的各个投影，再作出锥顶S的各个投影，然后连接各棱线即得正三棱锥的三面投影。

1.5.3 圆柱的投影

圆柱表面由圆柱面和上、下底面组成。其中圆柱面是由一直线（母线）绕与之平行的轴线回转而成。

图1-13为圆柱的投影。该圆柱轴线为铅垂线，其上、下底面圆为水平面，在水平投影上的反映实形，正面投影和侧面投影分别积聚为一直线。圆柱面上的所有素线（母线在回转面上的任意位置）都是铅垂线，因此圆柱面的水平投影积聚为一个圆，在正面投影和侧面投影上分别画出决定投影范围的外形轮廓素线，即为圆柱面可见部分与不可见部分的分界线投影。例如正面投影上是最左、最右两条素线的投影，它们是圆柱在正面投影上可见的前半圆柱面和不可见的后半圆柱面的分界线，也称为正面投影的转向轮廓素线。侧面投影上的是最前、最后两条素线的投影，它们是圆柱在侧面投影上可见的左半圆柱面和不可见的右半圆柱面的分界线，也称为侧面投影的转向轮廓素线。

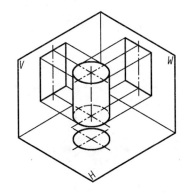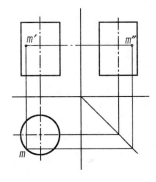

图1-13 圆柱的投影及表面取点

作图时首先画出水平投影的圆，再画出其他两个投影。

1.5.4 圆锥的投影

圆锥表面由圆锥面和底圆组成。圆锥面是一直母线绕与它相交的轴线回转而成。

图 1-14 为圆锥的投影。该圆锥轴线为铅垂线,底面为水平面,它的水平投影反映实形,其正面投影和侧面投影积聚为一直线。圆锥面上所有的素线均与轴线相交于锥顶,因此圆锥面的正面、侧面分别为决定其投影范围的外形轮廓素线。正面投影上是最左、最右两条素线的投影,它们是圆锥在正面投影上可见的前半圆锥和不可见的后半圆锥面的分界线,也称为正面投影的转向轮廓素线。侧面投影上是最前、最后两条素线的投影,它们是圆锥在侧面投影上可见的左半圆锥面和不可见的右半圆锥面的分界线,也称为侧面投影的转向轮廓素线。圆锥面的水平投影与底面的水平投影相重合,显然,圆锥面的三个投影都没有积聚性。

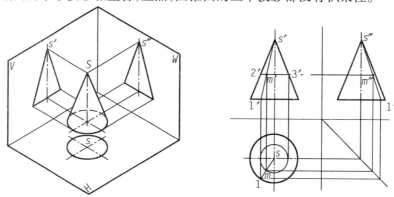

图 1-14 圆锥的投影及表面取点

作图时,先画出底面圆的各个投影,再画出锥顶的投影,然后分别画出其外形轮廓素线,即完成圆锥的各个投影。

1.5.5 球的投影

球的表面是球面。球面是一个圆母线绕其通过圆心且在同一平面上的轴线回转而成。图 1-15 为球的投影。其投影特征是:三个投影均为圆,其直径与球的直径相等。但三个投影面上的圆是不同的转向轮廓线的投影。正面投影上的圆是球上平行于 V 面的最大圆的投影,该圆为前半球面和后半球面的分界线,所以是正面投影的转向轮廓线。同理水平投影的转向轮廓线是球上平行于 H 面的最大圆的投影,该圆为上半球面和下半球面的分界线。侧面投影的转向轮廓线是球上平行于 W 面的最大圆的投影,它是左半球面和右半球面的分界线。

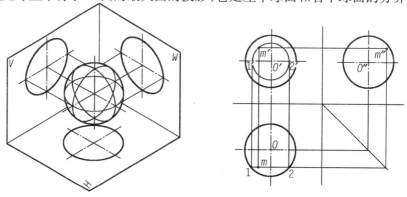

图 1-15 球的投影及表面取点

作图时,可先确定球心的三个投影,再分别画出三个与球等直径的圆。

1.5.6 环的投影

环的表面是由环面而围成,如图 1-16 所示。环面是由一圆母线绕不过圆心但在同一平面上的轴线回转而成。靠近轴线的半个母线圆形成的环面为内环面,远离轴线的半个母线圆形成的环面为外环面。

圆环投影中的轮廓线都是环面上相应的转向轮廓线的投影。正面投影的左、右两个圆是环面上平行于 V 面的两个圆的投影,它们是前半个环面和后半个环面的分界线。侧面投影中前、后两个圆是环面上平行于 W 面的两个圆的投影,它们是左半个环面和右半个环面的分界线。正面和侧面投影中顶、底两直线是环面最高、最低圆的投影。水平投影中最大、最小圆是区分上、下环面的转向轮廓线,点画线圆是母线圆心的轨迹。

1.6 截交线、相贯线

1.6.1 截交线

平面与立体表面相交,可以认为是立体被平面截切,因此该平面通常称为截平面。截平面与立体表面的交线称为截交线。截交线围成的平面图形称为截断面,如图 1-17 所示。

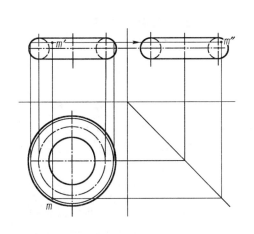

图 1-16 环的投影及表面取点

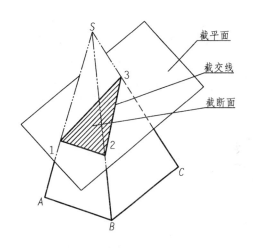

图 1-17 截断面与截交线

1.6.1.1 截交线的性质。截交线的性质如下:

(1) 截交线既在截平面上又在立体表面上,因此截交线是截平面与立体表面的共有线,截交线上的点是截平面与立体表面的共有点;

(2) 由于立体表面是封闭的,因此截交线一般是封闭的线框;

(3) 截交线的形状取决于立体表面的形状和截平面与立体的相对位置。

1.6.1.2 例题。

例 1-1 已知正垂面 P 截切六棱柱体,试画出六棱柱体被截切后的水平投影(见图 1-18)。

分析:如图 1-18a)所示,根据截平面与六棱柱的相对位置可知,P 面与六棱柱的五个棱面以及左端面相交,所以形成的截交线为六边形。六边形六个顶点分别为四根棱线与 P 平面相交及左端面上的两条边与 P 平面相交的交点。由于截平面 P 为正垂面,且六棱柱的各个面都平行或垂直于相应的投影面,因此这些平面都具有积聚性投影,可直接利用积聚性作图。具体步骤如图 1-18b)所示:

(1)在正面投影中找出 P_V 与六棱柱棱线的交点 $1'、2'、3'、4'、5'、6'$。它们就是空间 P 平面与各棱线的交点的正面投影。

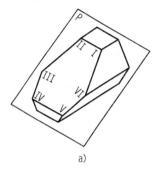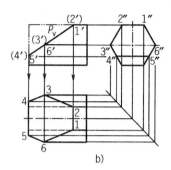

图 1-18 六棱柱的截交线
a)截平面;b)投影图

(2)根据直线上取点的方法作出其侧面投影 $1''、2''、3''、4''、5''、6''$ 和水平投影 $1、2、3、4、5、6$。

(3)顺次连接各点的同面投影,即得截交线的三面投影。

(4)整理轮廓线判别可见性。由于六棱柱最上两条棱线和最前、最后两条棱线被截切,故水平投影中这四条棱线只保留未被截切部分的投影。最下两条棱线没有被截切,其水平投影不可见,应画虚线,但其右边与最上两条棱线重影,故只画实线。

例 1-2 如图 1-19 所示,求圆柱被正截面截切后的截交线投影。

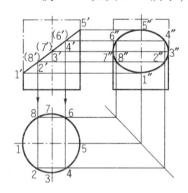

图 1-19 圆柱的截交线

分析:由于截平面与圆柱轴线倾斜,故截交线应为椭圆。截交线的正面投影积聚成直线。由于圆柱面具有积聚性,故截交线的水平投影与圆柱面的投影重合,侧面投影可根据圆柱面上的取点的方法求出。作图步骤是:

(1)先找出截交线上特殊点的正面投影 $1'、5'、3'、7'$,它们是圆柱的最左、最右以及最前、最后素线上的点,也是椭圆长、短轴的四个端点。作出其水平投影 $1、5、3、7$,侧面投影 $1''、5''、3''、7''$。

(2)再作出适当数量的一般点。先在正面投影上选取 $2'、4'、6'、8'$,根据圆柱面的积聚性,找出其水平投影 $2、4、6、8$,由点的两面投影作出侧面投影 $2''、4''、6''、8''$。

(3)将这些点的侧面投影依次光滑地连接起来,就得到截交线的三面投影。

1.6.2 相贯线

两回转体表面的交线称为相贯线。

1.6.2.1 相贯线的一般性质。 相贯线的一般性质如下:

(1)相贯线是两回转体表面的共有线,也是两相交立体的分界线。相贯线上所有的点都是两回转体表面的共有点。

(2) 由于立体的表面是封闭的,因此相贯线在一般情况下是封闭的线框。

(3) 相贯线的形状决定于回转体的形状、大小以及两回转体之间的相对位置。一般情况下相贯线是空间曲线,在特殊情况下是平面曲线或直线。

1.6.2.2 相贯线的作图。求两回转体相贯线的投影应先作出相贯线上的一些特殊点的投影,如回转体投影的转向轮廓线上的点,或对称的相贯线在其对面上的点,以及最高、最低、最左、最右、最前、最后这些确定相贯线形状和范围的点,然后再求作一般点,从而作出相贯线的投影。要注意的是:一段相贯线只有同时位于两个立体的可见表面时,这段相贯线的投影才是可见的。具体作图可采用表面取点法或辅助平面法。

例 1-3 如图 1-20 所示,已知两圆柱的三面投影,采用表面取点法求作它们的相贯线。

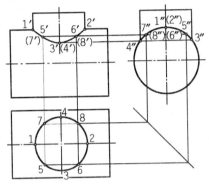
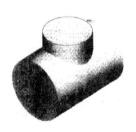

图 1-20 两圆柱的相贯线

分析:由于两圆柱的轴线分别是铅垂线和侧垂线,两轴线垂直相交,其相贯线的水平投影就积聚在铅垂圆柱上的水平投影圆上,侧面投影积聚在侧垂圆柱的侧面投影圆上。已知相贯线的两个投影即可求出其正面投影。

作图步骤:

(1) 求特殊点。先在相贯线的水平投影上定出 1、2、3、4 点,它们是铅垂圆柱最左、最右、最前、最后素线上的点的水平投影,再在相贯线的侧面投影上相应地作出 1″、2″、3″、4″。由这四点的两面投影,求出正面投影 1′、2′、3′、4′。可以看出,它们也是相贯线上最高、最低点。

(2) 求一般点。在相贯线的水平投影上定出左右、前后对称四点 5、6、7、8,求出它们的侧面投影 5″、6″、7″、8″,由这四点的两面投影,求出正面投影 5′、6′、7′、8′。

(3) 连接各点的正面投影,即得相贯线的正面投影。由于前半相贯线在两个圆柱的前半个圆柱面上,所以其正面投影 1′、5′、3′、6′、2′点可见,而后半相贯线的正面投影 1′、7′、4′、8′、2′点不可见,但与前半相贯线重合。

讨论:两轴线垂直相交的圆柱,在零件上是最常见的,它们的相贯线一般有如图 1-21 所示的三种形式。

例 1-4 如图 1-22 所示,用辅助平面法求圆柱与圆锥的相贯线。

分析:圆柱与圆锥轴线垂直相交,圆柱全部穿进左半圆锥,相贯线为封闭的空间曲线。由于这两个立体前后对称,因此相贯线也前后对称。又因圆柱的侧面投影积聚成圆,相贯线的侧面投影也必然重合在这个圆上。需要求的是相贯线的正面投影和水平投影。可选择水平面作辅助平面,它与圆锥面的截交线为圆,与圆柱面的截交线为两条平行的素线,圆与直线的交点即为相贯线上的点,如图 1-22a)所示。

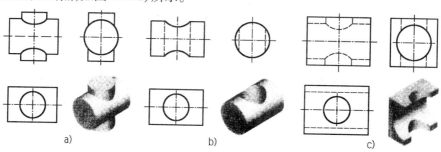

图 1-21　两圆柱相贯线的常见情况

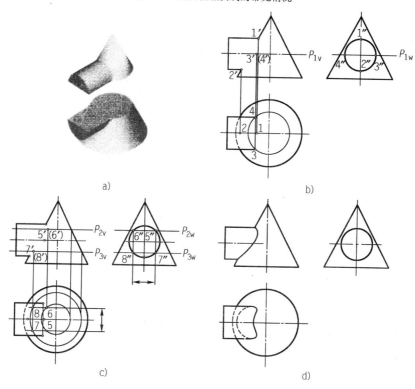

图 1-22　圆柱与圆锥的相贯线
a)立体图;b)求特殊位置点;c)求一般位置点;d)连续完成全图

作图步骤:

(1)求特殊点,如图 1-22b)所示。在侧面投影圆上确定 1″、2″,它们是相贯线上的最高点和最低点的侧面投影,可直接求出 1′、2′,再根据投影规律求出 1、2。

过圆柱轴线作水平面 P_1,它与圆柱相交于最前、最后两条素线;与圆锥相交为一圆,它们的水平投影的交点即为相贯线上最前点Ⅲ和最后点Ⅳ的水平投影 3、4,由 3、4 和 3″、4″可求出正面投影 3′、4′,这是一对重影点的投影。

(2)求一般位置点,如图 1-22c)所示。作水平面 P_2,求得Ⅴ、Ⅵ两点的投影。需要时还可以在适当位置再作水平辅助面求出相贯线上的点(如作水平面 P_3,求出Ⅶ、Ⅷ两点的投影)。

(3)依次连接各点的同面投影,根据可见性判别原则可知:水平投影中 3、7、2、8、4 点在下半个圆柱面上,不可见,故画虚线,其余画实线,如图 1-22d)所示。

1.7 组合体

由基本形体组成的复杂形体称为组合体。

1.7.1 组合体的组合方式

组合体的组合方式有切割和叠加两种形式。常见的组合体则是这两种形式的综合。见图 1-23。

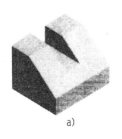  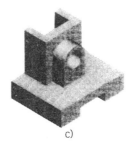

图 1-23 组合体的组合方式
a)切割;b)叠加;c)综合

无论以何种方式构成组合体,其基本形体的相邻表面都存在一定的相互关系。其形式一般可分为平行、相切、相交等情况。

1.7.1.1 平行。所谓平行是指两基本形体表面间同方向的相互关系。它又可以分为两种情况:当两种基本体的表面平齐时,两表面为共面,因此视图上两基本体之间无分界线,如图 1-24a)所示;而如果两基本体的表面不平齐时则必须画出它们的分界线,如图 1-24b)所示。

1.7.1.2 相切。当两基本形表面相切时,两表面在相切处光滑过渡,不应画出切线。如图 1-24c)所示。

当两曲面相切时,则要看两切面的公切面是否垂直于投影面。如果公切面垂直于投影面,则在该投影面上相切处要画线,否则不画线,如图 1-24d)所示。

1.7.1.3 相交。当两基本形体的表面相交时,相交处会产生不同形式的交线的投影,如图 1-24e)所示。

1.7.2 形体分析法

形体分析法是解决组合体问题的基本方法,所谓形体分析就是将组合体按照其组成方式分解为若干基本形体,以便分析各基本体的形状,它们之间的相对位置以及各表面之间的相互关系,这种方法称为形体分析法。在画图、读图的过程中,常常要用到形体分析法。

1.7.3 读组合体的视图

画图和读图是两个重要环节。画图是把空间形体用正投影方法表达在平面上;而读图则是运用正投影方法,根据视图想象出空间形体的结构形状。所以,要能正确、迅速地读懂视图,必须掌握读图的基本知识和基本方法,培养空间想象力和形体构思能力,并通过不断实践,逐步提高读图能力。

1.7.3.1 读图的基本知识。

(1)几个视图联系起来看。一般情况下,一个视图不能完全确定物体的形状。如图 1-25

所示的五组视图,它们的主视图都相同,但实际上是五种不同形状的物体。

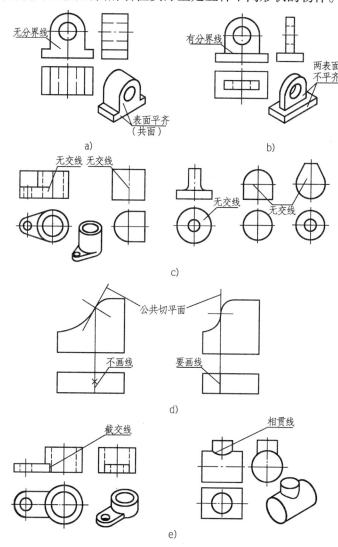

图 1-24 组合体相邻表面的相互关系
a)表面平齐;b)表面不平齐;c)表面相切;d)两曲面相切;e)表面相交

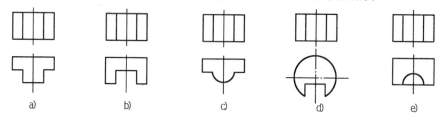

图 1-25 一个视图不能确定物体的形状

图 1-26 所示的三组视图,它们的主、俯视图都相同,但也表示了三种不同形状的物体。
由此可见,读图时,一般要将几个视图联系起来阅读、分析和构思,才能弄清物体的形状。
(2)寻找特征视图。所谓特征视图,就是把物体的形状特征及相对位置反映得最充分的那个视图。例如图 1-25 中的俯视图及图 1-26 中的左视图。找到这个视图,再配合其他视图,就能较快地认清物体了。

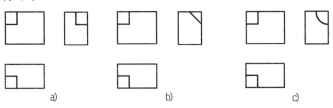

图 1-26 几个视图同时分析才能确定物体的形状

但是,由于组合体的组成方式不同,物体的形状特征及相对位置并非总是集中在一个视图上,有时是分散于各个视图上。例如图 1-27 中的支架就是由四个形体叠加构成的。主视图反映物体 A、B 的特征,俯视图反映物体 D 的特征。所以在读图时,要抓住反映特征较多的视图。

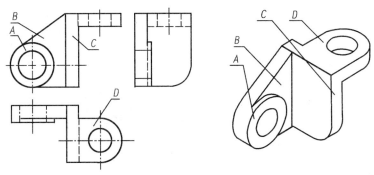

图 1-27 读图时应找出特征视图

(3) 了解视图中的线框和图线的含义。弄清视图中线和线框的含义,是看图的基础。下面以图 1-28 为例子说明。

视图中每个封闭线框,可以是形体上不同位置平面和曲面的投影,也可以是孔的投影。如图中 A、B 和 D 线框为平面的投影,线框 C 为曲面的投影,而图 1-27 中俯视图的圆线框为通孔的投影。

视图中的每一条图线既可以是曲面的转向轮廓线的投影,如图 1-28 中直线 1 是圆柱的转向轮廓线;也可以是两表面的交线的投影,如图中的直线 2 (平面与平面的交线)、直线 3 (平面与曲面的交线);还可以是面的积聚性投影,如图中直线 4。

1.7.3.2 读图的基本方法:

(1) 形体分析法。形体分析法是读图的基本方法。一般是 图 1-28 线框和图线的含义
从反映物体形状特征的主视图着手,对照其他视图,初步分析出该物体是由哪些基本形体以及通过什么连接关系形成的。然后按投影关系逐个找出各基本体在其他视图中的投影,以确定各基本体的形状和它们之间的相对位置,最后综合想象出物体的总体形状。

下面以轴承座为例(图 1-29),说明用形体分析法进行读图的方法。

① 从视图中分离出表示各基本形体的线框。如图 1-29a) 所示,将主视图分为四个线框。

其中线框3为左右两个完全相同的三角形,因此可归纳为三个线框,每个线框各代表一个基本形体。

②分别找出各线框对应的其他投影,并结合各自的特征视图逐一构思它们的形状。如图1-29b)所示,线框1的主、俯两视图是矩形。左视图是L形,可以想出该形体是一块直角弯板,板上钻了两个圆孔。

如图1-29c)所示,线框2的俯视图是一个中间带有两条直线的矩形。其左视图是一个矩形,矩形的中间有一条虚线,可以想象出它的形状是在一个长方体的中部挖了一个半圆槽。

如图1-29d)所示,线框3的俯、左两视图都是矩形。因此它们是两块三角形板对称地分布在轴承座的左右两侧。

③根据各部分的形状和它们的相对位置综合想象出其整体形状,如图1-29e)、图1-29f)所示。

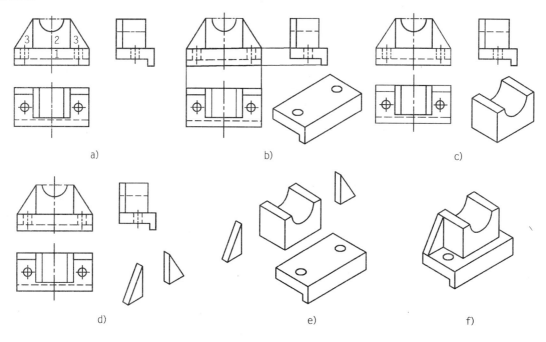

图1-29 轴承座的读图方法

(2)线面分析法。当形体被多个平面切割、形体的形状不规则或在某视图中形体结构的投影出现重叠时,采用形体分析法往往难以读懂。这时,需要运用线、面投影理论来分析物体的表面形状、面与面的相对位置以及面与面之间的表面交线,并借助立体的概念来想象物体的形状。这种方法称为线面分析法。

下面以图1-30所示压块为例,说明线面分析的读图方法。

①确定物体的整体形状。根据图1-30a)所示,压块三视图的外形均是有缺角和缺口的矩形,可初步认定该物体是由长方体切割而成,且中间有一个阶梯圆柱孔。

②确定切割面的位置和面的形状。由图1-30b)可知,在俯视图中有梯形线框A_H,而在主视图中可找出与它对应的斜线A_V,由此可见A面是垂直于V面的梯形平面。长方体的左上角

是由 A 面切割而成,平面 A 对 W 面和 H 面都处于倾斜位置,所以它们的侧面投影 A_W 和水平投影 A_H 是类似图形,不反映 A 面的真实形状。

由图 1-30c)可知,在主视图中有七边形线框 B_V,而在俯视图中可找出与它对应的斜线 B_H,由此可见 B 面是铅垂面。长方体的左端就是由这样的两个平面切割而成的。平面 B 对 V 面和 W 面都处于倾斜位置,因而侧面投影 B_W 也是类似的七边形线框。

由图 1-30d)可知,从主视图上的长方形线框架 D_V 入手,可找到 D 面的三个投影。由俯视图的四边形线框 C_H 入手,可找到 C 面的三个投影。从投影图中可知 D 面为正平面,C 面为水平面。长方体的前后两边就是由这样两个平面切割而成的。

③综合想象其整体形状。搞清楚各截切面的空间位置和形状后,根据基本形体形状、各截切面与基本形体的相对位置,并进一步分析视图中的线、线框的含义,可以综合想象出整体形状,如图 1-30e)所示。

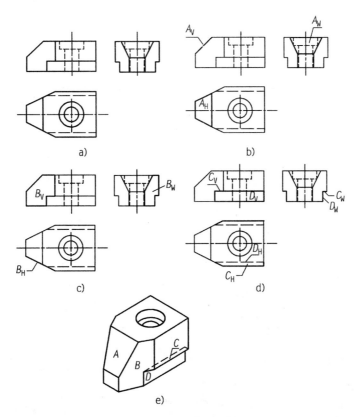

图 1-30 压块的读图过程

读组合体的视图常常是两种方法并用,以形体分析法为主,线面分析法为辅。

1.7.3.3 组合体读图方法小结。由上述例题可以看到,组合体读图的一般步骤是:
(1)分线框,对投影;
(2)想形体,辨位置;
(3)线面分析攻难点;
(4)综合起来想整体。

2 图示与标准

2.1 有关制图的国家标准

为了使制图的规格和方法统一,便于技术交流、档案保存和各种出版物的发行,国家质量技术监督局颁布的国家标准(简称"国标"或"GB")中包括有一系列制图的相关规定。

2.1.1 图纸的幅面及格式(GB/T 14689—2008)

绘制技术图样时,应先采用表1-5规定的基本幅面尺寸。

基本幅面尺寸(mm)　　　　　　　　　　　　表1-5

幅面代号		A0	A1	A2	A3	A4
尺寸 $B \times L$		841×1189	594×841	420×594	297×420	210×297
边框	a	25				
	c	10			5	
	e	20			10	

2.1.2 标题栏(GB 10609.1—2008)

每张图纸都必须有标题栏,标题栏的格式见图1-31、图1-32、图1-33所示,其内容见表1-6。

标题栏填写要求　　　　　　　　　　　　表1-6

区　名		填　写　要　求
更改区	标记	按要求或有关规定填写更改标记
	处数	同一标记所表示的更改数量
	分区	必要时,按照有关规定填写
	更改文件号	更改所依据的文件号
	签名	更改人姓名、时间
签字区	设计	设计人员签名、时间
	审核	审核人员签名、时间
	工艺	工艺人员签名、时间
	标准化	标准化人员签名、时间
	批准	负责人员签名、时间
其他区	材料标记	按相应标准或规定填写所使用的材料
	阶段标记	按有关规定从左到右填写图样各生产阶段
	重量	所绘制图样相应产品的计算重量,以千克为单位时可不写计量单位
	比例	绘制图样所采用的比例
	共×张　第×张	同一图样中图样的总张数及该张所在的张次
名称与代号区	单位名称	绘制图样单位的名称或代号,也可因故不填写
	图样名称	绘制对象的名称
	图样代号	按有关标准或规定填写图样的代号

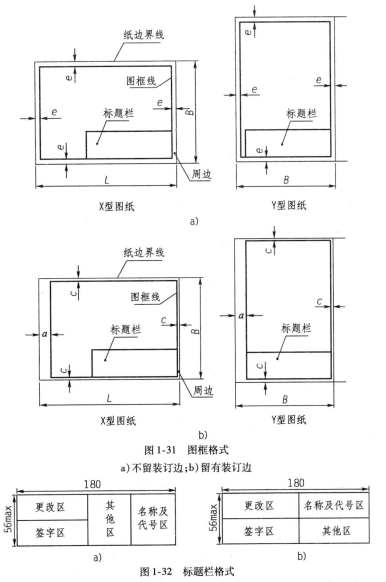

图 1-31 图框格式
a) 不留装订边；b) 留有装订边

图 1-32 标题栏格式

2.1.3 比例（GB/T 14690—1993）

比例是指图样中的图形与其实物相应要素的线性尺寸之比。绘图时所用的比例，应符合表 1-7 中的规定，参见图 1-34 所示。

比 例 系 列　　　　　　　　　　　　表 1-7

种　类	比　例	
	第一系列	第二系列
原值比例	1:1	1:1
缩小比例	1:2　1:5　1:10　$1:1×10^n$　$1:2×10^n$　$1:5×10^n$	1:1.5　1:2.5　1:3　1:4　1:6　$1:1.5×10^n$ $1:2.5×10^n$　$1:3×10^n$　$1:4×10^n$　$1:6×10^n$
放大比例	2:1　5:1　$1×10^n:1$　$2×10^n:1$　$5×10^n:1$	2.5:1　4:1　$2.5×10^n:1$　$4×10^n:1$

注：n 为正整数。

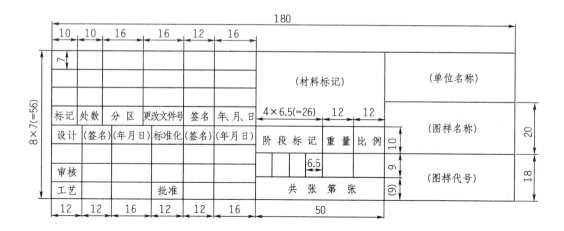

图 1-33 标题栏格式、分栏及尺寸

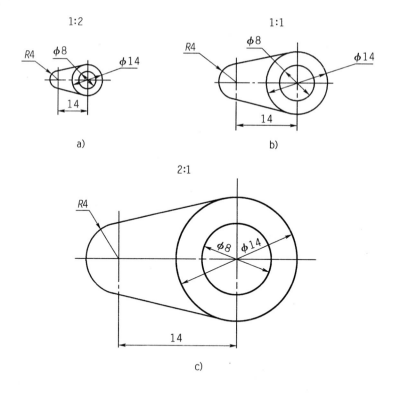

图 1-34 用不同比例画出的图形
a)缩小一半;b)原值比例;c)放大一倍

2.1.4 字体(GB/T 14691—1993)

图样上的汉字应采用长仿宋体字,字体号数代表字体的高度,如图 1-35 所示。

图样中的字母和数字可写成斜体或直体。斜体字的字头向右倾斜,并与水平基准线成 75°角,如图 1-36 所示。

单元一 识图常识

10号字

字体工整　笔画清楚　间隔均匀　排列整齐

7号字

横平竖直　注意起落　结构均匀　填满方格

5号字

技术制图机械电子汽车航空船舶土木建筑矿山井坑港口纺织服装

图1-35　长仿宋体汉字示例

A型大写斜体

A型小写斜体

A型斜体

A型直体

图　1-36

B型大写斜体

B型小写斜体

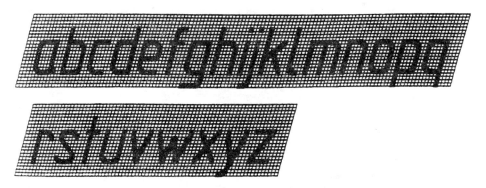

B型斜体

B型直体

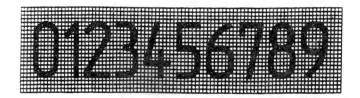

图1-36 字母和数字示例

2.1.5 图线(GB 4457.4—2002、GB/T 17450—1998)

基本线型及应用见表1-8。

线 型 及 应 用　　　　　　　　　　　　　　　　表1-8

代码No.	线　型	一　般　应　用
01.1	细实线	.1　过渡线
		.2　尺寸线
		.3　尺寸界线
		.4　指引线和基准线
		.5　剖面线
		.6　重合断面的轮廓线
		.7　短中心线
		.8　螺纹牙底线
		.9　尺寸线的起止线
		.10　表示平面的对角线
		.11　零件成型前的弯折线
		.12　范围线及分界线
		.13　重复要素表示线,例如:齿轮的齿根线
		.14　锥形结构的基面位置线
		.15　叠片结构位置线,例如:变压器叠钢片
		.16　辅助线
		.17　不连续同一表面连线
		.18　成规律分布的相同要素连线
		.19　投影线
		.20　网格线
	波浪线 	.21　断裂处边界线;视图与剖视图的分界线[a]
	双折线 	.22　断裂处边界线;视图与剖视图的分界线[a]
01.2	粗实线	.1　可见棱边线
		.2　可见轮廓线
		.3　相贯线
		.4　螺纹牙顶线
		.5　螺纹长度终止线
		.6　齿顶圆(线)
		.7　表格图、流程图中的主要表示线
		.8　系统结构线(金属结构工程)
		.9　模样分型线
		.10　剖切符号用线

续上表

代码No.	线型	一般应用
02.1	细虚线	.1 不可见棱边线 .2 不可见轮廓线
02.2	粗虚线	.1 允许表面处理的表示线
04.1	细点画线	.1 轴线 .2 对称中心线 .3 分度圆(线) .4 孔系分布的中心线 .5 剖切线
04.2	粗点画线	.1 限定范围表示线
05.1	细双点画线	.1 相邻辅助零件的轮廓线 .2 可动零件的极限位置的轮廓线 .3 重心线 .4 成形前轮廓线 .5 剖切面前的结构轮廓线 .6 轨迹线 .7 毛坯图中制成品的轮廓线 .8 特定区域线 .9 延伸公差带表示线 .10 工艺用结构的轮廓线 .11 中断线

a 在一张图样上一般采用一种线型,即采用波浪线或双折线

线型宽度和线型组别见表1-9。在机械图样中采用粗细两种线宽,它们之间的比例为2∶1。

线型宽度和线型组别(mm)　　　　　　　　　　　　　　　表1-9

线型组别	与线型代码对应的线型宽度	
	01.2;02.2;04.2	01.1;02.1;04.1;05.1
0.25	0.25	0.13
0.35	0.35	0.18
0.5a	0.5	0.25
0.7a	0.7	0.35
1	1	0.5
1.4	1.4	0.7
2	2	1

a 优先采用的线型组别

线型宽度和线型组别的选择应根据图样的类型、尺寸、比例和缩微复制的要求确定。
国家标准的其他内容请参见有关标准。

2.2 机件常用的表达方法

在生产实际中,当机件的形状、结构比较复杂时,如果仍采用两视图或三视图来表达,则很难把机件的内外形状和结构准确、完整、清晰地表达出来。为了满足这些实际的表达要求,国家标准《技术制图》、《机械制图》中的"图样画法"(GB 4458.1—2002、GB/T 17451—1998)规定了各种画法——视图、剖视、断面、局部放大、简化画法(GB/T 16675.1—2012)和其他规定画法等。本节着重介绍一些常用的表达方法。

2.2.1 基本视图及其配置

对于形状比较复杂的机件,用两个或三个视图尚不能完整、清楚地表达它们的内外形状时,则可根据国标规定,在原有三个投影面的基础上,再增设三个投影面,组成一个正六面体,这六个投影面称为基本投影面,如图1-37所示。机件向基本投影面投射所得到的视图,称为基本视图。这样,除了前面已介绍的主视图、俯视图、左视图三个视图外,还有后视图——从后向前投射,仰视图——从下向上投射,右视图——从右向左投射。投影面按图1-37所示,展开到同一平面后,基本视图的配置关系如图1-38所示。在同一张图纸内按图1-38配置视图时,可不标注视图的名称。

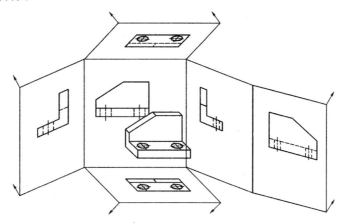

图1-37 基本投影面及其展开

六个基本视图之间仍然符合长对正、高平齐、宽相等的投影规律。从图1-38中还可以看出,左视图和右视图的形状左右颠倒,俯视图和仰视图形状上下颠倒,主视图和后视图也是左右颠倒。从视图中还可以看出机件前后、左右、上下的方位关系。

在实际制图时,由于考虑到各视图在图纸中的合理布局问题,如不能按图1-38配置视图或各视图不画在同一张图纸上时,应在视图的上方标出视图的名称"X"(这里"X"为大写拉丁字母),并在相应的视图附近用箭头指明投射方向,并注上同样的字母,这种视图称为向视图。向视图是可以自由配置的视图,如图1-39所示。

国家标准规定:绘制技术图样时,应首先考虑看图方便,还应根据机件的结构特点,选用适当的表示方法。在完整、清晰地表示物体形状的前提下,力求制图简便。视图一般只画机件的可见部分,必要时才画出其不可见部分。因此,在图1-40中采用四个视图,并在主视图中用虚线画出了显示阀体的内腔结构以及各个孔的不可见投影。由于将这四个视图对照起来阅读,已能清晰、完整地表达出阀体的结构和形状,所以在其他三个视图中的不可见投影应省略。

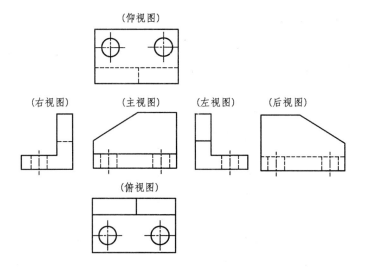

图 1-38　基本视图的配置

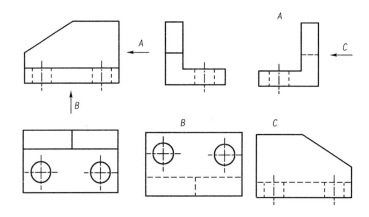

图 1-39　自由配置时基本视图的标注

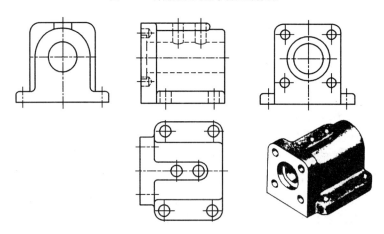

图 1-40　阀体的视图和轴测图

2.2.2 斜视图和局部视图

2.2.2.1 斜视图。 图1-41a)是压紧杆的三视图。由于压紧杆的耳板是倾斜的,所以它的俯视图和左视图都不反映实形,表达不够清楚,画图又比较困难,读图也不方便。为了清晰地表达压紧杆的倾斜结构,可以如图1-41b)所示,加一个平行于倾斜结构的正垂面作为新投影面,沿垂直于新投影面的箭头 A 方向投射,就可以得到反映倾斜结构实形的投影。这种将机件向不平行于基本投影面的平面投影所得到的视图称为斜视图。因为画压紧杆的斜视图只是为了表达其倾斜结构的实形,故画出其实形后,就可以用波浪线断开,不必画出其余部分的视图,如图1-42a)所示。

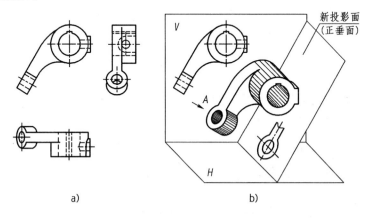

图1-41 压紧杆的三视图及斜视图的形成
a)三视图;b)倾斜结构斜视图的形成

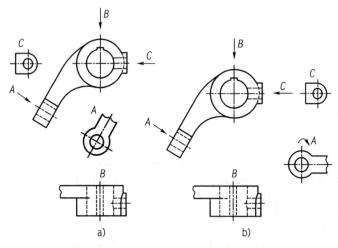

图1-42 压紧杆的斜视图和局部视图
a)一种布置形式;b)另一种布置形式

画斜视图时应注意:

(1)必须在视图的上方标出视图的名称"X",在相应的视图附近用箭头指明投射方向,并注上同样的大写拉丁字母"X",如图1-42a)的"A"。

(2)斜视图一般按投影关系配置,如图1-42a),但必要时也可配置在其他适当的位置,如图1-42b)所示。

(3)在不致引起误解时,允许将斜视图旋转配置,但要加注旋转符号,表示该斜视图名称的大写拉丁字母应靠近旋转符号的箭头端,如图1-42b)所示,也允许将旋转角度标注在字母后。

(4)画出倾斜结构的斜视图后,通常用波浪线断开,不画其他视图中已表达清楚的部分,如图1-42所示。

2.2.2.2　局部视图。将机件的某一部分向基本投影面投射所得到的视图称为局部视图。画局部视图时应注意:

(1)画局部视图时可按向视图的配置形式配置并标注。一般在局部视图上方标出视图的名称"X",在相应的视图附近用箭头指明投射方向并注上同样的字母,如图1-42a)所示。当局部视图按基本视图的配置形式配置时,中间又没有其他图形隔开时,可以省略标注,如图1-42b)中B局部视图和图1-42a)中的C局部视图均可省略标注。

(2)局部视图的断裂边界应以波浪线来表示,如图1-42所示。当所表示的局部结构是完整的且外轮廓又成封闭时,波浪线可省略不画,如图1-42中C局部视图。

用波浪线作为断裂分界线时,波浪线不应超过断裂机件的轮廓线,应画在机件的实体上,不可画在机件的中空处。图1-43是一块用波浪线断开的空心圆板的正、误对比画法。

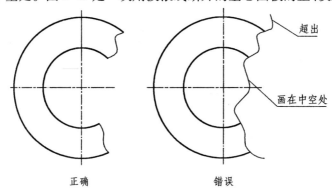

图1-43　波浪线的画法

2.2.3　剖视图

用视图表达机件的结构形状时,机件内部不可见的部分是用虚线来表示的。当机件内部结构复杂时,视图上出现许多虚线,会使图形不清晰,给看图和标注尺寸带来困难。为了将内部结构表达清楚,同时又避免出现虚线,可采用剖视图的方法来表达。

2.2.3.1　剖视图的概念。如图1-44所示,用假想的剖切面将机件剖开,将处在观察者与剖切面之间的部分移去,而将其余部分向投影面投射所得到的视图,称之为剖视图,简称剖视。

2.2.3.2　画剖视图时应注意的几个问题:

(1)如图1-45所示,确定剖切面位置时一般选择所需表达的内部结构的对称面,并且平行于基本投影面。

(2)画剖视图时将机件剖开是假想的,并不是真正把机件切掉一部分,因此除了剖视图之外,并不影响其他视图的完整性,即不应出现图1-46a)中的俯视图只画出一半的错误。

(3)剖切后,留在剖切面之后的部分,应全部向投影面投射。只要是看得见的线、面的投影都画出,如图1-46b)所示。应特别注意空腔中各个线、面的投影。

(4)剖视图中,凡是已表达清楚的结构,虚线应省略不画。

单元一 识图常识

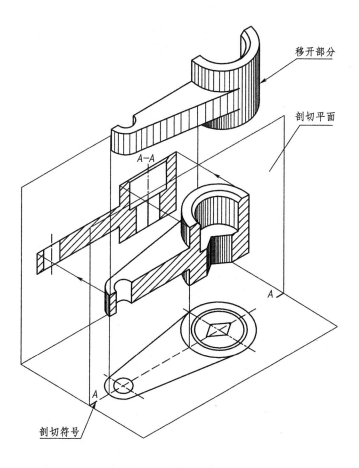

图 1-44 剖视图的概念

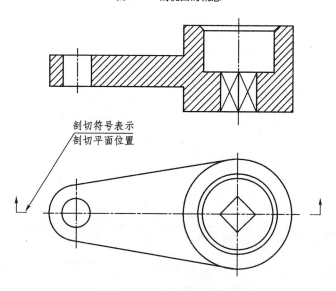

图 1-45 剖视图的画法

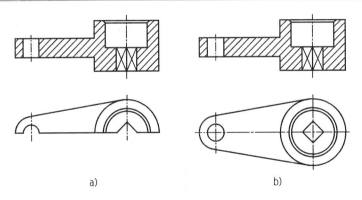

图 1-46 剖视图的常见错误
a) 错误；b) 正确

2.2.3.3 剖面符号。剖视图中，剖切面与机件相交的实体剖面区域应画出剖面符号。因机件材料的不同，剖面符号也不相同。画图时应采用国家标准所规定的剖面符号，常见材料的剖面符号见表 1-10。

剖 面 符 号　　　　　　　　　　　　　表 1-10

金属材料（已有规定剖面符号者除外）		木质胶合板	
线圈绕组元件		基础周围的泥土	
转子、电枢、变压器和电抗器等的叠钢片		混凝土	
非金属材料（已有规定剖面符号者除外）		钢筋混凝土	
型砂、填砂、粉末冶金、砂轮、陶瓷刀片、硬质合金刀片等		砖	
玻璃及供观察用的其他透明材料		格网（筛网、过滤网等）	
木材	纵剖面	液体	
	横剖面		

注：1. 剖面符号仅表示材料的类别，材料的代号和名称必须另行注明。
　　2. 叠钢片的剖面线方向，应与束装中叠钢片的方向一致。
　　3. 液面用细实线绘制。

不需在剖面区域中表示材料类别时,可采用通用剖面线表示。通用剖面线应以适当角度的细实线绘制,最好与主要轮廓线或剖面区域的对称线成45°角,如图1-47所示。

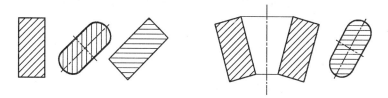

图1-47 通常剖面线的画法

对于同一机件来说,在它的各剖视图和断面图中,剖面线倾斜的方向应一致,间隔要相同。

2.2.3.4 剖视图的标注。剖视图一般应进行标注。标注的内容包括下述两方面内容:

(1)剖切符号。指示剖切面起、迄和转折位置(用粗短线表示)及投射方向(用箭头表示)的符号,如图1-48所示。注有字母"A"的两段粗实线及两端箭头,即为剖切符号。左视图是将物体从"A"处剖开后画出的剖视图。

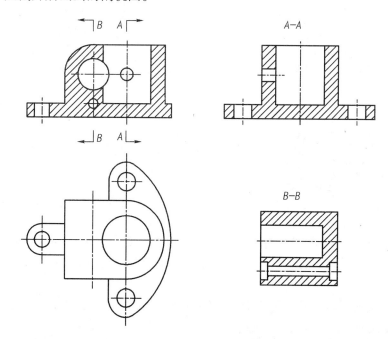

图1-48 剖视图的标注

(2)剖视图的名称。在剖切符号起、迄和转折处注上相同的大写字母,然后在相应剖视图上方仍采用相同大写字母,注成"X—X"形式,以表示该视图的名称。如图1-48中的"A—A","B—B"。

以上是剖视图标注的一般原则。当单一剖切平面通过机件的对称平面或基本对称平面,且视图按投影关系配置,中间又没有其他图形隔开时,可省略标注,如图1-48所示的主视图。

2.2.3.5 剖切面的种类。由于物体的结构形状千差万别,因此画剖视图时,应根据物体的结构特点,选用不同的剖切面,以便使物体的内部形状得到充分表现。

根据国家标准的规定,常用的剖切面有如下几种形式。

（1）单一剖切面。仅用一个剖切面剖开机件，这种剖切方式应用较多。如图1-45～图1-48中的剖视图，都是采用单一剖切平面剖开机件得到的剖视图。

如图1-49中的"A—A"剖视图表达了弯管及其顶部凸缘、凸台和通孔。

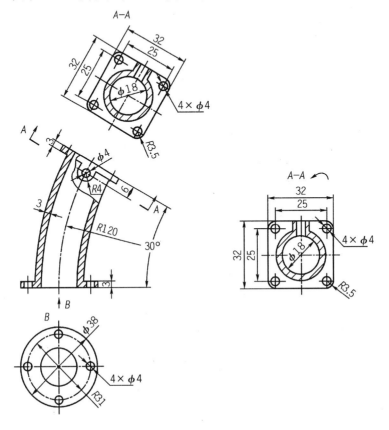

图1-49 弯管的剖视图

剖视图可按投影关系配置在与剖切符号相对应的位置。也可将剖视图平移至图纸的适当位置，在不致引起误解时，还允许将图形旋转，但旋转后应标注旋转符号，例如图1-49中所示。

（2）几个相交的剖切平面。用几个相交的剖切面（交线垂直于某一基本投影面）剖开机件，如图1-50所示。

画此类剖视图时，应将被剖切平面剖开的结构及其有关部分旋转到与选定的投影面平行，再进行投射。如图1-50所示的机件就是将下方倾斜截断面及被剖开的小圆孔都旋转到与侧平面平行，然后再投射。显然，由于被剖开的小圆孔是经过旋转后再投射，因此，主、左视图中，小圆孔的投影不再保持原位置"高平齐"的关系。图1-51中摇臂采用这种剖视后，左边倾斜悬臂的真实长度，以及孔的结构，在剖视图中均能反映实形。

应注意的是：凡是没有被剖切平面剖到的结构，应按原来位置画出它们的投影。

（3）几个平行的剖切平面。当机件上具有几种不同的结构要素（如孔、槽等），而且它们的中心线排列在相互平行的平面上时，宜采用几个平行的剖切平面剖切。

如图1-52所示的机件中，U形槽和带凸台的孔是平行排列的，若用单一剖切面不能将孔、槽同时剖到。图中采用两个平行的剖切平面,分别把槽和孔剖开,再向投影面投射,这样就很简练地表达清楚了这两部分结构。

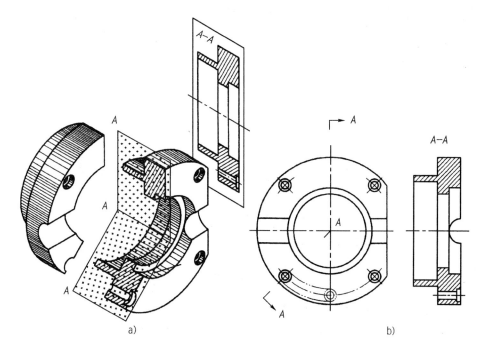

图 1-50 两相交的剖切面(一)

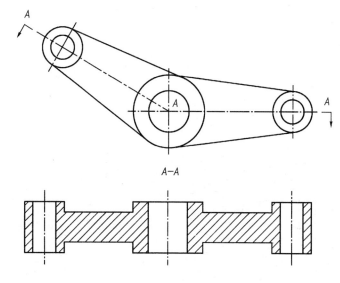

图 1-51 两相交的剖切面(二)

画此类剖视图时,应注意下述几点:

①剖视图上不允许画出剖切平面转折处的分界线,如图 1-53a)所示。

②不应出现不完整的结构要素,如图 1-53b)所示。只有当不同的孔、槽在剖视图中具有共同的对称中心线或轴线时,才允许剖切平面在孔、槽中心线或轴线处转折,如图 1-54 所示。

不同的孔、槽各画一半,二者以共同的中心线分界。

③标注方法如图1-53和图1-54所示。但要注意:

a 剖切符号的转折处不允许与图上的轮廓线重合。

b 在转折处如因位置有限,且不致引起误解时,可以不注写字母。

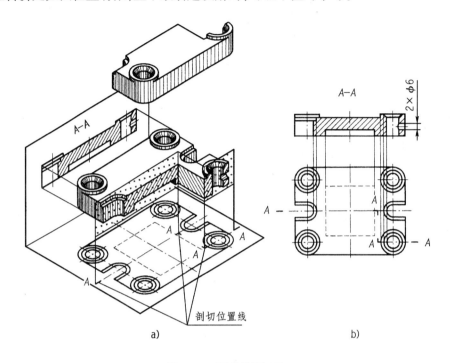

图1-52 两平行的剖切面

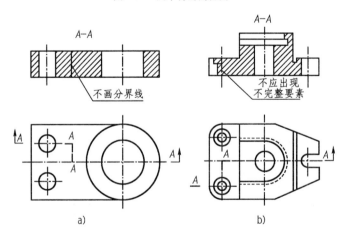

图1-53 几个平行剖切面作图时的常见错误

（4）复合的剖切平面。复合剖切面的剖切符号的画法和标注,与相交、平行剖切面的标注相同。图1-55中,用复合剖切面画出了一个连杆的"A—A"全剖视图。又如图1-56中按主视图中剖切符号画出了"A—A"全剖视图。采用复合剖切面作图时通常用展开画法,图名应标注"X—X展开",如图1-56中标注的"A—A展开"。

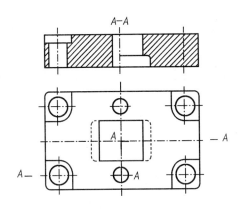

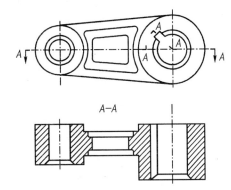

图 1-54 模板的剖视图　　　　　　　　图 1-55 复合的剖切面（一）

（5）剖切柱面。剖切面一般采用平面，但也可采用曲面。在图 1-57 中所示的复合剖切面中，在右侧轴孔的轴线之左的正垂剖切面和水平剖切平面的转折处，就是按圆柱面剖切的概念作出的。图 1-57 中的 A—A 剖视图是用平面剖切后得到的，而 B—B 剖视图是用圆柱面剖切后按展开画法画出的。国标规定：采用柱面剖切机件时，剖视图应按展开画法绘制。

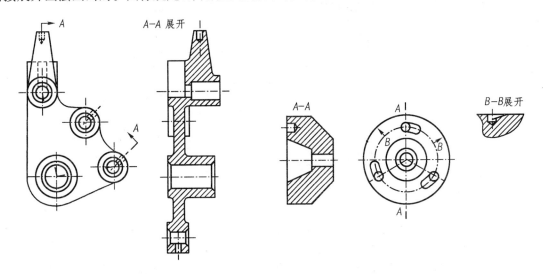

图 1-56 复合的剖切面（二）　　　　　　　　图 1-57 剖切柱面

2.2.3.6 剖视图的种类。按机件被剖开的范围来分，剖视图可分为全剖视图、半剖视图和局部剖视图三种。

（1）全剖视图。用剖切面将机件完全剖开所得到的剖视图，称为全剖视图。

全剖视图可以由单一剖切面和其他几种剖切面剖切获得，前面图例出现的剖视图都属于全剖视图。

由于画全剖视图时要将机件完全剖开，机件的外形结构在全剖视图中不能充分表达，因此全剖一般适用于外形较简单的机件。对于外形结构较复杂的机件若采用全剖时，其尚未表达清楚的外形结构可以采用其他视图表示。

（2）半剖视图。当机件具有对称平面，向垂直于对称平面的投影面上投射时，以对称中心线为界,一半画成剖视图,另一半画成视图,这种图形叫半剖视图。

半剖视图既表达了机件的外形,又表达了其内部结构,它适用于内、外形状都需要表达的对称机件。

如图1-58所示的机件,左、右对称,前、后对称,因此主视图和俯视图都可以画成半剖视图。

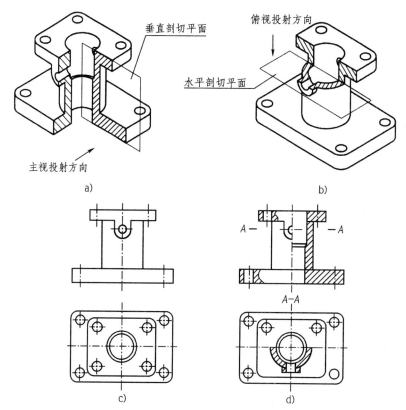

图1-58 半剖视图
a)主视图的剖切情况;b)俯视图的剖切情况;c)视图;d)半剖视图

画半剖视图时,应注意以下几点:

①只有当物体对称时,才能在与对称面垂直的投影面上作半剖视图。但当物体基本对称,而不对称的部分已在其他视图中表达清楚,这时也可以画成半剖视图。如图1-59所示机件除顶部凸台外,其左右是对称的,而凸台的形状的俯视图中已表示清楚,所以主视图仍可画成半剖视图。

②在表示外形的半个视图中,一般不画虚线。

③半个剖视图和半个视图必须以细点画线分界。如果机件的轮廓线恰好相反与细点画线重合,则不能采用半剖视图。此时应用局部剖视图,如图1-60所示。

半剖视图的标注,仍符合剖视图的标注规则。

(3)局部剖视图。用剖切平面局部地剖开机件所得的剖视图,称为局部剖视图。

图1-61为箱体的两视图。通过对箱体的形状结构分析可以看出:顶部有一个矩形孔,底部是一块具有四个安装孔的底板,左下面有一个轴承孔。从箱体所表达的两个视图可以看出:

上下、左右、前后都不对称。为了使箱体的内部和外部都能表达清楚,它的两视图既不宜用全剖视图表达,也不能用半剖视图表达,而以局部剖开这个箱体为好,既能表达清楚内部结构又能保留部分外形。

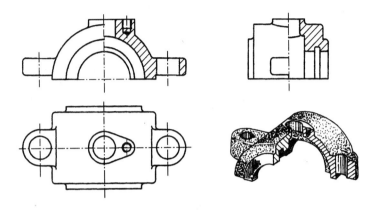

图 1-59　用半剖视图表示基本对称的机件

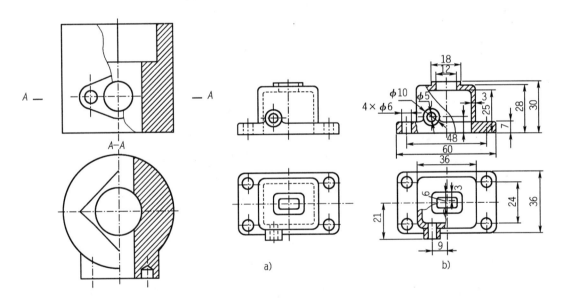

图 1-60　内轮廓线与中心线重合,不宜作半剖视图

图 1-61　局部剖视图的画法示例
a)箱体的两视图;b)箱体的局部视图

画局部剖视图时,应注意以下几点:

①局部剖视图中,可用波浪线作为剖开部分和未剖部分的分界线。画波浪线时,不应与其他图线重合。若遇孔、槽等空洞结构,则不应使波浪线穿空而过,也不允许画到轮廓线之外,如图 1-62 所示。

②当被剖切的结构为回转体时,允许将该结构的中心线作为局部剖视与视图的分界线,如图 1-63 所示。

③局部剖视图是一种比较灵活的表达方法,但在一个视图中,局部剖视图的数量不宜过多,以免使图形过于破碎。

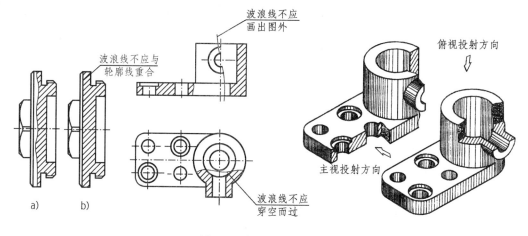

图 1-62 波浪线的错误画法
a) 正确；b) 错误

④局部剖视图的标注，符合剖视图的标注规则，在不致引起看图误解时，也可省略标注。

2.2.4 断面图

2.2.4.1 断面图的概念。如图 1-64 所示，用剖切面假想地将物体的某处断开，仅画出该剖面与物体接触部分的图形，这种图形称为断面图，简称断面。

断面图只画出物体被切处的断面形状，而剖视图除了画出其断面形状之外，还必须画出断面后面的所有可见轮廓，图 1-64 表示出剖视图与断面图之间的区别。

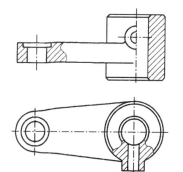

图 1-63 中心线作为局部剖视图与视图的分界线

2.2.4.2 断面图的种类。断面图可分为移出断面图和重合断面图。

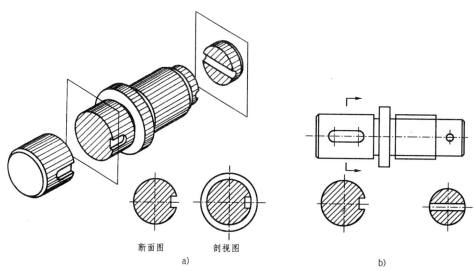

图 1-64 断面图与剖视图的区别

(1)移出断面图:画在视图之外的断面图,称为移出断面图,如图1-64所示。

它有如下特点:

①移出断面的轮廓线用粗实线绘制;

②移出断面尽可能画在剖切平面迹线的延长线上,如图1-64所示;必要时可画在其他适当的位置,如图1-65所示,并要标注剖切位置 A—A;

③当剖切平面通过由回转面形成的孔或凹坑等结构的轴线时,这些结构应按剖视图画出,如图1-65所示;

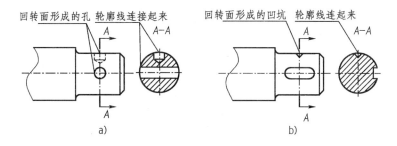

图1-65 移出断面图的画法

④剖切平面一般应垂直于被剖切部分的主要轮廓线。当遇到图1-66所示的肋板结构时,可用两个相交的剖切平面,分别垂直于左右肋板进行剖切,这时所画的断面图,中间用波浪线断开。

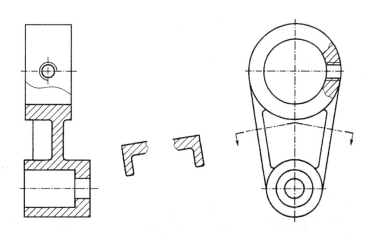

图1-66 用两个相交且垂直于肋板的平面剖切出的断面图

(2)重合断面图:剖切后将断面图形重叠在视图上,这样得到的断面图,称为重合断面图。

它有如下特点:

①重合断面图的轮廓线规定用细实线绘制;

②当视图中的轮廓线与重合断面图重叠时,视图中的轮廓线仍应连续画出,不可间断,如图1-67所示;

③若图形不对称,则应标注出剖切符号和投射方向,如图1-67所示。重合断面图若为对称图形,可省略标注,如图1-68所示。

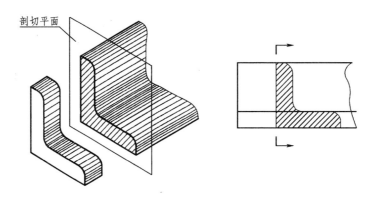

图 1-67　重合断面图的画法

2.2.5　其他表达方法

2.2.5.1　局部放大图。对于机件上一些细小的结构,可用比原图放大的比例画出,并将其放在图纸上适当的位置,这种图称为局部放大图。如图 1-69 所示。

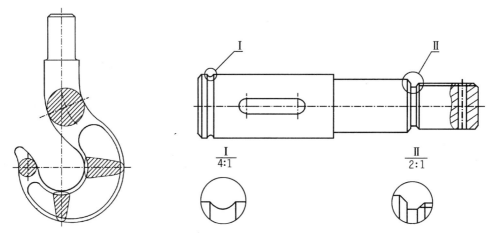

图 1-68　吊钩的重合断面图　　　　　　　图 1-69　局部放大图

局部放大图的标注方法是:在视图中,将需要放大的部位画上细实线圆,然后在局部放大图的上方注写绘图比例。

2.2.5.2　国家标准中规定了对机件的简化画法和一些规定画法。

(1)肋、轮辐的画法。纵向剖切机件上的肋、轮辐及薄壁结构时,都不画剖面符号,而用粗实线将它与相邻部分分开;但剖切面横向剖切这些结构时,则应画出剖面符号,如图 1-70 和图 1-71 所示。

(2)回转体上均匀分布的肋、轮辐、孔等结构不处于剖切平面时,可将这些结构旋转到剖切平面上画出,如图 1-71、图 1-72 和图 1-73 所示。

(3)当机件上具有多个相同的结构要素(如孔、槽、齿等)并且按一定规律分布时,允许只画出一个或几个完整的结构,其余用细实线连接或只画出它们的中心线位置,并注明它们的总数,如图 1-74 所示。

(4)较长的机件,如轴、杆、型材、连杆等,可采用断开画法,如图 1-75 所示。机件采用断开画法后,尺寸仍按机件的实际长度标注。

单元一 识图常识

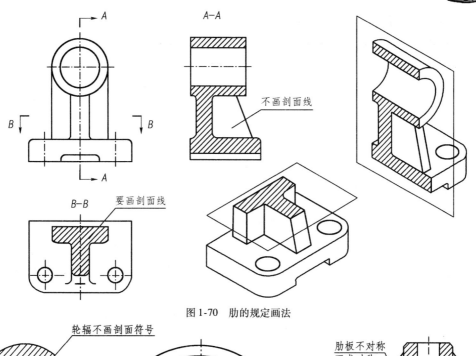

图1-70 肋的规定画法

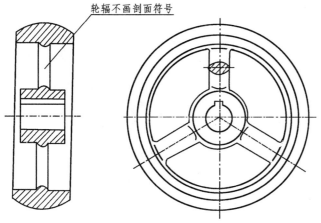

图1-71 轮辐的规定画法

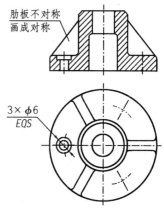

图1-72 均布孔、肋的简化画法(一)

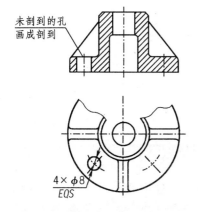

图1-73 均布孔、肋的简化画法(二)

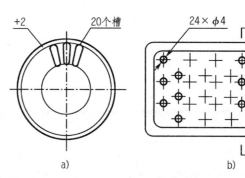

图1-74 相同结构要素的简化画法

43

(5) 在不引起误解时，对称机件的视图可只画一半或四分之一，并在对称中心线的两端画出两条与其垂直的细实线，如图 1-76 所示。

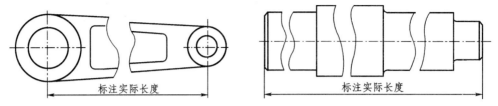

图 1-75　机件断开画法

国家标准中关于对机件简化画法和规定画法的其他内容，读者可参考有关资料。

2.3　零件的表面质量、尺寸公差与配合、形位公差

2.3.1　表面粗糙度

实际零件的表面存在着微观的高低不平，这种微观的高低不平的程度，称为表面粗糙度，如图 1-77 所示。

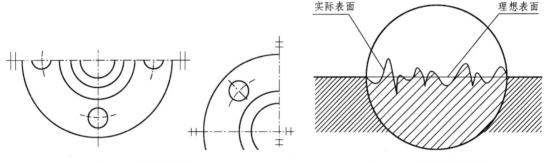

图 1-76　对称图形的画法　　　　　图 1-77　表面粗糙度的概念

评定表面粗糙度的参数有多种，最常用的一种是：轮廓算术平均偏差，符号为 R_a。轮廓算术平均偏差（R_a）的定义为：在取样长度 L 内，轮廓偏距绝对值的算术平均值。它的几何意义如图 1-78 所示。

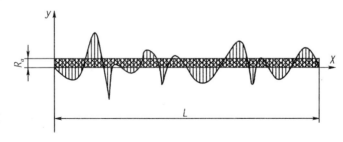

图 1-78　轮廓算术平均偏差 R_a

GB/T 131—2006 附录中的规定：表面结构符号参见表 1-11 所示。

2.3.2　尺寸公差与配合的概念

2.3.2.1　互换性。 成批生产或大量生产中，一批同规格的零件中的任何一个，在装配前不经过挑选，在装配过程中不经过修配，在装配后即可满足设计和使用性能要求，零件的这种在尺寸和功能上可以互相代替的性质，称为互换性。

单元一 识图常识

表面结构符号　　　　　　　　　表 1-11

符　号	含　义
∨	基本图形符号,未指定工艺方法的表面,当通过一个注释解释时可单独使用
∇	扩展图形符号,用去除材料方法获得的表面;仅当其含义是"被加工表面"时可单独使用
∨ (圆)	扩展图形符号,不去除材料的表面,也可用于表示保持上道工序形成的表面,不管这种状况是通过去除材料或不去除材料形成的

2.3.2.2　尺寸公差。生产中,零件不可能准确地制造成指定的尺寸,所以必须对零件尺寸规定一个允许的变动范围,即尺寸公差。参照图 1-79,对有关概念进行说明。

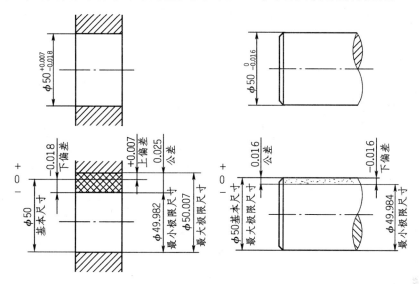

图 1-79　极限与配合的基本概念

(1) 基本尺寸:设计时给定的名义尺寸,图中为 $\phi50$;
(2) 实际尺寸:通过测量所得到的尺寸;
(3) 最大极限尺寸:允许零件的实际尺寸所能达到的最大值,图中孔的最大极限尺寸为 $\phi50.007$;
(4) 最小极限尺寸:允许零件的实际尺寸所能达到的最小值,图中孔的最小极限尺寸为 $\phi49.982$;
(5) 上偏差:最大极限尺寸减去基本尺寸所得到的代数差,符号为 ES 或 es(孔用大写字母,轴用小写字母),图中 $ES=0.007$;
(6) 下偏差:最小极限尺寸减去基本尺寸所得到的代数差,符号为 EI 或 ei(孔用大写字母,轴用小写字母),图中 $EI=-0.018$;
(7) 尺寸公差:允许零件实际尺寸变动的范围。尺寸公差等于最大极限尺寸减去最小极限尺寸,图中孔的公差为 0.025;
(8) 公差带图:如图 1-80 所示,代表上、下偏差的两条直线之间的区域,称为公差带;以基本尺寸为参考基准,即零线,零

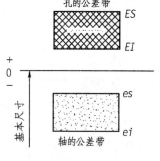

图 1-80　公差带图

线上方为"+",表示大于基本尺寸,零线下方为"-",表示小于基本尺寸;

(9)标准公差与基本偏差:国家标准 GB/T 1800 中规定,公差带是由标准公差和基本偏差来确定。

标准公差是由国家标准规定的公差值,其大小由两个因素决定,一是公差等级,二是基本尺寸。国家标准中有 20 个等级,由高到低依次为 IT01、IT0、IT1、IT18,具体数值可查表 1-12。

标准公差数值(摘自 GB/T 1800.1—2009) 表 1-12

公称尺寸(mm)		标准公差等级																
大于	至	IT1	IT2	IT3	IT4	IT5	IT6	IT7	IT8	IT9	IT10	IT11	IT12	IT13	IT14	IT15	IT16	IT17	IT18
		μm											mm						
—	3	0.8	1.2	2	3	4	6	10	14	25	40	60	0.1	0.14	0.25	0.4	0.6	1	1.4
3	6	1	1.5	2.5	4	5	8	12	18	30	48	75	0.12	0.18	0.3	0.48	0.75	1.2	1.8
6	10	1	1.5	2.5	4	6	9	15	22	36	58	90	0.15	0.22	0.36	0.58	0.9	1.5	2.2
10	18	1.2	2	3	5	8	11	18	27	43	70	110	0.18	0.27	0.43	0.7	1.1	1.8	2.7
18	30	1.5	2.5	4	6	9	13	21	33	52	84	130	0.21	0.33	0.52	0.84	1.3	2.1	3.3
30	50	1.5	2.5	4	7	11	16	25	38	62	100	160	0.25	0.39	0.62	1	1.6	2.5	3.9
50	80	2	3	5	8	13	19	30	46	74	120	190	0.3	0.46	0.74	1.2	1.9	3	4.6
80	120	2.5	4	6	10	15	22	35	54	87	140	220	0.35	0.54	0.87	1.4	2.2	3.5	5.4
120	180	3.5	5	8	12	18	25	40	63	100	160	250	0.4	0.63	1	1.6	2.5	4	6.3
180	250	4.5	7	10	14	20	29	46	72	115	185	290	0.46	0.72	1.15	1.85	2.9	4.6	7.2
250	315	6	8	12	16	23	32	52	81	130	210	320	0.52	0.81	1.3	2.1	3.2	5.2	8.1
315	400	7	9	13	18	25	36	57	89	140	230	360	0.57	0.89	1.4	2.3	3.6	5.7	8.9
400	500	8	10	15	20	27	40	63	97	155	250	400	0.63	0.97	1.55	2.5	4	6.3	9.7
500	630	9	11	16	22	32	44	70	110	175	280	440	0.7	1.1	1.75	2.8	4.4	7	11
630	800	10	13	18	25	36	50	80	125	200	320	500	0.8	1.25	2	3.2	5	8	12.5
800	1000	11	15	21	28	40	56	90	140	230	360	560	0.9	1.4	2.3	3.6	5.6	9	14
1000	1250	13	18	24	33	47	66	105	165	260	420	660	1.05	1.65	2.6	4.2	6.6	10.5	16.5
1250	1600	15	21	29	39	55	78	125	195	310	500	780	1.25	1.95	3.1	5	7.8	12.5	19.5
1600	2000	18	25	35	46	65	92	150	230	370	600	920	1.5	2.3	3.7	6	9.2	15	23
2000	2500	22	30	41	55	78	110	175	280	440	700	1100	1.75	2.8	4.4	7	11	17.5	28
2500	3150	26	36	50	68	96	135	210	330	540	860	1350	2.1	3.3	5.4	8.6	13.5	21	33

注:1. 公称尺寸大于 500mm 的 IT1~IT5 的标准公差数值为试行的。
    2. 公称尺寸小于或等于 1mm 时,无 IT14~IT18。

基本偏差是用以确定公差带相对于零线位置的上偏差或下偏差,一般为靠近零线的那个偏差。基本偏差的大小确定了公差带相对于零线的位置。国家标准规定,基本偏差的类型有 28 种,其代号用字母或字母组合表示,且表示孔的基本偏差时用大写,表示轴的基本偏差时用小写,分布情况如图 1-81 所示。

基本偏差数值的大小是由基本偏差的类型和基本尺寸两个因素确定的,具体数值可查表 1-13(对轴)和表 1-14(对孔)。

单元一 识图常识

表1-13 轴的基本偏差数值（摘自GB/T 1800.1-2009）（单位：μm）

公称尺寸(mm)		基本偏差数值（上极限偏差 es）										
		所有标准公差等级										
大于	至	a	b	c	cd	d	e	ef	f	fg	g	h	js
—	3	-270	-140	-60	-34	-20	-14	-10	-6	-4	-2	0	偏差 = ±$\frac{IT_n}{2}$，式中IT_n是IT值数
3	6	-270	-140	-70	-46	-30	-20	-14	-10	-6	-4	0	
6	10	-280	-150	-80	-56	-40	-25	-18	-13	-8	-5	0	
10	14	-290	-150	-95		-50	-32		-16		-6	0	
14	18	-290	-150	-95		-50	-32		-16		-6	0	
18	24	-300	-160	-110		-65	-40		-20		-7	0	
24	30	-300	-160	-110		-65	-40		-20		-7	0	
30	40	-310	-170	-120		-80	-50		-25		-9	0	
40	50	-320	-180	-130		-80	-50		-25		-9	0	
50	65	-340	-190	-140		-100	-60		-30		-10	0	
65	80	-360	-200	-150		-100	-60		-30		-10	0	
80	100	-380	-220	-170		-120	-72		-36		-12	0	
100	120	-410	-240	-180		-120	-72		-36		-12	0	
120	140	-460	-260	-200		-145	-85		-43		-14	0	
140	160	-520	-280	-210		-145	-85		-43		-14	0	
160	180	-580	-310	-230		-145	-85		-43		-14	0	
180	200	-660	-340	-240		-170	-100		-50		-15	0	
200	225	-740	-380	-260		-170	-100		-50		-15	0	
225	250	-820	-420	-280		-170	-100		-50		-15	0	
250	280	-920	-480	-300		-190	-110		-56		-17	0	
280	315	-1050	-540	-330		-190	-110		-56		-17	0	
315	355	-1200	-600	-360		-210	-125		-62		-18	0	
355	400	-1350	-680	-400		-210	-125		-62		-18	0	
400	450	-1500	-760	-440		-230	-135		-68		-20	0	
450	500	-1650	-840	-480		-230	-135		-68		-20	0	
500	560					-260	-145		-76		-22	0	
560	630					-260	-145		-76		-22	0	
630	710					-290	-160		-80		-24	0	
710	800					-290	-160		-80		-24	0	
800	900					-320	-170		-86		-26	0	
900	1000					-320	-170		-86		-26	0	
1000	1120					-350	-195		-98		-28	0	
1120	1250					-350	-195		-98		-28	0	
1250	1400					-390	-220		-110		-30	0	
1400	1600					-390	-220		-110		-30	0	
1600	1800					-430	-240		-120		-32	0	
1800	2000					-430	-240		-120		-32	0	
2000	2240					-480	-260		-130		-34	0	
2240	2500					-480	-260		-130		-34	0	
2500	2800					-520	-290		-145		-38	0	
2800	3150					-520	-290		-145		-38	0	

续上表

公称尺寸(mm)		基本偏差数值(下极限偏差 ei)																	
		IT5 和 IT6	IT7	IT8	IT4~IT7	≤IT3 >IT7	所有标准公差等级												
大于	至	J			K		m	n	p	r	s	t	u	v	x	y	z	za	zb	zc
—	3	−2	−4	−6	0	0	+2	+4	+6	+10	+14		+18		+20		+26	+32	+40	+60
3	6	−2	−4		+1	0	+4	+8	+12	+15	+19		+23		+28		+35	+42	+50	+80
6	10	−2	−5		+1	0	+6	+10	+15	+19	+23		+28		+34		+42	+52	+67	+97
10	14	−3	−6		+1	0	+7	+12	+18	+23	+28		+33		+40		+50	+64	+90	+130
14	18													+39	+45		+60	+77	+108	+150
18	24	−4	−8		+2	0	+8	+15	+22	+28	+35		+41	+47	+54	+63	+73	+98	+136	+188
24	30											+41	+48	+55	+64	+75	+88	+118	+160	+218
30	40	−5	−10		+2	0	+9	+17	+26	+34	+43	+48	+60	+68	+80	+94	+112	+148	+200	+274
40	50											+54	+70	+81	+97	+114	+136	+180	+242	+325
50	65	−7	−12		+2	0	+11	+20	+32	+41	+53	+66	+87	+102	+122	+144	+172	+226	+300	+405
65	80									+43	+59	+75	+102	+120	+146	+174	+210	+274	+360	+480
80	100	−9	−15		+3	0	+13	+23	+37	+51	+71	+91	+124	+146	+178	+214	+258	+335	+445	+585
100	120									+54	+79	+104	+144	+172	+210	+254	+310	+400	+525	+690
120	140	−11	−18		+3	0	+15	+27	+43	+63	+92	+122	+170	+202	+248	+300	+365	+470	+620	+800
140	160									+65	+100	+134	+190	+228	+280	+340	+415	+535	+700	+900
160	180									+68	+108	+146	+210	+252	+310	+380	+465	+600	+780	+1000
180	200	−13	−21		+4	0	+17	+31	+50	+77	+122	+166	+236	+284	+350	+425	+520	+670	+880	+1150
200	225									+80	+130	+180	+258	+310	+385	+470	+575	+740	+960	+1250
225	250									+84	+140	+196	+284	+340	+425	+520	+640	+820	+1050	+1350
250	280	−16	−26		+4	0	+20	+34	+56	+94	+158	+218	+315	+385	+475	+580	+710	+920	+1200	+1550
280	315									+98	+170	+240	+350	+425	+525	+650	+790	+1000	+1300	+1700
315	355	−18	−28		+4	0	+21	+37	+62	+108	+190	+268	+390	+475	+590	+730	+900	+1150	+1500	+1900
355	400									+114	+208	+294	+435	+530	+660	+820	+1000	+1300	+1650	+2100
400	450	−20	−32		+5	0	+23	+40	+68	+126	+232	+330	+490	+595	+740	+920	+1100	+1450	+1850	+2400
450	500									+132	+252	+360	+540	+660	+820	+1000	+1250	+1600	+2100	+2600
500	560					0	+26	+44	+78	+150	+280	+400	+600							
560	630					0				+155	+310	+450	+660							
630	710					0	+30	+50	+88	+175	+340	+500	+740							
710	800					0				+185	+380	+560	+840							
800	900					0	+34	+56	+100	+210	+430	+620	+940							
900	1000					0				+220	+470	+680	+1050							
1000	1120					0	+40	+66	+120	+250	+520	+780	+1150							
1120	1250					0				+260	+580	+840	+1300							
1250	1400					0	+48	+78	+140	+300	+640	+960	+1450							
1400	1600					0				+330	+720	+1050	+1600							
1600	1800					0	+58	+92	+170	+370	+820	+1200	+1850							
1800	2000					0				+400	+920	+1350	+2000							
2000	2240					0	+68	+110	+195	+440	+1000	+1500	+2300							
2240	2500					0				+460	+1100	+1650	+2500							
2500	2800					0	+76	+135	+240	+550	+1250	+1900	+2900							
2800	3150					0				+580	+1400	+2100	+3200							

注：基本尺寸小于或等于 1mm 时，基本偏差 a 和 b 均不采用。公差带 js7~js11，若 IT_n 值数是奇数，则取偏差 $=\pm\dfrac{IT_n-1}{2}$。

单元一 识图常识

表1-14 孔的基本偏差数值（摘自 GB/T 1800.1—2009）（单位：μm）

公称尺寸(mm) 大于	至	下极限偏差 EI 所有标准公差等级 A	B	C	CD	D	E	EF	F	FG	G	H	JS	基本偏差数值 J IT6	J IT7	J IT8	上极限偏差 ES K ≤IT8	K >IT8	M ≤IT8	M >IT8	N ≤IT8	N >IT8	P至ZC ≤IT7
—	3	+270	+140	+60	+34	+20	+14	+10	+6	+4	+2	0		+2	+4	+6	0	0	−2	−2	−4	−4	
3	6	+270	+140	+70	+46	+30	+20	+14	+10	+6	+4	0		+5	+6	+10	−1+Δ		−4+Δ	−4	−8+Δ	0	
6	10	+280	+150	+80	+56	+40	+25	+18	+13	+8	+5	0	偏差=$\pm\dfrac{IT_n}{2}$，式中IT_n是IT值数	+5	+8	+12	−1+Δ		−6+Δ	−6	−10+Δ	0	在大于IT7的相应数值上增加一个Δ值
10	14	+290	+150	+95		+50	+32		+16		+6	0		+6	+10	+15	−1+Δ		−7+Δ	−7	−12+Δ	0	
14	18																						
18	24	+300	+160	+110		+65	+40		+20		+7	0		+8	+12	+20	−2+Δ		−8+Δ	−8	−15+Δ	0	
24	30																						
30	40	+310	+170	+120		+80	+50		+25		+9	0		+10	+14	+24	−2+Δ		−9+Δ	−9	−17+Δ	0	
40	50	+320	+180	+130																			
50	65	+340	+190	+140		+100	+60		+30		+10	0		+13	+18	+28	−2+Δ		−11+Δ	−11	−20+Δ	0	
65	80	+360	+200	+150																			
80	100	+380	+220	+170		+120	+72		+36		+12	0		+16	+22	+34	−3+Δ		−13+Δ	−13	−23+Δ	0	
100	120	+410	+240	+180																			
120	140	+460	+260	+200		+145	+85		+43		+14	0		+18	+26	+41	−3+Δ		−15+Δ	−15	−27+Δ	0	
140	160	+520	+280	+210																			
160	180	+580	+310	+230																			
180	200	+660	+340	+240		+170	+100		+50		+15	0		+22	+30	+47	−4+Δ		−17+Δ	−17	−31+Δ	0	
200	225	+740	+380	+260																			
225	250	+820	+420	+280																			
250	280	+920	+480	+300		+190	+110		+56		+17	0		+25	+36	+55	−4+Δ		−20+Δ	−20	−34+Δ	0	
280	315	+1050	+540	+330																			
315	355	+1200	+600	+360		+210	+125		+62		+18	0		+29	+39	+60	−4+Δ		−21+Δ	−21	−37+Δ	0	
355	400	+1350	+680	+400																			
400	450	+1500	+760	+440		+230	+135		+68		+20	0		+33	+43	+66	−5+Δ		−23+Δ	−23	−40+Δ	0	
450	500	+1650	+840	+480																			
500	560					+260	+145		+76		+22	0					0		−26	−26	−44	−44	
560	630																						
630	710					+290	+160		+80		+24	0					0		−30	−30	−50	−50	
710	800																						
800	900					+320	+170		+86		+26	0					0		−34	−34	−56	−56	
900	1000																						
1000	1120					+350	+195		+98		+28	0					0		−40	−40	−66	−66	
1120	1250																						
1250	1400					+390	+220		+110		+30	0					0		−48	−48	−78	−78	
1400	1600																						
1600	1800					+430	+240		+120		+32	0					0		−58	−58	−92	−92	
1800	2000																						
2000	2240					+480	+260		+130		+34	0					0		−68	−68	−110	−110	
2240	2500																						
2500	2800					+520	+290		+145		+38	0					0		−76	−76	−135	−135	
2800	3150																						

续上表

公称尺寸(mm)		基本偏差数值 上极限偏差 ES 标准公差等级大于IT7												Δ值 标准公差等级						
大于	至	P	R	S	T	U	V	X	Y	Z	ZA	ZB	ZC	IT3	IT4	IT5	IT6	IT7	IT8
—	3	-6	-10	-14		-18		-20		-26	-32	-40	-60	0	0	0	0	0	0
3	6	-12	-15	-19		-23		-28		-35	-42	-50	-80	1	1.5	1	3	4	6
6	10	-15	-19	-23		-28		-34		-42	-52	-67	-97	1	1.5	2	3	6	7
10	14	-18	-23	-28		-33		-40		-50	-64	-90	-130	1	2	3	3	7	9
14	18	-18	-23	-28		-33	-39	-45		-60	-77	-108	-150	1	2	3	3	7	9
18	24	-22	-28	-35		-41	-47	-54	-63	-73	-98	-136	-188	1.5	2	3	4	8	12
24	30	-22	-28	-35	-41	-48	-55	-64	-75	-88	-118	-160	-218	1.5	2	3	4	8	12
30	40	-26	-34	-43	-48	-60	-68	-80	-94	-112	-148	-200	-274	1.5	3	4	5	9	14
40	50	-26	-34	-43	-54	-70	-81	-97	-114	-136	-180	-242	-325	1.5	3	4	5	9	14
50	65	-32	-41	-53	-66	-87	-102	-122	-144	-172	-226	-300	-405	2	3	5	6	11	16
65	80	-32	-43	-59	-75	-102	-120	-146	-174	-210	-274	-360	-480	2	3	5	6	11	16
80	100	-37	-51	-71	-91	-124	-146	-178	-214	-258	-335	-445	-585	2	4	5	7	13	19
100	120	-37	-54	-79	-104	-144	-172	-210	-254	-310	-400	-525	-690	2	4	5	7	13	19
120	140	-43	-63	-92	-122	-170	-202	-248	-300	-365	-470	-620	-800	3	4	6	7	15	23
140	160	-43	-65	-100	-134	-190	-228	-280	-340	-415	-535	-700	-900	3	4	6	7	15	23
160	180	-43	-68	-108	-146	-210	-252	-310	-380	-465	-600	-780	-1000	3	4	6	7	15	23
180	200	-50	-77	-122	-166	-236	-284	-350	-425	-520	-670	-880	-1150	3	4	6	9	17	26
200	225	-50	-80	-130	-180	-258	-310	-385	-470	-575	-740	-960	-1250	3	4	6	9	17	26
225	250	-50	-84	-140	-196	-284	-340	-425	-520	-640	-820	-1050	-1350	3	4	6	9	17	26
250	280	-56	-94	-158	-218	-315	-385	-475	-580	-710	-920	-1200	-1550	4	4	7	9	20	29
280	315	-56	-98	-170	-240	-350	-425	-525	-650	-790	-1000	-1300	-1700	4	4	7	9	20	29
315	355	-62	-108	-190	-268	-390	-475	-590	-730	-900	-1150	-1500	-1900	4	5	7	11	21	32
355	400	-62	-114	-208	-294	-435	-530	-660	-820	-1000	-1300	-1650	-2100	4	5	7	11	21	32
400	450	-68	-126	-232	-330	-490	-595	-740	-920	-1100	-1450	-1850	-2400	5	5	7	13	23	34
450	500	-68	-132	-252	-360	-540	-660	-820	-1000	-1250	-1600	-2100	-2600	5	5	7	13	23	34
500	560	-78	-150	-280	-400	-600													
560	630	-78	-155	-310	-450	-660													
630	710	-88	-175	-340	-500	-740													
710	800	-88	-185	-380	-560	-840													
800	900	-100	-210	-430	-620	-940													
900	1000	-100	-220	-470	-680	-1050													
1000	1120	-120	-250	-520	-780	-1150													
1120	1250	-120	-260	-580	-840	-1300													
1250	1400	-140	-300	-640	-960	-1450													
1400	1600	-140	-330	-720	-1050	-1600													
1600	1800	-170	-370	-820	-1200	-1850													
1800	2000	-170	-400	-920	-1350	-2000													
2000	2240	-195	-440	-1000	-1500	-2300													
2240	2500	-195	-460	-1100	-1650	-2500													
2500	2800	-240	-550	-1250	-1900	-2900													
2800	3150	-240	-580	-1400	-2100	-3200													

注:1. 公称尺寸小于或等于1mm时,基本偏差A和B反大于IT8的N均不采用,公差带JS7至JS11,若IT_n值数是奇数,则取偏差$=\pm\dfrac{IT_{n-1}}{2}$。

2. 对小于或等于IT8的K、M、N和小于或等于IT7的P至ZC,所需Δ值从表内右侧选取。例如:18mm~30mm段的K7,Δ=8μm,所以$ES=-2+8=+6\mu m$;18mm~30mm段的S6,Δ=4μm,所以$ES=-35+4=-31\mu m$。特殊情况:250mm~315mm段的M6,$ES=-9\mu m$(代替$-11\mu m$)。

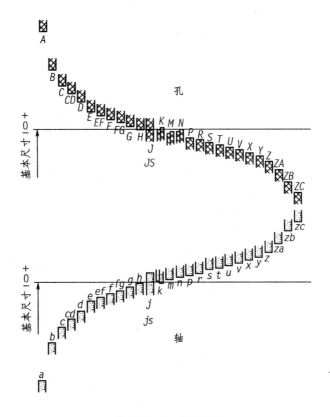

图 1-81 基本偏差系列

对于已知基本尺寸的孔(或轴),如果给定其标准公差和基本偏差,则就能完全确定它的公差带的大小及位置。例如 φ50H8,φ50 是基本尺寸,H 是基本偏差代号,大写表示孔,公差等级 IT8。通过查表,就能确定其公差带的大小及位置,所以 H8 也称为公差带的代号。

2.3.2.3　配合。基本尺寸相同并互相结合的孔和轴,它们两者的公差带之间的相对位置关系,称为配合。根据情况,可分为三种,如图 1-82 所示。

(1)配合的类型。间隙配合:当一批零件中,任取一对基本尺寸相同的轴和孔配合时,孔的实际尺寸总是大于轴的实际尺寸,这样,轴与孔之间必然会具有间隙,称为间隙配合。此时,孔的公差带总是在轴的公差带的上方。

过盈配合:当一批零件中,任取一对基本尺寸相同的轴和孔配合时,孔的实际尺寸总是小于轴的实际尺寸,轴大于孔的部分称为过盈量。这种存在过盈量的配合,称为过盈配合。此时,孔的公差带总是在轴的公差带的下方。

过渡配合:既可能出现间隙、也可能出现过盈的配合,称为过渡配合。此时,孔的公差带与轴的公差带之间相互交叠。

(2)配合制。国家标准规定了两种配合制:基孔制和基轴制。

基孔制是基本偏差为 H 的孔的公差带与各种不同基本偏差的轴的公差带进行配合的制度,如图 1-83 所示。

基轴制是基本偏差为 h 的轴的公差带与各种不同基本偏差的孔的公差带进行配合的制度,如图 1-84 所示。

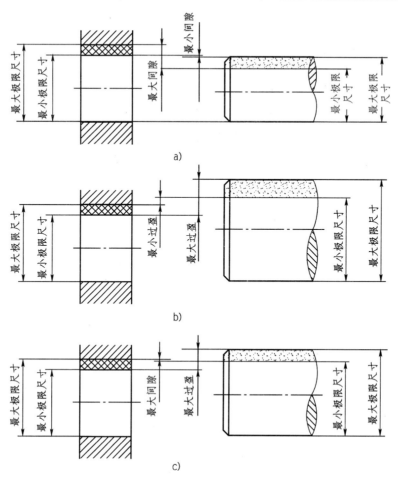

图 1-82 配合类别
a) 间隙配合; b) 过盈配合; c) 过渡配合

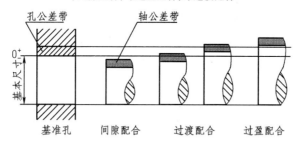

图 1-83 基孔制配合

2.3.3 零件的形状公差和位置公差

形状误差是指实际表面和理想表面的差异;位置误差是指相关联的两个几何要素的实际位置相对于理想位置的差异。形状误差和位置误差的允许变动量分别称为形状公差和位置公差(统称为形位公差)。

形位公差代号由形位公差符号、框格、公差值、指引线、基准符号和其他有关符号组成。形状和位置公差的分类、项目、符号和标注示例见表 1-15 和表 1-16。

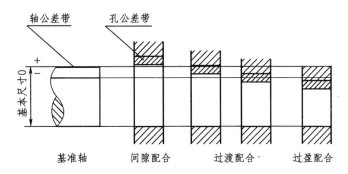

图 1-84 基轴制配合

形位公差的名称及符号 表 1-15

公差		项目	有无基准	符号	公差		项目	有无基准	符号
形状公差		直线度	无	—	位置	定向	平行度	有	∥
		平面度	无	▱			垂直度	有	⊥
		圆度	无	○			倾斜度	有	∠
		圆柱度	无	⌭		定位	同轴（同心）度	有	◎
形状或位置	位置	线轮廓度	有或无	⌒			对称度	有	≡
		面轮廓度	有或无	⌓			位置度	有或无	⊕
						跳动	圆跳动	有	↗
							全跳动	有	⌰

形位公差的标注及公差带定义 表 1-16

名称	标注示例	公差带定义
平面度	▱ 0.015	0.015
直线度	— φ0.008	φ0.008
圆柱度	⌭ 0.006	0.006

续上表

名 称	标 注 示 例	公差带定义
圆度	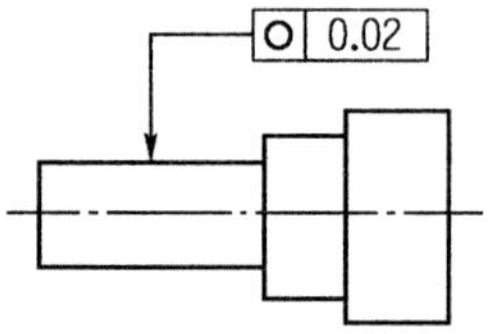 ○ 0.02	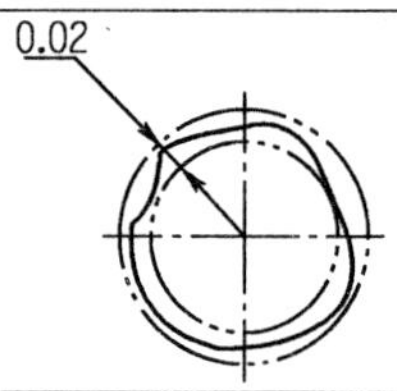 0.02
平行度	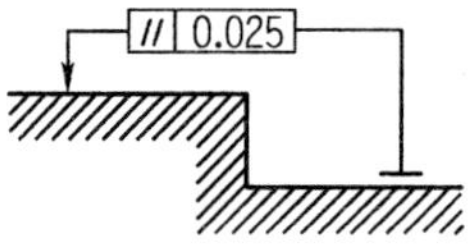 ∥ 0.025	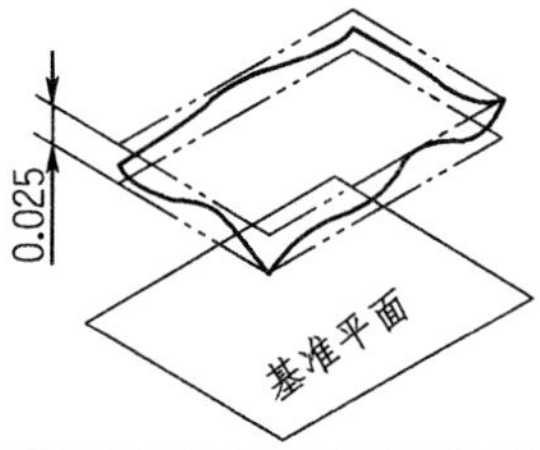 0.025 基准平面
平行度	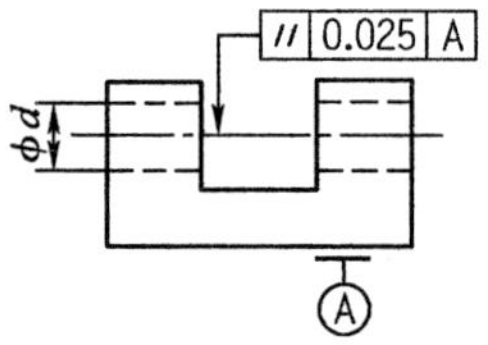 ∥ 0.025 A	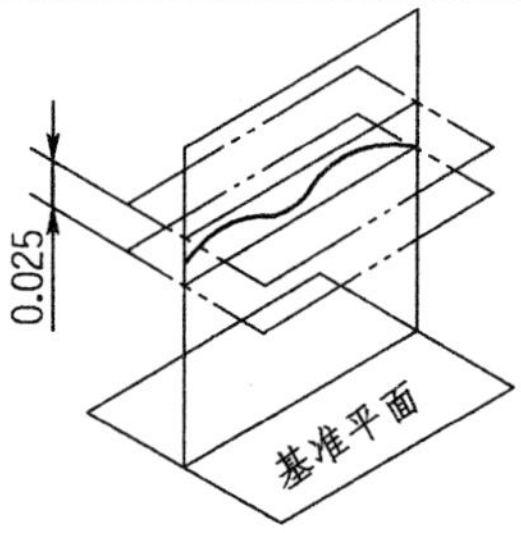 0.025 基准平面
对称度	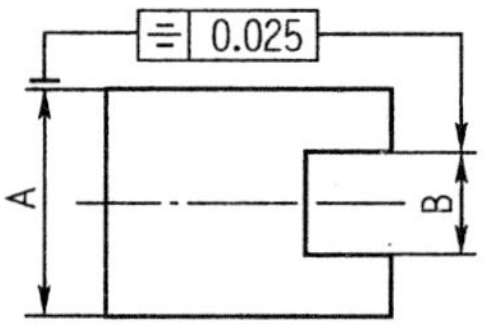 ≡ 0.025	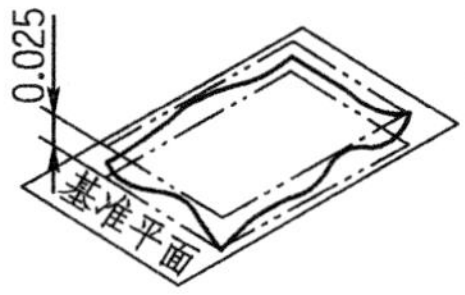 0.025 基准平面
垂直度	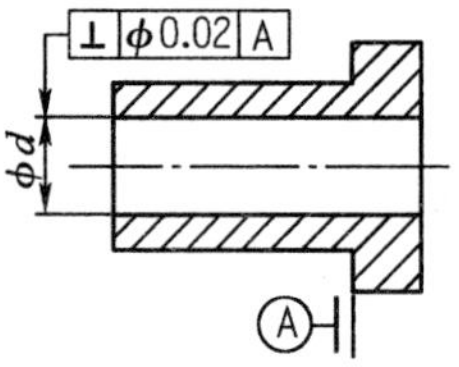 ⊥ φ0.02 A	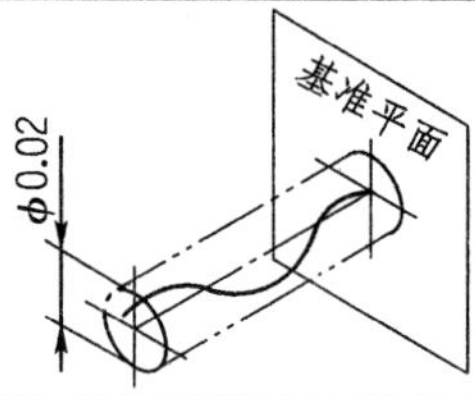 φ0.02 基准平面
同轴度	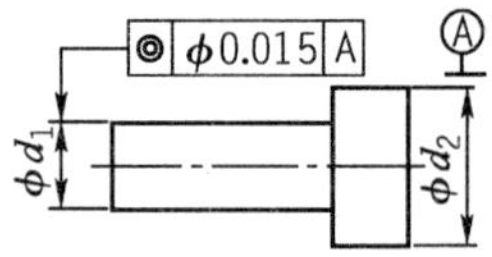 ◎ φ0.015 A	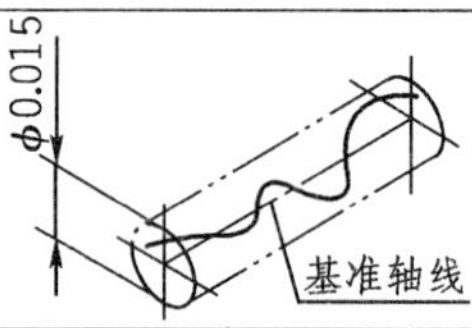 φ0.015 基准轴线
圆跳动	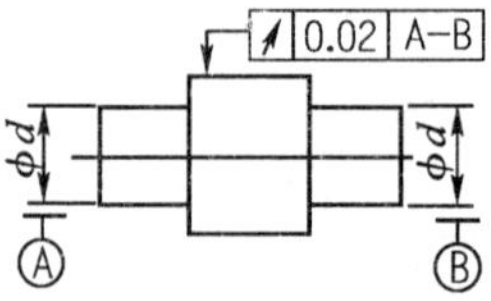 ↗ 0.02 A–B	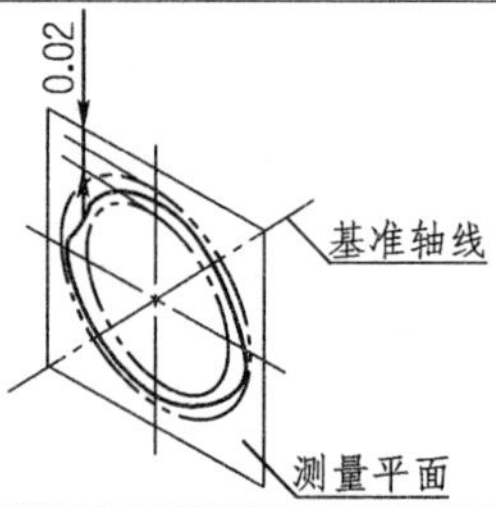 0.02 基准轴线 测量平面

2.3.3.1 形位公差框格。形位公差框格是由两格或多格组成的矩形框格。在零件图上，形位公差框格按水平方向放置，必要时也可垂直放置。框格从左到右（垂直放置时则从上到下）依次填写以下内容：

第一格——形位公差项目特征符号；

第二格——形位公差值及附加符号；

第三格及以后各格——表示基准要素的字母。

图 1-85a) 表示直线度公差为 0.1mm；图 1-85b) 表示对基准 A 的平行度公差为 0.05mm；图 1-85c) 表示对基准 A、B、C 的位置度公差为 ϕ0.04mm（圆形或圆柱形公差带的直径）；图 1-85d) 表示对基准 A、B、C 的位置度公差为 $S\phi$0.08mm（球形公差带的直径）；图 1-85e) 表示平面度公差为 0.08mm，且只允许中间向材料外凸起（以 + 号表示）；图 1-85f) 表示圆柱度公差为 0.05mm，且只允许其尺寸由左向右减小（以 ▷ 符号表示）。

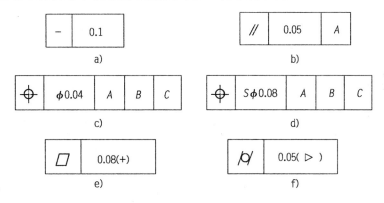

图 1-85 形位公差框格

2.3.3.2 被测要素的标注。当以轮廓线或表面为被测要素时，指示箭头要指向被测要素或其延长线上，并与其尺寸线明显地错开，如图 1-86 所示。

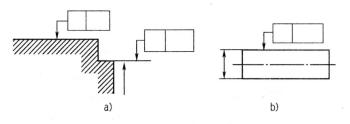

图 1-86 被测要素是轮廓线或表面

当以中心要素（如中心点、中心线、轴线、中心平面等）为被测要素时，指示箭头要与被测要素的尺寸线对齐，如图 1-87 所示。

2.3.3.3 基准要素的标注。对关联被测要素的位置公差要求，必须注明基准。基准符号是加粗的短横线和用细实线与之相连的圆圈。圆圈内填写表示基准的字母，如图 1-88 所示。由两个或两个以上要素作为公共基准时，应在公差框格内标注两个或多个表示基准的字母，字母间用短线隔开，如图 1-89 所示，在 A 与 B 之间有短横。

当以轮廓要素作为基准时，基准代号的短横线应靠近基准要素的轮廓线或其延长线，且与轮廓的尺寸线明显地错开，如图 1-90 所示。

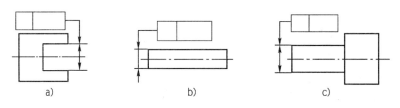

图 1-87　被测要素为轴线、中心平面

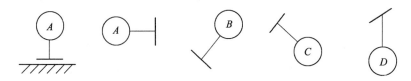

图 1-88　基准代号

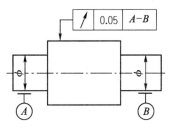

图 1-89　以中心要素为基准

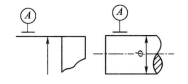

图 1-90　以轮廓要素为基准

当以中心要素(如中心点、中心线、轴线、中心平面等)作为基准时,基准符号的连线应与基准要素相应的轮廓要素的尺寸线对齐,如图 1-89 所示。

当以圆锥轴线作为基准时,基准符号的连线应垂直于基准轴线,如图 1-91 所示的基准 C、D 两处。

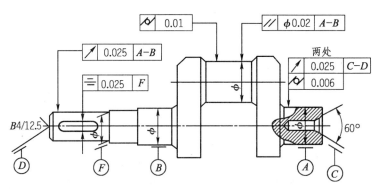

图 1-91　曲轴零件的形位公差

3　零件图与装配图

3.1　零件图

任何机器(或部件)都是由若干零件组成的。表示单个零件的结构、尺寸和技术要求的图

单元一 识图常识

样称为零件工作图,简称零件图。

零件图是设计部门提交给生产部门的重要技术文件。它不仅反映了设计者的设计意图,而且表达了零件的各种技术要求,如尺寸精度、表面粗糙度等。工艺部门要根据零件图制造毛坯、制订工艺规程、设计工艺装备等。所以,零件图是制造和检验零件的重要依据。

3.1.1 零件图的内容

图1-92为一顶杆帽的零件图。一张完整的零件图包括以下内容。

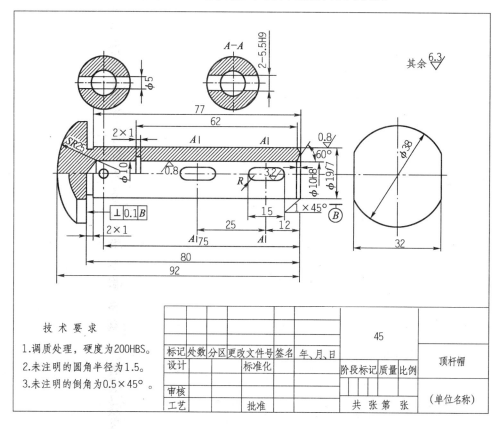

图1-92 顶杆帽零件图

(1)一组视图。在零件图中须用一组视图表达零件的形状和结构,应根据零件的结构特点选择适当的剖视、断面、局面放大等表达方法,用最简明的方法将零件的形状、结构表达出来。

(2)完整的尺寸。零件图上的技术要求不仅要标注的完整、清晰,而且还要注得合理,能够满足设计意图,宜于制造生产,便于检验。

(3)技术要求。零件图上的技术要求包括表面粗糙度、尺寸极限与配合、表面形状公差和位置公差、表面处理、热处理、检验等要求。零件制造后要满足这些要求才能算是合格产品(这些要求制订的不能太高,否则要增加制造成本;也不能制订的太低,以至于影响产品的使用性能和寿命。要在满足产品对零件性能要求的前提下既经济又合理)。

(4)标题栏。对于标题栏的格式,国家标准已作了统一规定,使用中应采用标准的标题栏格式。零件图标题栏的内容一般包括零件名称、材料、数量、比例、图样的编号以及设计、描图、

绘图、审核人员的签名等。填写标题栏时,应注意以下几点:

①零件名称。标题栏中的零件名称要精练,如"轴"、"齿轮"、"泵盖"等,不必体现零件在机器中的具体作用。

②图样编号。图样可按产品系列进行编号,也可按零件类型综合编号。各行业、厂家都规定了自己的图样编号方法,图样编号要有利于图纸的检索。

③零件材料。零件材料要用规定的代号表示,不得用自编的文字或代号表示。

3.1.2 阅读零件图的一般步骤

3.1.2.1 阅读零件图的目的。一张零件图内容是相当丰富的,不同工作岗位的人看图的目的也不同,通常阅读零件图的主要目的是:

(1)对零件有一个概括的了解,如名称、材料等。

(2)根据给出的视图,想象出零件的形状。明确零件在设备或部件中的作用及零件各部分的功能。

(3)通过阅读零件图中所标注的尺寸,对零件各部分的大小有一个概念。进一步分析出各方向尺寸的主要基准。

(4)明确制造零件的主要技术要求。如表面粗糙度、尺寸公差、形位公差、热处理及表面处理等,以便确定正确的加工方法。

3.1.2.2 阅读零件图的方法和步骤。阅读零件的方法没有一个固定不变的程序。对于较简单的零件图,泛泛地阅读,就能想象出物体的形状并明确其精度要求。对于较复杂的零件,则需要通过深入分析,由整体到局部,再由局部到整体反复推敲,最后才能搞清其结构和精度要求。一般而言应按下述步骤去阅读一张零件图。

(1)看标题栏。看一张图,首先从标题栏入手,标题栏内列出了零件的名称、材料、比例等信息,从标题栏可以得到一些有关零件的概括信息。

例如,图 1-93 所示的机座零件图。从名称就能联想到它是一个起支撑作用的零件。从材料 HT200 知道,零件毛坯采用铸件,所以具有铸造工艺的结构,如铸造圆角、拔模斜度、铸造壁厚均匀等。

(2)明确视图关系。所谓视图关系,即视图表达方法和各视图之间的投影联系。

图 1-93 所示的机座零件图,采用了主、俯、左三个基本视图。主视图采用半剖视,左视图采用局部剖视,俯视图采用全剖视。

(3)分析视图、想象零件结构形状。从学习阅读机械图来说,分析视图、想象零件的结构形状是最关键的一步。看图时,仍采用前述组合体的看图法,对零件进行形体分析、线面分析。由组成零件的基本形体入手,由大到小,从整体到局部,逐步想象出物体结构形状。

从图 1-93 机座零件图的三个视图可以看出,零件的基本结构形状如图 1-94 所示。它的基本形体由三部分构成,上部是圆柱体,下部是长方体底板,底板和圆柱之间用 H 形肋板连接。

想象出基本形体之后,再深入到细部,这一点一定要引起高度重视。初学者往往被某些不易看懂的细节所困扰,这是抓不住整体造成的后果。对于本例来说,圆柱的内部由三段圆柱孔组成,两端的 $\phi 80H7$ 是轴承孔,中间的 $\phi 96$ 是毛坯面。柱面端面上各有 3 个 M8 螺孔。底板上有4个 $\phi5$ 地脚孔，H形肋板和圆柱为相交关系，如图所示。

(4) 看尺寸、分析尺寸基准。分析零件图上尺寸的目的，是识别和判断哪些尺寸是主要尺寸，各方向的主要尺寸基准是什么，明确零件各组成部分的定形、定位尺寸。

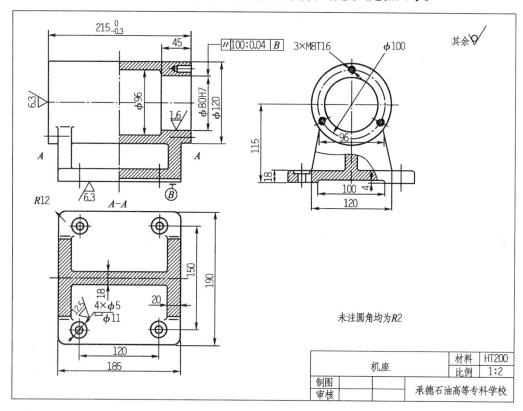

图 1-93　机座零件图

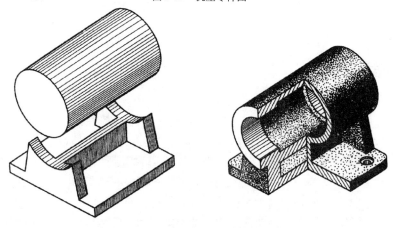

图 1-94　机座结构形状

图 1-93 机座的主要尺寸基准、主要尺寸如图 1-95 所示。

(5) 看技术要求。零件图上的技术要求主要有表面粗糙度、极限与配合、形位公差及文字说明的加工、制造、检验等要求。这些是制订加工工艺、组织生产的重要依据，要深入分析理解。

图1-93机座零件图中,精度最高的是 $\phi 80H7$ 轴承孔。表面粗糙度 $R_a = 1.6\mu m$,且有与底面保持平行度的要求。

以上分析是阅读零件图的一般方法和步骤,读者可根据上述方法自行阅读图1-96所示的曲轴零件图。

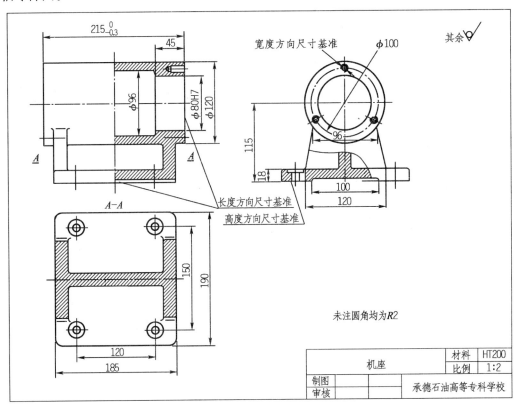

图1-95 机座的主要尺寸及尺寸基准

3.2 装配图

3.2.1 装配图的作用和内容

装配图是表达机器或部件的图样。通常用来表达机器或部件的工作原理以及零件、部件的装配、连接关系,是机械设计和生产的重要技术文件之一。在产品设计中,一般先根据产品的工作原理图画出装配草图,由装配草图整理成装配图,然后再根据装配图进行零件设计,并画出零件图。在产品制造中,装配图是制订装配工艺规程、进行装配和检验的技术依据。在机器使用和维修时,也需要通过装配图来了解机器的工作原理和构造。一张完整的装配图,必须有下列内容。

(1) 一组视图。用一组视图完整、清晰、准确地表达出机器的工作原理,各零件的相对位置和装配关系,连接方式和重要零件的形状结构。

图1-97是滑动轴承的装配轴测图。它直观地表示了滑动轴承的外形结构,但不能清晰地表示各零件的装配关系。图1-98是滑动轴承的装配图,图中采用了三个基本视图,由于结构

基本对称,所以三个视图均采用了半剖视,这就比较清楚地表示了轴承盖、轴承座和上下轴衬的装配关系。

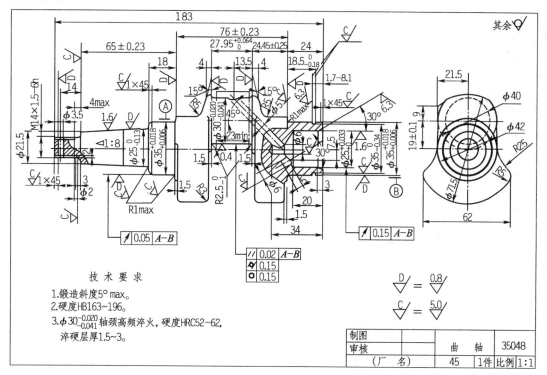

图1-96 曲轴零件图

（2）几种必要的尺寸。装配图上要有表示机器或部件的规格、装配、检验和安装时所需要的一些尺寸。在图 1-98 所示滑动轴承的装配图中,轴承直径 $\phi 50H8$ 为规格尺寸,176、32、$R10$ 长圆孔等为安装尺寸,$\phi 60 \dfrac{H8}{k7}$、$86 \dfrac{H9}{f9}$ 等为装配尺寸,236、121 为总体尺寸。

（3）技术要求。技术要求就是说明机器或部件的性能和装配、调度、试验等所必须满足的技术条件。如图 1-98 所示的部件,其技术要求是:装配后,要进行接触面涂色检查。

（4）零件的序号、明细栏和标题栏。装配图中的

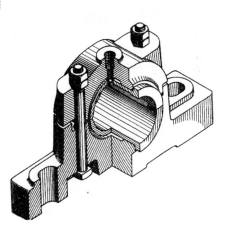

图1-97 滑动轴承轴测图

零件的编号、明细栏用于说明每个零件的名称、代号、数量和材料等。标题栏包括零部件名称、比例、绘图及审核人员的签名等。绘图及审核人员签名后就要对图纸的技术质量负责,所以画图时必须细致认真。

3.2.2 装配图的视图表达方法

装配图的表达方法和零件图基本相同,所以零件图中所应用的各种表达方法都适用于装配图。此外,根据装配图的要求还提出了一些规定画法和特殊的表达方法。

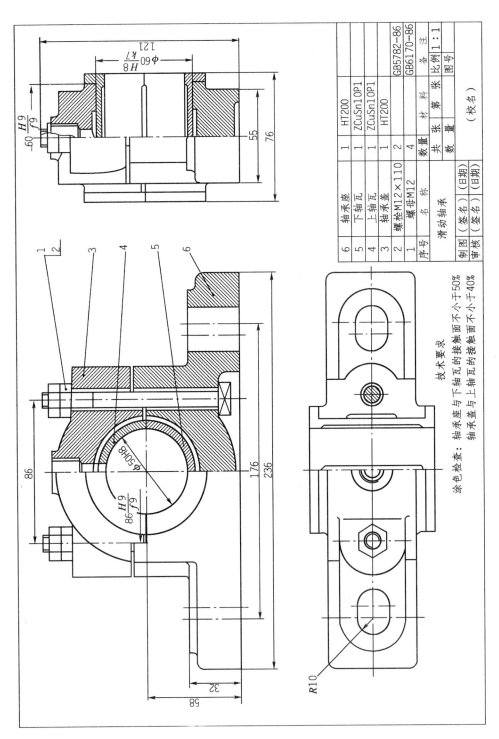

图1-98 滑动轴承装配图

3.2.2.1 规定画法：

(1)两相邻零件的接触面和配合面只画一条线。但是，如果两相邻零件的基本尺寸不相同，即使间隙很小，也必须画成两条线，如图1-99所示。

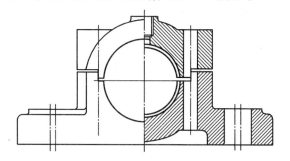
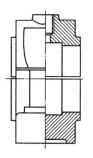

图1-99 接触面和非接触面画法

(2)相邻两个或多个零件的剖面线应有区别，或者方向相反，或者方向一致但间隔不等，相互错开，如图1-100所示。

但必须特别注意,在装配图中,所有剖视图、断面图中同一零件的剖面线方向和间隔必须一致,这样有利于找出同一零件的各个视图,想象其形状和装配关系。

(3)对于紧固件以及实心的球、手柄、键等零件,若剖切平面通过其对称平面或基本轴线时,则这些零件均按不剖绘制。如需表明零件的凹槽、键槽、销孔等构造时,可用局部剖视表示,如图1-101所示。

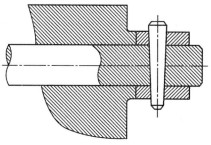

图1-100 装配图中剖面线的画法

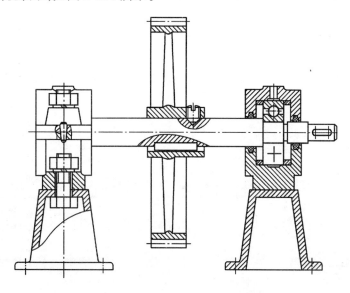

图1-101 装配图中不剖零件的画法

3.2.2.2 特殊表达方法：

(1)拆卸画法。当某些零件的图形遮住了其后面的需要表达的零件,或在某一视图上不需要画出某些零件时,可拆去这些零件后再画,也可选择沿零件结合面进行剖切的画法。如在图 1-98 所示的滑动轴承装配图中,俯视图就采用了后一种拆卸画法。

(2)单独表达某零件的画法。如所选择的视图已将大部分零件的形状、结构表达清楚,但仍有少数零件的某些方面还未表达清楚时,可单独画出这些零件的视图或剖视图,如图 1-102 所示的转子油泵盖 B 向视图。

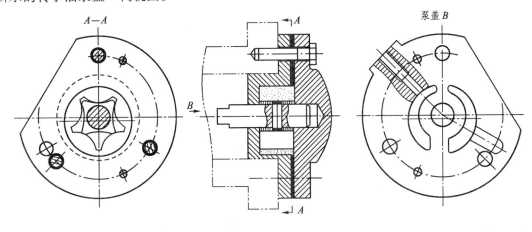

图 1-102 转子油泵

(3)假想画法。为表示部件或机器的作用、安装方法,可将其他相邻零件、部件的部分轮廓用双点画线画出,如图1-102所示,假想轮廓的剖面区域内不画剖面线。

当需要表示运动零件的运动范围或运动的极限位置时,可按其运动的一个极限位置绘制图形,再用双点画线画出另一极限位置的图形,如图 1-103 所示。

3.2.2.3 简化画法:

(1)对于装配图中若干相同的零、部件组如螺栓连接等,可详细地画出一组,其余只需用点画线表示其位置即可,如图 1-104 所示。

(2)在装配图中,对薄的垫片等不易画出的零件可将其涂黑,如图 1-104 所示。

(3)在装配图中,零件的工艺结构如小圆角、倒角、退刀槽、起模斜度等可不画出,如图 1-104 所示。

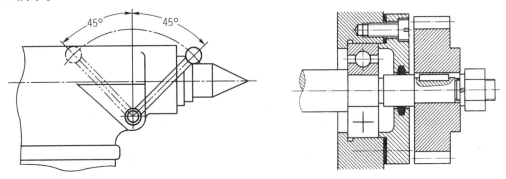

图 1-103 运动零件的极限位置　　　　图 1-104 装配图中的简化画法

3.2.3 装配图中的尺寸标注与零、部件编号

3.2.3.1 尺寸标注。装配图的作用是表达零、部件规格或性能的装配关系,因此其尺寸

标注的要求不同于零件图。不需要注出每个零件的全部尺寸,一般只需标注规格尺寸、装配尺寸、安装尺寸、外形尺寸和其他重要尺寸共五大类尺寸。

(1)规格尺寸。说明部件规格或性能的尺寸,它是设计和选用产品时的主要依据,图 1-98 中的 φ50H8 就是规格尺寸。

(2)装配尺寸。装配尺寸是保证正确地装配,并说明配合性质及装配要求的尺寸,图 1-98 中 $\phi 60 \frac{H8}{k7}$、$86 \frac{H9}{f9}$ 及连接螺栓中心距等都属于装配尺寸。

(3)安装尺寸。将部件安装到地基上或与其他零件、部件相连接时所需要的尺寸,图 1-98 中地脚螺栓孔的尺寸等就属于安装尺寸。

(4)机器或部件的总长、总宽和总高的尺寸。它反映了机器或部件的体积大小,即该机器或部件在包装、运输和安装过程中所占空间的大小,图 1-98 中的 236、121 和 76 即是外形尺寸。

(5)其他重要尺寸。除以上四类尺寸外,在装配或使用中必须说明的尺寸,如运动零件的位移尺寸等。

需要说明的是,装配图上的某些尺寸有时兼有几种意义,而且每一张图上也不一定都具有上述五类尺寸。在标注尺寸时,必须明确每个尺寸的作用,对装配图没有意义的结构尺寸不需注出。

3.2.3.2 零、部件编号。在生产中,为便于图纸管理、生产准备、机器装配和看装配图,对装配图上各零、部件都要编注序号。序号是为了看图方便,编制的零、部件的序号或图号要和明细栏中的序号相一致,不能产生差错。

(1)一般规定:

①装配图中所有的零、部件都必须编注序号。规格相同的零件只编一个序号,标准化组件如滚动轴承、电动机等,可看作一个整体编注一个序号。

②装配图中零件序号应与明细栏中的序号一致。

(2)序号的组成。装配图中的序号一般由指引线(细实线)、圆点(或箭头)、横线(或圆圈)和序号数字组成,如图 1-105 所示。

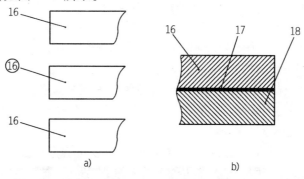

图 1-105 序号的组成

(3)零件组序号。对紧固件或装配关系清楚的零件组,允许采用公共指引线,如图 1-106 所示。

(4)序号的排列。零件的序号应按顺时针或逆时针方向在整个一组图形顺次整齐排列,并尽量使序号间隔相等,如图 1-98 所示。

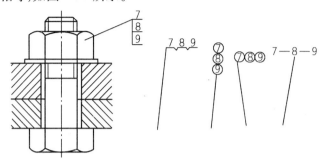

图 1-106 零件组的序号

3.2.4 标题栏及明细栏

标题栏格式由前述的 GB 10609.1—89 确定,明细栏则按 GB 10609.2—89 规定绘制。各工厂企业有时也有各自的标题栏、明细栏格式。绘制和填写标题栏、明细栏时应注意以下问题:

(1)明细栏和标题的分界线是粗实线、明细栏的外框是粗实线,明细栏的横线和内容竖线均为细实线(包括最上面的一条横线)。

(2)序号应自下而上顺序填写,如向上延伸位置不够,可以在标题栏紧靠左边的位置自下而上延续。

(3)标准件的国标代号可写入备注栏。

3.2.5 读装配图

读装配图应特别注意从机器或部件中分离出每一个零件,并分析其主要结构形状和作用,以及同其他零件的关系。然后再将各个零件合在一起,分析机器或部件的作用、工作原理及防松、润滑、密封等系统的原理和结构等,必要时还应查阅有关的专业资料。

下面用图 1-107 所示的汽车活塞连杆总成装配图来说明识读装配图的方法和步骤。

(1)概括了解。首先从标题栏和有关的说明书中了解机器或部件的名称和大致用途;其次从明细栏和图中的序号了解组成该机器或部件的零件的种类,各零件的名称、数量及材料;了解各零件之间的大体装配关系。

由图 1-107 的标题栏可知,该部件的名称为"活塞连杆总成",其功用是将活塞的上下移动转变为曲轴的旋转运动;从明细表可知,该部件共有 14 种零件组成。

(2)对视图进行分析。明确装配图的表达方法、投影关系和剖切位置,并结合标注的尺寸,想象出主要零件的主要结构形状。

根据图 1-107 中的视图位置,可知采用了主视图和左视图。主视图上还采用了局部剖视,用来表达活塞内部的结构形状,活塞、活塞销、连杆衬套和连杆的相对位置、装配关系;左视图表达了活塞连杆总成的外形。

(3)查序号,看零件,明确装配关系。在图 1-107 中,通过查序号、看零件,了解到活塞连杆总成中各零件的名称、数量、所用材料等,如零件 1 的名称是"活塞",材料是"铝合金",数量是"1"。

根据零件序号、各零件的剖面线方向和间距,以及其他有关的规定画法可知:上活塞环 2、中活塞环 3 和油环 4,是自上而下顺序装在活塞上部的环槽内;活塞销 6 的两端外圆柱面与活塞 1 的销孔相配合;连杆衬套 7 的内圆柱面与活塞销 13 中部外圆柱面相配合;连杆衬套 7 的外圆柱面与连杆 8 的小头孔相配合;连杆盖 11 与连杆 8 之间有调整垫片 10。

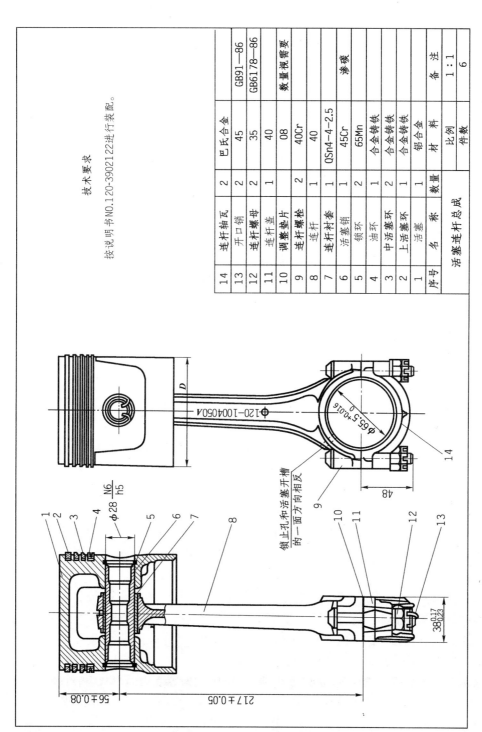

图1-107 活塞连杆总成装配图

另外还可了解到:连杆盖 11 与连杆 8 是用连杆螺栓 9、连杆螺母 12 连接的;连杆盖 11 与连杆 8 的内孔中装有连杆轴瓦 14,连杆螺栓 9 与连杆螺母 12 采用开口销 13 锁定;在活塞销 6 的两端装有锁环 5。

(4)看技术要求。由尺寸 φ28N6/h5 可知,活塞销与其孔的配合是基轴制的过渡配合。$38_{-0.23}^{+0.17}$、$\phi 65.5_{0}^{+0.016}$ 为重要尺寸。技术要求提出按说明书 No.120-3902122 进行装配,因此装配前必须查阅该说明书。

(5)综合归纳。经过以上分析,可以综合归纳如下:

①活塞连杆总成的装配关系及工作原理是:上活塞环 2、中活塞环 3 和油环 4,是自上而下顺序装在活塞上部的环槽内;活塞销 6 的两端外圆柱面与活塞 1 的销孔相配合;连杆衬套 7 的内圆柱面与活塞销 13 中部外圆柱面相配合;连杆衬套 7 的外圆柱面与连杆 8 的小头孔相配合;为了防止活塞销左右轴向移动,在活塞销 6 的两端装有锁环 5。

连杆盖 11 与连杆 8 的内孔中装有连杆轴瓦 14,连杆盖 11 与连杆 8 是用连杆螺栓 9、连杆螺母 12 连接的,为了防止螺母 12 松动,采用开口销 13 锁定;连杆盖 11 与连杆 8 之间有调整垫片 10,用来调整轴瓦与曲轴之间的配合。

②活塞连杆总成的装拆顺序是:先拔出开口销,拆下连杆螺母、连杆螺栓和轴承,后用尖嘴钳夹出锁环,从活塞内打出活塞销,从连杆中打出连杆衬套。由于活塞销孔的配合要求较高,拆卸时应特别注意保护两个零件的配合表面。

③综合分析后可想象出活塞连杆总成的整体结构如图 1-108 所示。

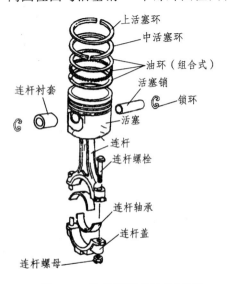

图 1-108 汽车活塞连杆总成立体图

思考与练习

1. 已知平面的两面投影如习题图 1 所示,判断平面的名称并求其第三面投影。

2. 根据习题图 2 所示三视图,分析面形,想象形体;判断各表面的相对位置,写出平面的名称或曲面的形状。

面形及其位置分析:①是____面;②是____面;③是____面;④是____面;⑤是____面。

形体分析:①③是____体;④是____体;⑤①是____体。

各表面的相对位置主视图比前后:③面在____;④面在____。

俯视图比上下:①面在____;②面在____。

3. 根据习题图 3 所示三视图,分析面形,想象形体;判断各表面的形状、相对位置和连接关系(相切或相交,包括相贯线的情况)。

形体分析:a 是____体;b 是____体;c 是____体;d 是____体。

表面连接关系:①是____面与____面相切无交线;②是____面与____面相交的交线;③是____面与____面相切无交线。

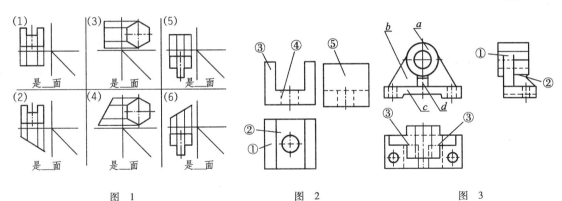

图 1　　　　　　　　　　　图 2　　　　　　　　　　　图 3

4. 根据习题图 4 所示三视图,分析面形,想象形体;判断各表面的形状、相对位置和连接关系(相切或相交,包括相贯线的情况)。

形体分析:a 是____体;b 是____体;c 是____体。

表面连接关系:①是____面与____面相切无交线;②是____面与____面相交的交线;③是____面与____面相切无交线。

5. 根据习题图 5 所示三视图,分析面形,想象形体;判断各表面的形状、相对位置和连接关系(相切或相交,包括相贯线的情况)。

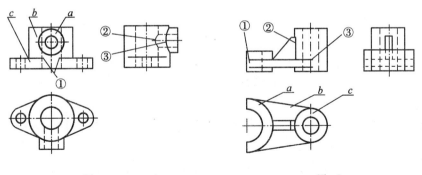

图 4　　　　　　　　　　　　　图 5

形体分析:a 是____体;b 是____体;c 是____体。

表面连接关系:①是____面与____相切____线;②是____面与____相交____线;③是____面与____相切____线。

6. 读支架的三视图(如习题图 6 所示),并填空:

(1)支架由下部的_____板组成、中部的_____板和两_____板组成。

(2)底板下部中间有一个_____方向通槽,槽长为_____,槽高为_____,底板上左右各有一个_____形的方向_____的通孔,孔长为_____,孔宽为_____。

(3)中部板的上部有一个_____方向的通槽,通槽长度为_____。

(4)上部两小耳板上有_____方向的光通孔,其直径为_____。

(5)支架总长为____,总宽为____,总高为____。

7. 正六棱柱、圆柱体、圆台体的形状特征视图分别是什么形状?

8. 视图与剖视图、剖面图之间有何区别?

69

9. 什么是截交线？什么是相贯线？

10. 判断习题图7的三个A向斜视图，哪个是正确的？

11. 找出习题图8中正确的剖面图。

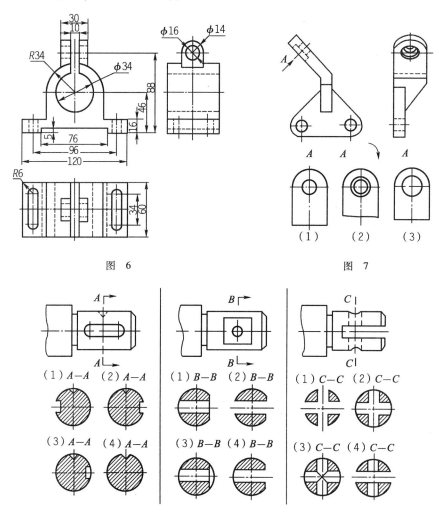

图 6　　　　　　　　　　　　图 7

图 8

12. 看零件图(如习题图9所示)，并填空。

13. 看零件图(如习题图10所示)，完成填空：

(1) 零件的名称是____，所用材料是____。

(2) 该零件图中采用了____视图、____视图和____视图来表达，它们各自的作用是什么？

(3) 该零件的总长是____，总宽是____，总高是____。

14. 图1-96中标注了哪些形位公差和表面粗糙度的要求？

15. 一张完整的装配图应该包括的内容有什么？

16. 装配图的规定画法有哪些？

17. 装配图的特殊表达方法有哪些？

单元一 识图常识

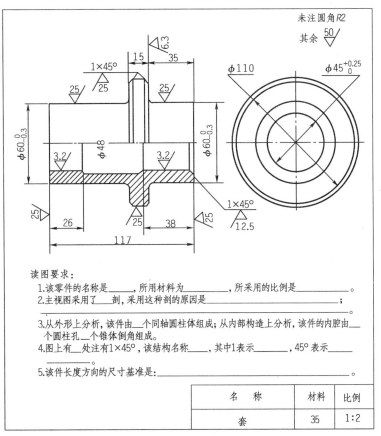

读图要求：
1. 该零件的名称是____，所用材料为____，所采用的比例是____。
2. 主视图采用了____剖，采用这种剖的原因是_____；
3. 从外形上分析，该件由__个同轴圆柱体组成；从内部构造上分析，该件的内腔由__个圆柱孔__个锥体倒角组成。
4. 图上有__处注有1×45°，该结构名称____，其中1表示_____，45°表示_____。
5. 该件长度方向的尺寸基准是：_____。

图 9

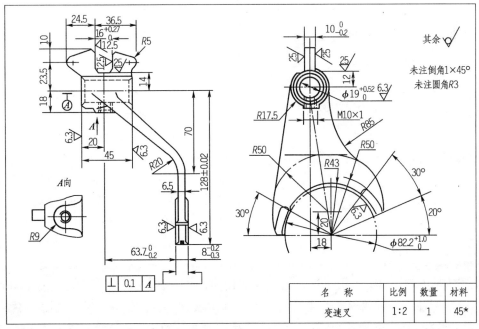

图 10

71

单元二　汽车常用机构

学习目标

知识目标

1. 正确描述机器、机构、构件、零件和部件的概念；
2. 正确描述运动副、运动简图的概念。

能力目标

1. 能绘制汽车上的简单机构的运动简图；
2. 会分析汽车上的机构的工作原理、运动特性、静力学分析及简单计算等。

1　机构常识

1.1　机器的组成

人类为了适应生产中的需要，创造和发展了各种各样的机器。我们经常见到的汽车、拖拉机、内燃机、起重机、金属切削机床以及缝纫机、洗衣机等都是机器。

一般机器主要由四个基本部分组成，即动力部分、执行部分、传动部分及控制部分。简单的机器主要由前三个基本部分组成，其控制部分很简单。动力部分是机器工作的动力源。执行部分又称工作部分，它直接完成机器预定的功能；传动部分是为解决动力部分与执行部分之间各种连接与矛盾，将动力和运动传给执行部分的中间装置；控制部分的作用是控制机器的其他基本部分，使操作者随时实现或完成各种预定的功能。例如汽车的各基本部分中，发动机为动力部分，车轮为执行部分，离合器、变速器、传动轴和驱动桥等为传动部分；转向盘和转向系统、变速杆、制动及其踏板、离合器踏板及加速踏板等组成汽车的控制系统，如图2-1所示。

图2-1　汽车的组成部分

1.2　机器与机构

机器的种类繁多，构造、用途和功能也各不相同，但它们都有一些共同的特征。如图2-2所示的单缸四冲程汽油机结构示意图，它是由机体组、曲柄连杆机构、配气机构、燃油供给系统、点火系统、润滑系统、冷却系统、起动系统组成。工作时，燃气推动活塞作往复移动，经连杆转变为曲轴的转动。凸轮和顶杆是用来启闭进气门和排气门的。为了保证曲轴每转两周进、排气门各开闭一次,在曲轴和凸轮轴上各安装了一个齿轮。当燃气推动活塞运动时,进排气门有规律地开闭,把燃气的热能转换为曲轴转动的机械能。又如发电机主要由转子(电枢)和定子组成。当驱动转子旋转时,发电机就把机械能转换为电能。再如汽车由发动机经离合器、变速器、传动轴和驱动桥等带动车轮滚动进行工作。从以上三个例子可以看出,机器具有下列三个共同特征:

①它们都是人为的实物组合;
②它们的各部分之间具有确定的相对运动;
③它们能代替或减轻人类的劳动,以完成有用的机械功(如汽车、机床和洗衣机)或转换机械能(如内燃机、发电机)。

机构仅有机器的前两个特征,即机构也是人为的实物组合,并且使实物之间具有确定的相对运动。在内燃机中,活塞、连杆、曲轴和汽缸体组成曲柄滑块机构,将活塞的往复移动转变为曲轴的连续转动。凸轮、顶杆和汽缸体组成凸轮机构,将凸轮的连续旋转转变成顶杆有规律的往复移动。曲轴和凸轮轴上的齿轮与汽缸体组成齿轮机构,同时两轴保持一定的转速比。由此可见,机器是由机构组成的。

若不讨论做功和能量转换方面的问题,仅从结构和运动的角度来看,机器和机构并无区别,所以习惯上把机器和机构统称为机械。

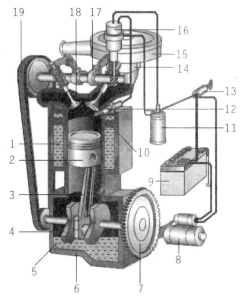

图2-2 单缸四冲程汽油机结构示意图
1-冷却液;2-活塞;3-连杆;4-曲轴;5-机油;6-油底壳;7-飞轮兼起动齿轮;8-起动机;9-蓄电池;10-进气门;11-点火线圈;12-火花塞;13-点火开关;14-化油器;15-空气滤清器;16-分电器;17-凸轮轴;18-排气门;19-正时带(或正时链条)

1.3 零件、构件和部件

从制造角度看,机器是由若干个零件组成的。零件是机器组成中不可再拆的最小单元,是机器的制造单元。按使用特点,零件可分为通用零件和专用零件两大类。通用零件是指各种机械中普遍使用的零件,如螺钉、键、齿轮和轴等;专用零件是指某些特殊的机械上才用到的零件,如内燃机的活塞和曲轴、汽轮机的叶片等。

从运动角度看,可以认为机器是由若干构件组成的。各构件之间具有确定的相对运动,其形状和尺寸主要取决于运动性质。所以,构件是机器的运动单元。构件可能是一个零件,也可能是若干个零件的刚性组合体。如图2-3所示就是齿轮用键与轴连成一个整体而成为一个构件,其中的齿轮、键和轴都是零件。

从装配角度看,可以认为较复杂的机器是由若干部件组成的。部件是机器的装配单元,

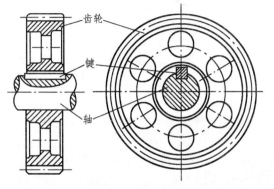

图2-3 齿轮与键、轴连接的构件

如汽车的变速器、驱动桥等。

1.4 运动副及运动简图

1.4.1 运动副及其分类

所有构件均在同一平面或平行平面内运动的机构称为平面机构。本单元只讨论工程中常见的平面机构。

如前所述，机构是由两个以上的构件以一定的方式连接而成。这种连接既不同于螺栓连接，也不同于铆接、焊接之类的刚性连接，而是在连接处保持一定的相对运动。这种由两构件直接接触并产生一定相对运动的连接，称为运动副。例如前述内燃机中的汽缸体与活塞、活塞与连杆、连杆与曲轴、轴颈与轴承、凸轮与进气门推杆以及相啮合的两齿轮轮齿之间的连接等都构成运动副。

按构成运动副的两构件之间的相对运动为平面运动或空间运动，将运动副分为平面运动副和空间运动副。因本书只研究平面的机构，所以也相应只介绍平面运动副。

两构件构成的运动副，其接触形式不外乎点、线、面三种。按照接触的特性，一般将运动副分为低副和高副两类。

(1) 低副。两构件通过面接触所构成的运动副称为低副。根据它们之间的相对运动是转动或移动，又可分为转动副和移动副。

①转动副。若组成运动副的两构件之间只能绕同一轴线作相对转动，则该运动副称为转动副。如图 2-4 所示，构件 1 相对于构件 2 只能绕垂直于 xoy 平面的轴转动，而不能沿 x 轴或 y 轴移动。内燃机中的连杆小头与活塞销、连杆大头与曲轴轴颈之间的连接均为转动副。

②移动副。若组成运动副的两构件之间只能沿某一轴线方向作相对移动，则该运动副称为移动副。如图 2-5 所示，1 和 2 两构件间的相对运动只能沿 x 轴方向移动，而不能沿 y 轴移动或绕任何轴转动。

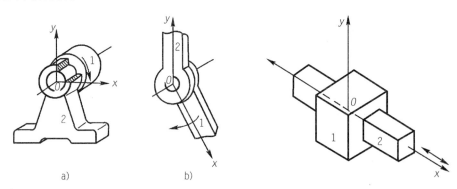

图 2-4 转动副　　　　　　　　　　　图 2-5 移动副
1-转动件；2-支座(或固定件)　　　　　1-固定件；2-移动件

(2) 高副。两构件之间以点或线相接触所组成的运动副称为高副。组成高副的两构件间的相对运动为转动兼移动。如图 2-6 所示，图 2-6a) 中的车轮 1 与钢轨 2、图 2-6b) 中的凸轮 3 与从动件 4 以及图 2-6c) 中的两轮齿 5 和 6 之间，分别在 A 点处组成高副。它们之间的相对运

单元二 汽车常用机构

动只能沿接触点 A 的切线方向移动（t-t 方向）和绕 A 点在 tAn 平面内转动，而不能沿 n-n 方向移动。

图 2-7 表示运动副和构件的代表符号。图 2-7a)表示两个构机件组成的转动副；图 2-7b)表示两个构机件组成的移动副；图 2-7c)表示两个构机件组成的高副；图 2-7d)表示带有两个或三个运动副的构件；图 2-7e)画有阴影的构件称为固定件或机架。

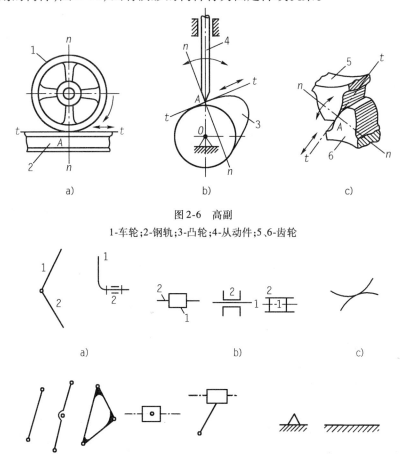

图 2-6　高副
1-车轮；2-钢轨；3-凸轮；4-从动件；5、6-齿轮

图 2-7　运动副和构件的代表符号

1.4.2　平面机构的运动简图

在分析现有机构的运动原理或设计新机构时，为使问题简单化，常常略去机构中构件的复杂外形和运动副的具体结构，仅用简单的线条和符号表示构件和运动副，并按一定的比例定出各运动副的相对位置，而绘制出能表示机构运动特征的简单图形，称为机构运动简图。

为了仅表明机构的结构状况，也可不按严格比例绘制简图，通常把这种图形称为机构示意图。

下面举例说明绘制机构运动简图的方法和步骤。

例 2-1　绘制图 2-2 所示单缸四冲程内燃机的机构运动简图。

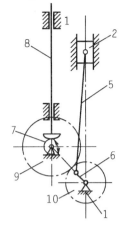

图2-8 内燃机主体机构运动简图

解：(1)分析机构的组成及运动情况,找出机架、原动件和从动件。

图2-2所示内燃机是由汽缸体1、活塞2、连杆5和曲轴6组成的曲柄滑块机构;由齿轮10(与曲轴6固联)、齿轮9和汽缸体1组成的齿轮机构;由凸轮7(与齿轮9固联)、进气门推杆8和汽缸体1组成的凸轮机构共同组成的。汽缸体1是固定件(机架),在燃气推动下的活塞2是原动件,其余构件均为从动件。

(2)根据各构件之间的相对运动性质,确定运动副的类型和数目。

构件2和1、8和1组成移动副;构件10和9、7和8组成高副;构件2和5、5和6(10)、6和1、9(7)和1之间均组成转动副。

(3)选择视图平面。一般选择与多数构件的运动平面相平行的平面作为视图平面。视图平面选定后,为避免一些构件在简图上相互重叠,应使机构停稳在一般位置(而不要停在特殊位置)来绘制机构运动简图。

该机构为平面机构,故选与各构件的运动平面相平行的平面(即与两齿轮轴线相垂直的平面)为视图平面。

(4)测出各运动副之间的相对位置,并选取适当的长度比例尺,用构件和运动副的规定符号绘出机构运动简图,如图2-8所示。

2 汽车常见四杆机构

2.1 曲柄机构

如图2-9a)所示的汽车发动机活塞曲柄机构,是由活塞1、连杆2、曲轴3和缸体4组成的四杆机构,活塞与缸体之间的相对运动为移动,两者构成移动副;活塞与连杆小头通过活塞销连接,相对运动为转动,两者构成转动副;连杆大头与曲轴之间的相对运动为转动,两者构成转动副;曲轴轴颈和缸体座孔之间的相对运动为转动,两者构成转动副。这种在机构中只含有低副,且构件数为4个的平面机构,称为<u>四杆机构</u>。

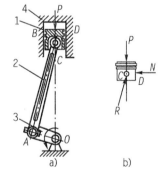

图2-9 曲柄机构
1-活塞;2-连杆;3-曲轴;4-缸体

2.1.1 机构的受力分析

活塞的受力:如图2-9b)所示,活塞除受到原动力P(燃气压力)的作用外,还受到缸体和连杆对它的约束力*(N和R)作用,在三个力的作用下,活塞处于平衡状态,即三力的合力为零。如图2-9b)所示,三力同处于一个平面内,且作用线汇交于一点,这种力系,称之为平面汇交力系。物体在汇交力系的作用下要取得平衡,必须是力系的合力为零,即:

$$\sum F = P + N + R = 0$$

式中:$\sum F$——力系合力;

P——燃气压力;

N——缸体侧推力;

R——连杆推力。

＊注释

约束力：一物体的空间位置受到周围物体的限制时，这种限制就称为约束。约束阻挡了物体本来可能产生的某种运动，从而实际上改变了物体可能的运动状态。约束限制物体运动的力称为约束反力或约束力。约束力的大小要根据作用在物体上的已知力以及物体的运动状态来确定。约束力作用在被约束物体的接触处，其方向总是与该约束所限制的运动趋势方向相反。

工程中常见的约束见下表：

工程中常见的约束

约束类型	约束反力		典型举例	简图代表符号
	作用点	方向		
柔性约束	过柔索的约束点	沿柔索，背离被约束体	带传动	无
光滑面约束	过接触点的公法线	指向被约束体	火车轮子与铁轨	无
中间铰链	过铰链中心	待定	连杆小头与活塞销	
固定铰链	过铰链中心	待定	曲轴轴径与缸体座孔	
活动铰链支座	过铰链中心	待定	游动轴承端	

求平面汇交力系合力的方法如下。

几何法：设一刚体上受平面汇交力系作用，汇交点为 O，如图 2-10a) 所示。根据力的平行四边形原理中二力合成的简化方法——力的三角形法，可以先将 F_1 和 F_2 合成为 R_1，再将 F_3 和 R_1 合成为 R，这样连续应用三角形法，就把 F_1、F_2、F_3 合成为合力 R，合力 R 的作用线必通过汇交点（如图 2-10b）。但这样求汇交力系的方法较麻烦。可用简便的方法，作矢量多边形 $oabc$，如图 2-10c) 所示，令其各边 oa、ab、bc 分别与力 F_1、F_2、F_3 的矢量相等，则封闭边 oc 表示合力 R 的大小和方向，合力 R 的作用线必通过汇交点 o。上述合成的方法称为力的多边形法。

$$R = F_1 + F_2 + \cdots + F_n = \sum F$$

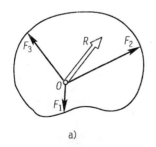
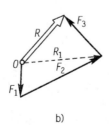
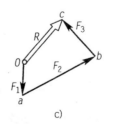
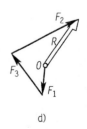

a)　　　　　　　b)　　　　　　　c)　　　　　　　d)

图 2-10　求平面汇交力系合力的方法

解析法：几何法是直接利用矢量的几何性质来求合力与分力之间的关系，解析法是通过矢量在坐标轴上的投影来求合力与各分力之间的关系。

①力在坐标轴上的投影。设有任意力 F 和选定的直角坐标系 oxy，力 F 与 X 轴成 α 锐角，

如图 2-11 所示。从力的两端 A 和 B 分别向 X 轴和 Y 轴作垂线,得线段 ab、a'b',其中 ab 称为力 F 在 X 轴上的投影,以 F_x 表示;a'b'称为力 F 在 Y 轴上的投影,以 F_y 表示。

力在坐标轴上的投影是代数量,不仅有大小不同,还有正负的区别。如投影的指向与坐标轴的正向一致,投影值取正值;反之,则取负值。图 2-11 所示的情况为:

$$F_x = F\cos\alpha$$
$$F_y = -F\sin\alpha$$

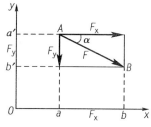

图 2-11 力在坐标轴上的投影

当力与坐标轴垂直时,力在该轴上的投影为 0;力与坐标轴平行时,其投影的绝对值与该力的大小相等。

必须注意,力的投影与力的分力是不同的,力的分力是矢量,力的投影是代数量。若已知力的投影 F_x、F_y,可反过来求出力 F 的大小及方向。

$$F = \sqrt{F_X^2 + F_Y^2}$$
$$\tan\alpha = \left| \frac{F_Y}{F_X} \right|$$

式中 α 为 F 与 X 轴所夹锐角,F 的指向要根据 F_X 和 F_Y 的正负号决定。

②解析法求平面汇交力系的合力。设由 n 个平面汇交力作用在刚体上,以汇交点 O 作为坐标原点,建立直角坐标系 Oxy,如图 2-12 所示,$R = F_1 + F_2 + \cdots + F_n = \sum F$ 将上式两边分别向 X 和 Y 轴投影,有

$$R_X = F_{1X} + F_{2X} + \cdots + F_{nX} = \sum F_X$$
$$R_Y = F_{1Y} + F_{2Y} + \cdots + F_{nY} = \sum F_Y$$

上式即为合力投影定理:力系的合力在某轴上的投影等于各分力在同轴上投影的代数和。由此可进一步求得合力 R 的大小和方向:

$$R = \sqrt{(\sum F_X)^2 + (\sum F_Y)^2}$$
$$\tan\alpha = \left| \frac{\sum F_Y}{\sum F_X} \right|$$

式中 α 为合力 R 与 X 轴所夹锐角,R 的指向要根据 $\sum F_X$ 和 $\sum F_Y$ 的正负号决定。

连杆的受力:连杆的受力如图 2-13 所示。在不计连杆自重的情况下,连杆受到活塞销和曲轴两个构件的作用,在两个力的作用下,连杆处于平衡。

在机械结构中,凡只受二力作用处于平衡状态的构件,且具有所受二力在两个力的作用点的连线上的特征,称为二力杆,如图 2-14 的中 BC 构件。

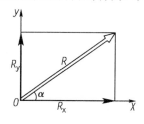

图 2-12 合力 R 的大小和方向

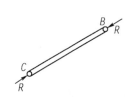

图 2-13 连杆的受力分析

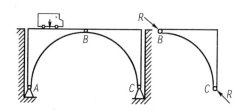

图 2-14 二力杆

曲轴的受力:曲轴的受力如图 2-15 所示。曲轴受到连杆的作用力 R 和缸体轴承孔的约束

力 (R_{AY}, R_{AX})，另外还受到工作阻力矩 M_f 的作用，曲轴在这些力的作用下处于平衡。像这种各力作用线分布在同一平面且不汇交与一点的力系，称为平面任意力系。

平面任意力系的简化。设刚体上作用着一平面任意力系 F_1、F_2、…、F_n（图2-16a），将力系中诸力向平面内任选一点 O 平移，得到一平面汇交力系 F'_1、F'_2、…、F'_n 和一附加平面力偶系 M_1、M_2、…、M_n，如图2-16b）所示。根据力的平移定理可知：

$$F'_1 = F_1, F'_2 = F_2, \cdots, F'_n = F_n$$
$$M_1 = M_o(F_1), M_2 = M_o(F_2), \cdots, M_n = M_o(F_n)$$

根据前面平面汇交力系和平面力偶系中的简化结论，上述汇交力系可进一步简化为一合力 R'（图2-16c），此合力的作用线通过简化中心 O，其大小和方向等于原力系中各力的矢量和，即

$$R' = F'_1 + F'_2 + \cdots + F'_n = F_1 + F_2 + \cdots + F_n = \sum F$$

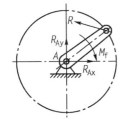
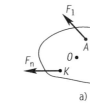
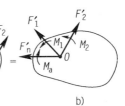
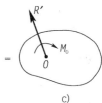

图2-15 曲轴的受力分析　　　　图2-16 平面任意力系的简化

当用解析法时，在力系作用面内任选直角坐标系，可计算得合力 R' 在 X 轴和 y 轴上投影：

$$R'_x = F_{1x} + F_{2x} + \cdots + F_{nx} = \sum F_X$$
$$R'_y = F_{1y} + F_{2y} + \cdots + F_{ny} = \sum F_y$$

从而可得到：

$$R' = \sqrt{(\sum F_X)^2 + (\sum F_Y)^2}$$
$$\tan\alpha = |\sum F_Y / \sum F_X|$$

式中 α 是力 R' 与 X 轴之间所夹锐角。

上述附加平面力偶系可进一步简化为一合力偶 M_o（图2-16c），其大小等于各附加力偶矩的代数和，也等于原力系中各力对简化中心的力矩的代数和，即

$$M_o = M_1 + M_2 + \cdots + M_n = M_o(F_1) + M_o(F_2) + \cdots + M_o(F_n) = \sum M_o(F)$$

由上述推导过程我们可以注意到，R'、M_o 并不是原平面任意力系的合力或合力偶，为区别起见，称 R' 为原平面任意力系的主矢，称 M_o 为原平面任意力系的主矩。

由此得出如下结论：平面任意力系向平面内一点简化，得到一主矢和一主矩，主矢的作用线通过简化中心。一般情况下，主矢的大小和方向与简化中心的位置选择无关；而主矩的大小和转向与简化中心位置的选择有关。

2.1.2　机构的运动分析

如图2-17的活塞-连杆-曲轴机构，活塞在燃气作用力的推动下，沿汽缸壁作往复移动，通过连杆推动曲轴作定轴转动，从而将移动转换成转动，力转变为曲轴转矩，用以向工作机输出机械能。

（1）活塞（点）的位移。设活塞的位移为 S，根据活塞的运动情

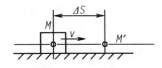

图2-17 活塞（点）的位移

况，位移 S 是时间的函数，其运动方程可表示为：
$$s = f(t)$$

（2）活塞（点）的速度。速度是描述点的运动快慢和方向的物理量，速度是矢量，如图 2-17 所示。设活塞的速度为 v，在瞬时 t 位于 M 点，位移为 S；经过时间间隔 Δt，活塞由 M 点运动到 M' 点，其位移增量为 ΔS，位移为 $\overrightarrow{MM'}$。位移是矢量。位移的大小等于弦长 $|\overrightarrow{MM'}|$，其方向由 M 点指向 M'。位移 $\overrightarrow{MM'}$ 与 Δt 的比值称为时间 Δt 内的平均速度，即

$$v^* = \frac{|\overrightarrow{MM'}|}{\Delta t}$$

平均速度只能表示在 Δt 时间内的运动情况。显然，若 Δt 趋近于零时，$\overrightarrow{MM'}$ 的大小就趋近于 ΔS，平均速度 v^* 就趋近于动点在 t 瞬时的速度，即

$$v = \lim_{\Delta t \to 0} \frac{|\overrightarrow{MM'}|}{\Delta t} = \lim_{\Delta t \to 0} \frac{\Delta s}{\Delta t} = \frac{ds}{dt} = f'(t)$$

当 $\Delta t \to 0$ 时，M' 趋于 M，位移 $\overrightarrow{MM'}$ 的极限方向与 M 点的切线方向重合，指向运动的一方。

由此可见，动点的瞬时速度的大小等于位移对时间的一阶导数，速度的方向是动点轨迹的切线方向。即由 v 的正负确定，如 $v>0$，则 S 随时间变化而增大，动点沿弧坐标的正向运动；如 $v<0$，则 S 随时间变化而减小，动点沿弧坐标的负向运动。

（3）活塞（点）的加速度。点的加速度是描述点的速度大小和方向随时间变化的物理量。在直线运动中，由于点的运动是沿坐标轴的方向，其速度的方向始终与坐标轴重合，因此，加速度只是描述了速度大小的变化。点在曲线运动中速度的方向也在不断地变化中，因此，加速度同时描述速度大小和方向的变化。

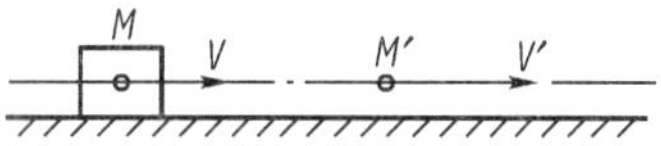

图2-18 活塞（点）的加速度

如图 2-18 所示，活塞沿轴线运动，在 t 瞬时位于 M 点，其速度为 v；在 t' 即 $(t+\Delta t)$ 瞬时位于 M' 点，其速度为 v'，则在 Δt 时间内，速度的增量为 $\Delta v = v' - v$。

Δv 与相应的 Δt 时间间隔的比值，可以大致描述速度在 Δt 时间内的变化快慢，称为动点在 Δt 时间内的平均加速度 a^*，即

$$a^* = \frac{\Delta v}{\Delta t}$$

其方向与速度增量的方向一致。

当 $\Delta t \to 0$ 时，平均加速度趋近于动点在 t 瞬时的加速度，即加速度 a 的大小。由于 Δv 在数值上等于两个瞬时速度的代数差，即 $\Delta v = v' - v$，因此：

$$a = \lim_{\Delta t \to 0} \frac{\Delta v}{\Delta t} = \lim_{\Delta t \to 0} \frac{v' - v}{\Delta t} = \lim_{\Delta t \to 0} \frac{\Delta v}{\Delta t} = \frac{dv}{dt}$$

又因 $v = ds/dt$，代入上式得：

$$a = \frac{d^2 s}{dt^2} = f''(t)$$

（4）转动方程、角速度、角加速度。

①转动方程。如图 2-19 所示，设曲轴绕轴线转动，转动曲轴的位置由转角 φ 确定，对应一个转角，曲轴便有一个确定的位置，曲轴上各点在各自圆周上所走弧长所对应的中心角均等于转角 φ。曲轴转动时，转角 φ 随时间而变化，即转角 φ 是 t 的单值函数：

单元二 汽车常用机构

$$\varphi = f(t)$$

上式称为曲轴(刚体)的转动方程,它表示刚体转动的规律,由转动方程可以确定任一瞬时的转角,也就可以确定任一瞬时刚体绕定轴转动的位置。

转角的单位用弧度(rad),正负号规定为:自 Z 轴的正端向负端看,逆时针方向转动时转角为正,顺时针方向转动时转角为负。

②角速度。角速度是用于描述刚体转动快慢和转动方向的物理量。

设曲轴按转动方程 $\varphi = f(t)$ 作定轴转动,如图 2-20 所示,在瞬时 t 的转角为 φ;在瞬时 $t + \Delta t$ 的转角为 $\varphi + \Delta \varphi$。转角的增量 $\Delta \varphi$ 与相应的时间增量 Δt 的比值,称为在 Δt 时间内的平均角速度 ω^*,即

$$\omega^* = \Delta \varphi / \Delta t$$

当 $\Delta t \to 0$ 时,ω^* 所趋近的极限值就是刚体在瞬时 t 的角速度 ω,即

$$\omega = \lim_{\Delta t \to 0} \frac{\Delta \varphi}{\Delta t} = \frac{\mathrm{d}\varphi}{\mathrm{d}t} = f'(t)$$

由此可见:曲轴(刚体)的角速度等于转角对时间的一阶导数。

角速度的方向与角位移增量方向一致。角位移增加的方向即为角速度正方向。

角速度的单位为 rad/s。在工程上,通常以 r/min 表示转动的快慢,称为转速,以 n 表示。角速度 ω 与转速 n 之间的关系为:

$$\omega = \frac{\pi n}{30}$$

③角加速度。角加速度是用于描述角速度变化快慢的物理量。

设刚体按转动方程 $\varphi = f(t)$ 作定轴转动,如图 2-21 所示,在 t 瞬时角速度为 ω,瞬时 $t + \Delta t$,角速度为 $\omega + \Delta \omega$,角速度增量 $\Delta \omega$ 与相应时间增量 Δt 的比值,称为在 Δt 时间内的平均角加速度 ε^*,即

$$\varepsilon^* = \frac{\Delta \omega}{\Delta t}$$

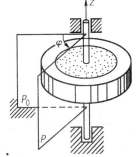
图 2-19 曲轴转动示意图

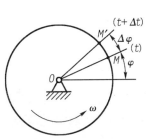
图 2-20 曲轴转动角速度示意图

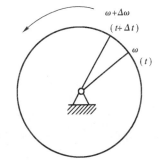
图 2-21 角加速度示意图

当 $\Delta t \to 0$ 时,平均角加速度的极限为瞬时的角加速度 ε,即

$$\varepsilon = \lim_{\Delta t \to 0} \frac{\Delta \omega}{\Delta t} = \frac{\mathrm{d}\omega}{\mathrm{d}t} = \frac{\mathrm{d}^2 \varphi}{\mathrm{d}t^2}$$

由此可见:曲轴(刚体)的角加速度等于角速度对时间的一阶导数,或等于转角对时间的二阶导数。

$ε$ 的方向与 $ω$ 增量方向一致。当 $dω/dt>0$ 时,$ε$ 与 $ω$ 同方向,刚体作加速转动;当 $dω/dt<0$ 时,$ε$ 与 $ω$ 反方向,刚体作减速转动。

角加速度是代数量,角加速度的单位是 rad/s^2。

例 2-2 某发动机起动时,曲轴按转动方程 $φ=πt^3$ 运转,式中 $φ$ 单位为 rad,t 的单位为 s。试求:①起动后第 2s 时的角加速度;②由静止至 $n=1440r/min$ 所需的时间;③转过的圈数。

解:①角速度:

$$ω=dφ/dt=3πt^2$$

角加速度:

$$ε=dω/dt=6πt$$

当 $t=2s$ 时:

$$ε=6π×2=37.6(rad/s^2)$$

②所需时间:

$$ω=πn/30=1440π/30=48π$$

将上式代入角速度式中,可求得所需的时间

$$t=\sqrt{\frac{ω}{3π}}=\sqrt{\frac{48π}{3π}}=4(s)$$

③转过的圈数:
由转动方程得:

$$φ=πt^3=64π$$

圈数为:

$$N=φ/2π=32(圈)$$

(5)定轴转动刚体上点的速度和加速度。在工程中往往不仅要知道刚体转动的角速度和角加速度,还需要知道刚体上某点的速度和加速度。例如,为了保证机器安全运转,在设计带轮时,需要知道轮缘的速度,以防止轮缘由于离心力而断裂。

①速度。如图 2-22 所示,刚体绕定轴 O 转动,刚体上各点的运动轨迹均为不同半径的同心圆,任取刚体一点 M,其半径 OM 为该点到轴线的距离。某瞬时的角速度为 $ω$,角加速度为 $ε$。在瞬时 t 开始,经过 $Δt$ 时间,刚体转过 $Δφ$ 角,M 点经过圆弧 $Δs$ 到达 M_1 处,所以 M 点在瞬时 t 的速度的大小为:

$$v=\lim_{Δt→0}\frac{Δs}{Δt}=\lim_{Δt→0}\frac{RΔφ}{Δt}=R\lim_{Δt→0}\frac{Δφ}{Δt}=Rω$$

上式表明:绕定轴转动刚体上任一点的速度,等于角速度与该点到转轴距离的乘积,其方向沿圆周的切线并与刚体的转向一致。刚体上各点的线速度与其半径成正比,点离转轴距离越远,则其线速度越大。

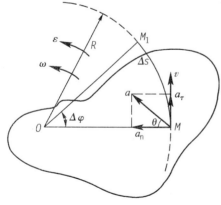

图 2-22 刚体绕定轴的转动

工程上,往往已知圆柱体的转速 $n(r/min)$,在半径为 D 的圆周上点的速度大小为:

$$v=Rω=\frac{πDn}{60}\quad(m/s)$$

②加速度。如图 2-22 所示，M 点作圆周运动，其加速度可分解为切向加速度和法向加速度。切向加速度的大小为：

$$a_t = \frac{dv}{dt} = \frac{d(R\omega)}{dt} = R\frac{d\omega}{dt} = R\varepsilon$$

a_t 和 ε 有相同的正负号，a_t 的方向是沿着点的圆周的切线，指向和 ε 的方向一致。当 ε 和 ω 同号时，a_t 和 v 同向，为加速运动；反之，当 ε 和 ω 异号时，a_t 和 v 反向，是为减速运动。如图 2-23 所示。

法向加速度的大小为：

$$a_n = \frac{v^2}{R} = \frac{(R\omega)^2}{R} = R\omega^2$$

$$a = \sqrt{a_t^2 + a_n^2} = R\sqrt{\varepsilon^2 + \omega^2}$$

a_n 指向转动中心。

M 点的全加速度的方向为：

$$\beta = \arctan\left|\frac{a_t}{a_n}\right| = \arctan\left|\frac{\varepsilon}{\omega^2}\right|$$

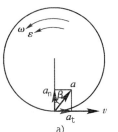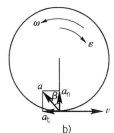

图 2-23 加速、减速转动示意图
a) 加速转动；b) 减速转动

式中：β——全加速度 a 与法线的夹角。

2.1.3 机构的动力学分析

在发动机做功时，汽缸内最高温度可达 2500K 以上，最高压力可达 3MPa~5MPa，现代汽车发动机最高转速可达 6000r/min~8000r/min，则活塞在汽缸内每秒钟要完成约 200~270 个行程，可见其线速度是很大的。

由于曲柄连杆机构是在高压下作变速运动，因此它在工作中的受力情况很复杂。曲柄连杆机构工作时所受的力主要有气体作用力、运动质量惯性力与离心力、相对运动件接触表面的摩擦力等。在此，只对其运动的惯性力作简单分析。

往复惯性力与离心力。作往复运动的物体，当运动速度变化时，就要产生往复惯性力。物体绕某一中心作旋转运动时，就会产生离心力。这两种力在曲柄连杆机构的运动中都是存在的，如图 2-24 所示。

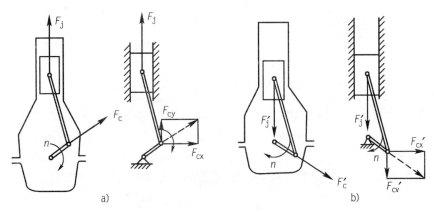

图 2-24 往复惯性力和离心力作用情况示意图
a) 活塞在上半行程时的惯性力；b) 活塞在下半行程时的惯性力

往复惯性力。是指活塞组件和连杆小头在汽缸中作往复直线运动所产生的惯性力,用 F_j 表示,其大小与机件的质量及加速度成正比,其方向总与加速度的方向相反。

活塞在汽缸内的运动速度很高,而且数值不断变化。当活塞从上止点向下止点运动时其速度变化规律是:从零开始,逐渐增大,临近行程中间达最大值,然后又逐渐减小到零。也就是说,当活塞向下运动时,前半行程是加速运动,惯性力向上,以 F_j 表示(图2-24a);后半行程是减速运动,惯性力向下,以 F'_j 表示(图2-24b)。同理,当活塞向上时,前半行程惯性力向下,后半行程惯性力向上。

活塞、活塞销和连杆小头的质量越大,曲轴转速越大,则往复惯性力也越大。它使曲柄连杆机构的各零件和所有轴颈承受周期性的附加载荷,加快轴承的磨损;未被平衡的变化着的惯性力传到汽缸体后,还会引起发动机的振动。

离心力。是指偏离曲轴轴线的曲柄、曲柄销和连杆大头绕曲轴轴线作圆周运动产生的旋转惯性力,简称离心力,用 F_c 表示,其大与曲柄半径、旋转部分的质量及曲轴转速有关,其方向沿曲柄半径向外。曲柄半径长,旋转部分质量大,曲轴转速高,则离心力大。离心力 F_c 在垂直方向的分力 F_{cy} 与往复惯性力 F_j 方向总是一致的,因而加剧了发动机的上、下振动。而水平方向的分力 F_{cx} 则使发动机产生水平方向振动。离心力使连杆大头的轴瓦和曲柄销、曲轴主轴颈及其轴承受到又一附加载荷,增加它们的变形和磨损。

上述各种力,作用在曲柄连杆机构和机体的各有关零件上,使它们受到压缩、拉伸、弯曲和扭转等不同形式的载荷。为了保证工作可靠,减少磨损,在结构上必须采取相应措施。

2.1.4 活塞-连杆-曲轴的几何关系

为保证活塞-连杆-曲轴机构的正常运转,如图2-25所示,连杆小头轴线 O_1O_1(活塞销轴线)与连杆大头轴线 O_2O_2 应平行,连杆大头轴线 O_2O_2 应与曲轴轴线 O_3O_3 平行,活塞轴线 O_4O_4(汽缸筒轴线)与轴线 O_1O_1、轴线 O_2O_2、轴线 O_3O_3 垂直。

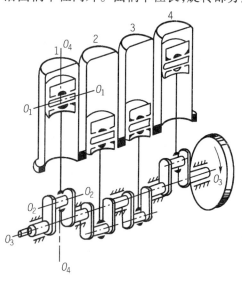

图2-25 活塞-连杆-曲轴的几何关系
1、2、3、4-汽缸顺序号

2.2 转向传动机构

汽车转向传动机构是将转向器输出的力和运动传给车轮(通过转向节),并使左右车轮按照一定关系进行偏转的机构。为使汽车在转弯时减少附加阻力和车轮的磨损,汽车转向时各个车轮都应作纯滚动,此时,各车轮的轴线必须相交于一点,如图2-26a)所示。由图可以看出,汽车的内转向轮偏转角 β 大与外偏转角 α,两者的关系是:

$$\cot\alpha = \cot\beta + B/L$$

能近似满足上式转向理论特性关系的机构,可以采用双摇杆机构,且两摇杆的长度相等,此机构成为等腰梯形机构,如图2-26b)、图2-26c)、图2-26d)所示。

单元二 汽车常用机构

此外,曲柄摇杆机构用于汽车的前挡风玻璃刮水器控制机构,如图 2-27 所示。双曲柄机构用于车门启闭机构,如图 2-28 所示。

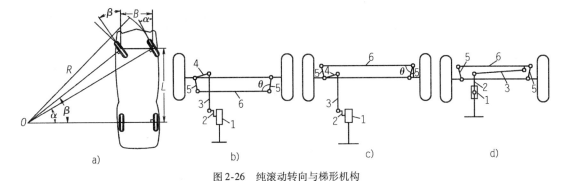

图 2-26 纯滚动转向与梯形机构
1-转向器;2-转向摇臂;3-转向直拉杆;4-转向节臂;5-梯形臂;6-转向横拉杆

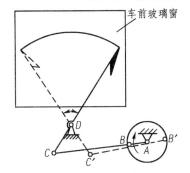

图 2-27 汽车前挡风玻璃刮水器控制机构

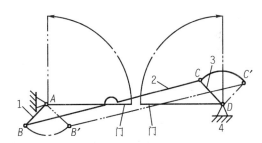

图 2-28 车门启闭机构
1-曲柄;2-连杆;3-摇杆;4-支座

2.3 四杆机构的特性

为了正确选择、合理使用乃至设计四杆机构,除了需要了解四杆机构的类型,还需进一步了解其基本性质。

2.3.1 急回特性

如图 2-29 所示的曲柄摇杆机构,设曲柄 AB 为原动件,摇杆 CD 为从动件,曲柄转一周的过程中,曲柄与连杆 BC 有两次共线,此时摇杆 CD 分别处于左、右 C_1D 和 C_2D 两个极限位置,摆角为 ψ。当摇杆处于两极限位置时,曲柄在两相应位置所夹的锐角 θ 称为极位夹角。由图可知,当曲柄以角速度 ω 等速转过 $\varphi_1 = 180° + \theta$ 时,摇杆由 CD 摆至 C_2D,称为推程或正行程,所需时间为 t_1,C 点的平均速度为 v_1;当曲柄再转过 $\varphi_2 = 180° - \theta$ 时,C_2D 摆回至 C_1D,称为回程或反行程,所需时间为 t_2,C 点的平均速度为 v_2。不难看出,由于 $\varphi_1 > \varphi_2$,所以 $t_1 > t_2$。又由于摇杆上 C 点从 C_1 到 C_2 和从 C_2 到 C_1 之摆角相等,而所用时间却不同,所以往返的平均速度也不同,即 $v_2 > v_1$。这种回程比推程的平均速度较大的运动特性称为曲柄摇杆机构的急回特性。

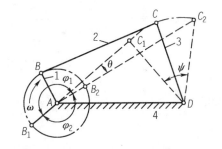

图 2-29 曲柄摇杆机构的急回特性分析
1-曲柄;2-连杆;3-摇杆;4-机架

85

机构的急回特性常用行程速比系数 K 表示,即

$$K = \frac{v_2}{v_1} = \frac{t_1}{t_2} = \frac{\varphi_1}{\varphi_2} = \frac{180°+\theta}{180°-\theta}$$

由式可见,K 值大小取决于极位夹角 θ,当 $\theta=0$ 时,$K=1$,机构没有急回特性。当 $\theta>0$ 时,$K>1$,机构具有急回特性。K 值的大小反映了机构的急回程度,K 值越大,机构急回特性越明显。

综合上述分析可知,四杆机构有无急回特性,一方面取决于从动件是否存在正、反行程的极限位置,另一方面则取决于极位夹角 θ。当机构从动件存在正、反行程的极限位置,且极位夹角 $\theta\neq0$ 时,机构才具有急回特性。

不难分析得出,如图2-30所示的偏置曲柄滑块机构具有急回特性。相反,图2-31所示的对心曲柄滑块机构无急回特性。

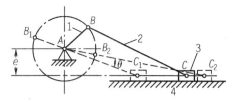
图2-30 偏置曲柄滑块机构的急回特性分析
1-曲柄;2-连杆;3-滑块;4-机架

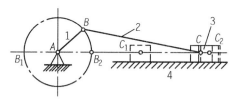
图2-31 对心曲柄滑块机构的急回特性分析
1-曲柄;2-连杆;3-滑块;4-机架

通常利用机构的急回特性来缩短非生产时间,提高劳动生产效率。

2.3.2 压力角与传动角

在设计和选用四杆机构时,不但应保证实现给定的运动要求,还应使机构具有较好的传力性能,以使机构运转灵活、轻便,效率较高。机构的传力性能与压力角有关。

图2-32所示曲柄摇杆机构中,取曲柄 AB 为原动件,摇杆 CD 为从动件。若忽略各构件质量和运动副中的摩擦,则曲柄通过连杆作用于摇杆上 C 点的力 F 是沿 BC 方向,它与受力点 C 的绝对速度 v_c 之间所夹的锐角 α 称为压力角。力 F 沿 v_c 方向的分力 $F_t=F\cos\alpha$,是推动从动件运动的有效分力;而沿摇杆轴心线方向的分力 $F_n=F\sin\alpha$,会增大运动副中的摩擦和磨损,对机构传动不利,故称为有害分力。显然,压力角 α 愈小,有效分力 F_t 愈大,F_n 愈小,机构的传力性能愈好。可见,压力角 α 的大小是判别机构传力性能好坏的一个重要参数。为了便于在机构运动简图中直接观察和进行测量,特引入传动角的概念。我们将压力角 α 的余角 γ 称为传动角。显然,$\gamma=90°-\alpha$,故 γ 愈大,α 愈小,机构的传力性能愈好。

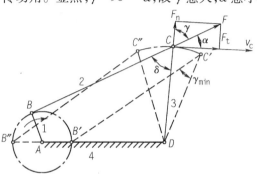
图2-32 曲柄摇杆机构的压力角与传动角
1-曲柄;2-连杆;3-摇杆;4-机架

不难看出,在机构运动过程中,传动角 γ 是不断变化的。为了保证机构具有良好的传力性能,只需对传动角的最小值加以限制。一般情况下,机构的最小传动角 $\gamma_{min}\geq40°$;传递较大功率时,应使 $\gamma_{min}\geq50°$。出现最小传动角的机构位置,可由机构运动简图中直观地判定。

对于图2-32所示的曲柄摇杆机构,当以曲柄为原动件时,最小传动角 γ_{min} 必出现在曲柄与机架两共线位置之一处。此时,传动角将出现极值,通过比较其中 γ 值较小者即为 γ_{min}。

在如图 2-33 所示的曲柄滑块机构中,当以曲柄为原动件时,最小传动角 γ_{min} 出现在曲柄与滑块导路中心线相垂直的位置。

2.3.3 止点位置

图 2-34 所示的曲柄摇杆机构,若取摇杆为原动件,曲柄为从动件,$\gamma_{min}=0$ 出现在曲柄与连杆共线的位置,该位置称为机构的死点位置。当机构处于死点位置时,原动件经连杆作用于从动曲柄上的力 F 通过其回转中心 A,该力对 A 点不产生力矩。故力 F 无论有多大,都不能使曲柄转动。此外,当机构在运动中通过死点位置时,从动曲柄有可能会产生不确定的情况,即可能顺时针回转,也可能逆时针回转。因此,死点位置对机构的传动是有害的,应设法避免。通常可采用安装飞轮的办法,以加大从动件的惯性力,使之能顺利通过死点位置,例如单缸发动机的曲轴在运动过程中,就是依靠具有较大质量的飞轮的惯性来顺利通过死点位置(活塞处于上、下止点),并使从动曲柄转向不变的。

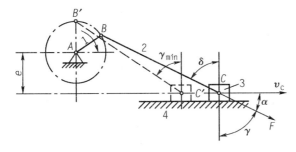

图 2-33 曲柄滑块机构的 γ_{min} 分析
1-曲柄;2-连杆;3-滑块;4-机架

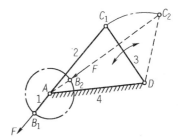

图 2-34 曲柄摇杆机构的 γ_{min} 分析

3 汽车配气机构

汽车配气机构的功用是按照发动机每一汽缸进行的工作循环和发火次序的要求,定时开启或关闭各汽缸的进、排气门,使新鲜的可燃混合气(废气)准时和及时地进入(排出)汽缸。新鲜的可燃混合气进入汽缸越多,发动机可能发出的功率越大。

根据四冲程发动机的工作原理,每一缸的一个工作循环为"进、压、功、排",曲轴旋转一周。进气时要求进气门打开,排气门关闭;压缩和做功行程要求进气门、排气门都关闭;排气时要求排气门打开,进气门关闭。按照这一要求,用凸轮机构作为发动机配气装置的控制机构,可以实现进、排气门的运动规律要求。

凸轮机构作为配气的控制机构(配气机构),需要解决的问题:①进、排气门的开闭时刻;②进、排气门的开闭时间长短;③进、排气门的开启升程;④进、排气门的运动规律(影响运动的平稳性)。

汽车配气机构的类型按照气门的布置方式有:气门顶置式(图 2-35)和侧置式;按照凸轮的布置方式有:凸轮轴下置式(图 2-35)、凸轮轴中置式(图 2-36)、凸轮轴顶置式(图 2-37);按照驱动气门的方式有:摇臂驱动式(图 2-35、图 2-36、图 2-37)和凸轮直接驱动式(图 2-38)。但无论哪种类型,凸轮机构的工作原理都是一样的。

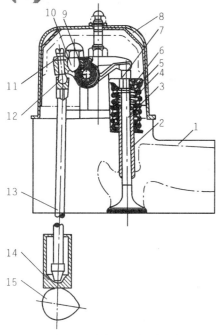

图 2-35 气门顶置式配气机构
1-汽缸盖;2-气门导管;3-气门;4-气门主弹簧;5-气门副弹簧;6-气门弹簧座;7-锁片;8-气门室罩;9-摇臂轴;10-摇臂;11-锁紧螺母;12-调整螺钉;13-推杆;14-挺柱;15-凸轮轴

3.1 汽车配气机构(凸轮机构)的工作过程

设计凸轮机构时,首先是根据工作要求确定出从动件的运动规律,然后再按照这一规律设计出相应的凸轮轮廓曲线,即凸轮的轮廓形状。凸轮的轮廓形状主要取决于从动件的运动规律,所谓运动规律是指从动件在运动过程中,其位移 S,速度 v 和加速度 a 随运动时间 t(凸轮转角 δ)变化的规律。

图 2-39 所示为一对直动尖顶从动件盘形凸轮机构。图中以凸轮轮廓的最小向径 γ_{min} 为半径所绘的圆称为基圆,γ_{min} 称为基圆半径。当尖顶与凸轮轮廓上的 A 点(基圆与轮廓曲线的连接点)相接触时,从动件处于上升的起始位置。当凸轮以等角速沿逆时针方向旋转时,从动件被 AB 段轮廓推动,以一定运动规律由离回转中心最近点 A 达到最远点 B,这个过程称为推程。这时所走过的距离 AB' 称为从动件的升程,用 h 表示,而相应的转角 δ_t 称为推程运动角。当凸轮继续回转 δ_s 时,因圆弧 $\overset{\frown}{BC}$ 为同心圆弧,故从动件在最远位置停留不动,δ_s 称为远休止角。当凸轮继续回转 δ_h 时,从动件在重力或弹力作用下,以一定运动规律回到起始位置(基圆上 D 点),这个过程称为回程,相应的凸轮转角 δ_h 称为回程运动角。凸轮继续回转 δ'_s 时,从动件与圆弧 AD 接触,故在最近位置停留不动,δ'_s 称为近休止角。当凸轮继续回转时,从动件将重复上述运动。

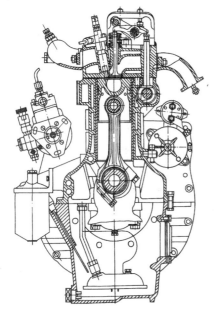

图 2-36 凸轮轴中置式

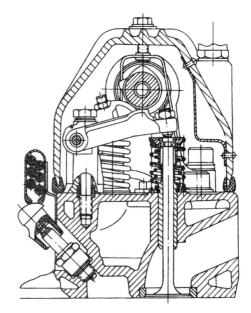

图 2-37 凸轮轴顶置式

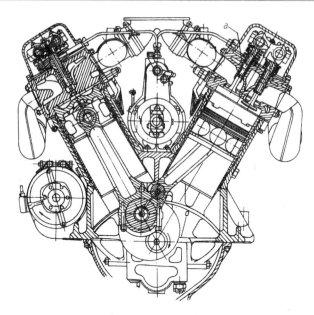

图 2-38 凸轮直接驱动式

若用横坐标代表凸轮转角 δ_1,纵坐标代表从动件位移 S_2,则可以画出从动件位移 S_2 与凸轮转角 δ_1 之间的关系曲线,如图 2-39b)所示,该曲线称为从动件的位移线图。由以上分析可见,从动件升程 h 等于凸轮轮廓的最大向径 γ_{max} 减基圆半径 γ_{min},即 $h = \gamma_{max} - \gamma_{min}$,从动件的位移 S_2 等于接触点凸轮轮廓的向径 r 减去基圆半径 γ_{min},即 $S_2 = r - \gamma_{min}$。

凸轮轮廓应保证气门开启和关闭的持续时间符合配气相位的要求,且使气门有合适的升程及其升降过程的运动规律。凸轮轮廓形状如图 2-40 所示。O 点为凸轮旋转中心。$\overset{\frown}{EA}$ 以 O 为中心的圆弧。当凸轮按图中箭头方向转过弧 $\overset{\frown}{EA}$ 时,挺柱不动,气门关闭。凸轮转过 A 点后,挺柱(液力挺柱除外)开始上移。至 B 点,气门间隙消除,气门开始开启。凸轮转到 C 点,气门开度达最大。到 D 点,气门闭合终了。φ 对应着气门开启持续角,ρ_1 和 ρ_2 则分别对应着消除和恢复气门间隙所需的转角。凸轮轮廓 $\overset{\frown}{BCD}$ 段的形状,决定了气门的升程及其升降过程的运动规律。

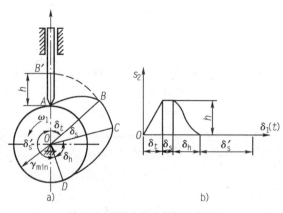

图 2-39 凸轮与从动件的运动关系

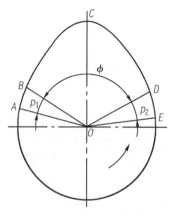

图 2-40 凸轮与气门的运动关系

综上所述,从动件的运动规律取决于凸轮轮廓曲线的形状。反之,不同的从动件运动规律要求凸轮具有不同的轮廓形状。

3.2 从动件常用运动规律

(1)等速运动规律。当凸轮以等角速 ω 回转时,从动件在推程或回程中的运动速度为一常数,这种运动规律称为等速运动规律。

设推程时,从动件作等速运动,其推程运动角为 δ_1,升程为 h。则其 $S_2 - \delta_1, v_2 - \delta_1, a_2 - \delta_1$ 的关系曲线如图 2-41 所示。

由图 2-41 可见,从动件在运动开始时,速度由零突变为 v_0,故瞬时加速度在理论上为无穷大($a_2 = +\infty$);运动终止时,速度由 v_0 突变为零。在理论上,其瞬时加速度也为无穷大($a_2 = -\infty$),从动件由此产生的惯性力也将趋于无穷大(由于弹性变形,实际上不可能为无穷大),这将引起刚性冲击。因此,这种运动规律不宜单独使用,在运动开始和终止段应加过渡曲线。

一般来说,这种运动规律只用于低速轻载的凸轮机构中。

(2)等加速等减速运动规律。从动件在推程或回程中,前半行程作等加速运动,后半个行程作等减速运动,这种运动规律称为等加速等减速运动规律。

设推程运动角为 δ_1,升程为 h。则前半行程($h/2$)的运动时间为 $T/2$,对应的凸轮转角为 $\delta_1/2$。由运动学知,加速度线图为平行于横坐标轴的直线段,如图 2-42c)所示。速度线图为两条斜直线,如图 2-42b)所示。位移线图为两段抛物线,如图 2-42a)所示。

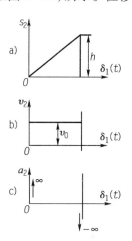

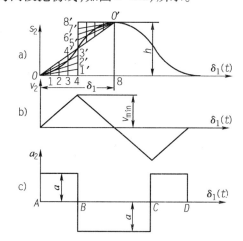

图 2-41 等速运动规律　　　　图 2-42 等加速等减速运动规律

位移线图的画法:如图 2-42a)所示,将横坐标代表的 δ_1 的线段分为若干等分(图中分为八等分),得等分点 1、2、3、4、…8。在 $\delta_1/2$ 处(图中的 4 等分点)作横坐标的垂线,按一定比例取升程,将 h 也分成与横坐标相同的等分,得 $1'、2'、3'、4'、…8'$ 共八个等分点,然后分别由始点 O 和终点 O',联成 $O1'、O2'、O3'、O4'、O5'、O6'、O7'、O8'$ 斜直线,这些斜直线与横坐标各等分点的垂线的交点,即为位移线图的点,最后将这些交点联成圆滑的曲线,即得位移线图(抛物线)。

如图 2-42c)可看出,从动件在 $A、B、C、D$ 各点处加速度出现有限突变,因而产生有限惯性力,结果将引起有限的冲击,即所谓的柔性冲击。

这种运动规律适用于中速凸轮机构。另外,从其速度变化规律来看,配气机构利用其运动规律,有利于减少气门与座圈的撞击。

3.3 压力角与传动角

在设计和选用凸轮机构时,不但应保证实现给定的运动要求,还应使机构具有较好的传力性能,以使机构运转灵活、轻便,效率较高。机构的传力性能与压力角有关。

如图 2-43 所示,从动件运动方向和接触处轮廓法线方向所夹的锐角称为压力角,用 α 表示。若不考虑摩擦,则凸轮给从动件的推力沿公法线方向,推力 F_n,可分解为沿从动件导管方向的分力 F_Y 及垂直于从动件运动方向的分力 F_X。显见,F_Y 是推动从动件运动的力,称为有效分力。分力 F_X 使从动件压紧导管,产生摩擦阻力 F_f,而且还使从动件产生弯曲变形,影响从动件的灵活运动,故称为有害分力。由图 2-43 知:

$$F_X = F_n \sin\alpha$$
$$F_Y = F_n \cos\alpha$$

从以上公式可知,压力角 α 愈大,则有害分力 F_X 愈大,机构的效率愈低。当压力角增大到一定程度,以致 F_X 在导管上引起的摩擦阻力大于有效分力 F_Y 时,无论凸轮加给从动件的推力多大,从动件都不能运动,即产生自锁现象。因此,为了保证凸轮机构正常工作,并具有一定的传动效率,必须对压力角加以限制。凸轮轮廓上各点的压力角是变化的,在设计时,只要使最大压力角不超过许用值,$\alpha_{max} \leq [\alpha]$,就能满足要求。根据工程实践,许用值 $[\alpha]$ 推荐如下:

推程:直动从动件 $[\alpha] \leq 30°$;摆动从动件 $[\alpha] \leq 45°$。

回程运动是在弹簧力或重力作用下返回的,不会出现自锁,故不校核回程压力角。

用图解法检验压力角时,可在凸轮理论轮廓曲线比较陡的地方取若干点,作出各点的压力角,看其中最大值是否超过许用压力角。求凸轮轮廓上各点压力角的作图求解方法,读者可依照压力角的定义和"反转法"的原理,自行完成。

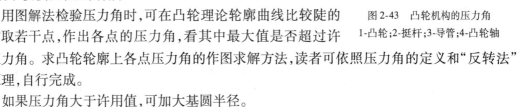

图 2-43 凸轮机构的压力角
1-凸轮;2-挺杆;3-导管;4-凸轮轴

如果压力角大于许用值,可加大基圆半径。

4 汽车轮系

4.1 汽车轮系概述

汽车上普遍采用高转速、低转矩的活塞式内燃机,其转矩和转速的变化范围很小,而在复杂的使用条件下,要求汽车的驱动力和车速能在很大的范围内变化。为此,在汽车的传动系中采用由齿轮组成的传动系统(简称轮系或变速器),其功用是:

①通过改变传动比,扩大汽车驱动力和速度的变化范围,以适应经常变化的行驶条件,同时,使发动机在最有利的条件下工作。

②在发动机旋转方向不变的条件下,使汽车能倒向行驶。

③中断发动机向驱动桥的动力传递,以使发动机能够起动、怠速,满足汽车暂时停车的需要。

另外,变速器还可以作为动力输出装置,驱动某些附属装置,如举升、起吊装置等。

4.1.1 轮系的类型

现代汽车上所采用的轮系有多种结构形式,分类的方法也很多。目前,汽车上常用的轮系按齿轮轴线的位置相对于机架是否固定分为:定轴轮系和行星轮系两种。

定轴轮系,如图2-44的手动变速器是通过各种大小不同的齿轮组合,获得不同的传动比,其传动比的变化不是连续的,而是分级变速。驾驶员通过操纵变速杆直接操纵变速器换挡机构,选择不同挡位的传动齿轮进行变速。

行星轮系,如图2-45的自动变速器一般由液力变矩器与行星齿轮式有级变速器组成。液力变矩器在一定的范围内可以使输入轴与输出轴之间的传动比连续变化,实现无级变速;而行星齿轮式有级变速器的自动控制系统能根据发动机的负荷和车速的变化自动选定挡位变换,即自动地改变传动比。驾驶员只需操纵加速踏板来控制车速。

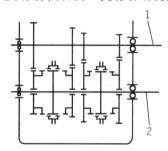

图2-44 定轴轮系(手动变速器)
1-输入轴;2-输出轴

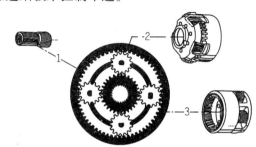

图2-45 行星齿轮机构
1-太阳轮;2-行星齿轮和行星齿轮架;3-齿圈

混合轮系,在机械中,有时也可能是行星轮系和定轴轮系这两种基本轮系的组合而成的混合轮系,如图2-46所示。其中,齿轮1和齿轮2组成定轴轮系,齿轮3、4、5和构件H构成行星轮系。

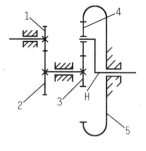

图2-46 混合轮系
1、2、3-定轴齿轮;4-行星齿轮;
5-齿圈;H-行星齿轮架

4.1.2 齿轮传动的特点

齿轮传动目前在机床和汽车变速器等机械中已得到普遍使用。与其他传动相比,齿轮传动具有以下主要优点:

①能保持瞬时传动比(两轮瞬时角速度之比)不变;

②传动效率高,一般为0.95~0.98,最高可达0.99;

③使用寿命长,一般可达10~20年;

④适用范围广,传递功率可从几十瓦至几万千瓦;

⑤结构紧凑,工作可靠。

其主要缺点为:

①不适宜用于远距离两轴间的传动;

②制造和安装精度要求较高,故成本较高。

4.1.3 齿轮传动的分类

齿轮传动的分类方法很多。按两齿轮的相对运动是平面运动还是空间运动来分,可有以下两种类型,如图 2-47 所示。

平面齿轮传动。用于传递两平行轴之间的运动。其齿轮的形状为圆柱形,故称为圆柱齿轮传动。按齿轮的齿向不同,圆柱齿轮又可分为直齿圆柱齿轮、斜齿轮、人字齿轮传动三种类型。

空间齿轮传动。用于传递不平行两轴间的运动。常见的类型有:交错轴斜齿轮传动、圆锥齿轮传动、蜗杆传动。

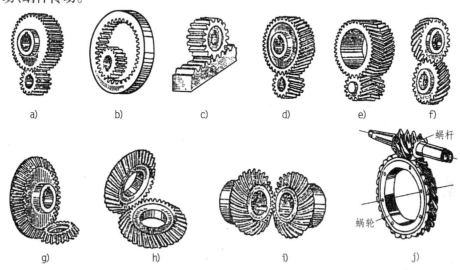

图 2-47 齿轮传动的基本类型

4.2 齿轮的基本常识

4.2.1 齿轮的齿廓形状

齿轮各部分名称及代号如图 2-48 所示,齿轮的齿廓形状主要有渐开线、摆线和圆弧三种,其中渐开线齿廓易于设计制造,便于安装,应用最广。

4.2.2 渐开线标准直齿圆柱齿轮各部分的名称及基本参数

渐开线标准直齿圆柱齿轮应用广泛,学习这种齿轮是学习其他齿轮的基础。

(1)分度圆和模数。图 2-48 表示渐开线标准直齿圆柱齿轮的一部分。图中 d_a 为齿顶圆直径,d_f 为齿根圆直径。在齿顶圆和齿根圆之间,可以任意作许多圆。沿任一圆周上相邻两齿同侧齿廓之间的弧长称为该圆上的齿距。在该圆上轮齿两侧齿廓间的弧长、齿槽两侧齿廓间的弧长分别称为该圆周上的齿厚及齿槽宽。在不同的圆周上齿厚和齿槽宽是不同的。为了设计、制造和测量方便。我们在齿轮上规定一个圆作为计算其各部分尺寸的基准,这个圆称为分度圆,其直径用 d 表示。对于渐开线标准齿轮,在分度圆上的齿厚 s 与齿槽宽 e 相等。而分度圆上的齿距 p 则等于齿厚与齿

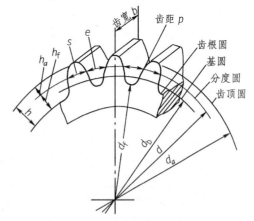

图 2-48 齿轮各部分名称及代号

槽宽之和,即 $p = s + e$。通常所说的齿厚、齿槽宽及齿距均对分度圆而言。

设齿轮的齿数为 Z,则分度圆直径、齿距与齿数为下列关系:

$$\pi d = Zp$$

即:

$$d = \frac{p}{\pi} Z$$

在用上式计算分度圆直径时,由于式中的"π"为无理数,会给齿轮的计算和测量带来不便,通常令 $p/\pi = m$,称为模数,并人为地将 m 规定为一些简单的有理数。这样,便得出了分度圆的计算公式:

$$d = mZ(\text{mm})$$

模数是齿轮尺寸计算中的一个基本参数,单位为毫米。在齿数相同的条件下,模数愈大,轮齿愈大,承载能力愈大。为了便于设计和制造,我国国家标准规定的标准模数见表2-1。

标准模数(mm)系列表　　　　　表2-1

第一系列	1,1.25,1.5,2,2.5,3,4,5,6,8,10,12,16,20,25,32
第二系列	1.75,2.25,2.75,(3.25),3.5,(3.75),4.5,5.5,(6.5),7,9,(11),14,18,22,28

目前,有些国家(如美国、英国等)不采用模数,而是用径节来作为齿轮尺寸计算的基础。径节(P)是齿数与分度圆直径之比,以 1/in 为单位,即:

$$P = \frac{Z}{d}(1/\text{in})$$

模数与径节成倒数关系。

(2)压力角。由渐开线性质可知,渐开线齿廓上各点的压力角是不等的。通常所说的压力角,是指分度圆上的压力角,用 α 表示。我国规定的标准压力角 $\alpha = 20°$。在其他国家,常采用的压力角除20°外,还有 14.5°、15°、22.5°等。

至此,分度圆可准确定义为:齿轮具有标准模数和标准压力角的圆。

渐开线齿廓的形状由基圆半径决定,也就是由模数、齿数及压力角决定,故它们是决定渐开线齿廓形状的三个主要参数。

(3)齿顶高、齿根高和全齿高。如图 2-48 所示,由分度圆到齿顶圆的径向高度称为齿顶高,用符号 h_a 表示;由分度圆到齿根圆的径向高度称为齿根高,用符号 h_f 表示。规定它们的尺寸与模数成正比关系,即

齿顶高

$$h_a = h_a^* m$$

齿根高

$$h_f = h_a + C = h_a^* m + C^* m = (h_a^* + C^*) m$$

式中:h_a^*——齿顶高系数,对于正常齿轮为1,短齿轮为0.8;

　　C——称为顶隙;

　　C^*——顶隙系数,对于正常齿轮为0.25,短齿轮为0.3。

由齿根圆到齿顶圆的径向高度称为全齿高,用符号 h 表示。显然

$$h = h_a + h_f = (2h_a^* + C^*) m$$

如图 2-49 所示,顶隙是指一对齿轮啮合传动时,一齿轮的齿顶圆到另一齿轮齿根圆之间的径向距离。其作用是避免传动时两齿轮的齿顶与齿根相顶撞并便于贮存润滑油。

渐开线直齿圆柱齿轮的几何尺寸是由模数、压力角、齿数、齿顶高系数及顶隙系数决定的,它们是齿轮几何尺寸计算中的 5 个基本参数。

模数、压力角、齿顶高系数和顶隙系数均采用标准值,分度圆齿厚与齿槽宽相等的齿轮称为标准齿轮。

(4)渐开线标准直齿圆柱齿轮的几何尺寸。渐开线标准直齿圆柱齿轮的几何尺寸与其基本参数有关。

如图 2-48 所示,齿顶高、齿根高及全齿高等尺寸按上述公式计算出后。外齿轮的齿顶圆直径 d_a 和齿根圆直径 d_f 分别为:

$$d_a = d + 2h_a$$
$$d_f = d - 2h_f$$

对于内齿轮(图 2-50),其齿顶圆小于齿根圆,齿顶圆直径 d_a 和齿根圆直径 d_f 分别为:

$$d_a = d - 2h_a$$
$$d_f = d + 2h_f$$

其余几何尺寸计算与外齿轮相同。此外,为使内齿轮的齿顶部分全部为渐开线,则其齿顶圆应小于基圆。

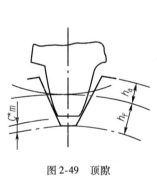

图 2-49 顶隙

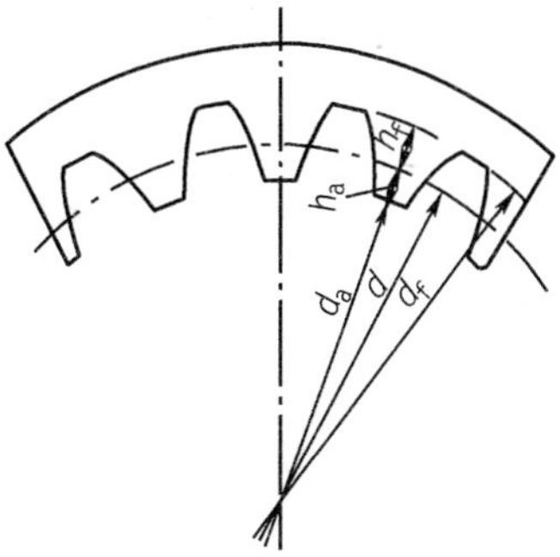

图 2-50 内齿轮

4.2.3 标准圆柱直齿轮正确啮合的条件

虽然一对渐开线齿轮能保证定传动比传动,但并不意味任意两个渐开线齿轮都能配搭起来正确啮合传动。一对渐开线齿轮要满足啮合的要求必须是两轮的模数相等,压力角相等,即

$$m_1 = m_2 = m$$
$$\alpha_1 = \alpha_2 = \alpha$$

因此,正确啮合的条件是:两齿轮的模数和压力角必须相等。

4.2.4 标准中心距

如图 2-51 所示为一对正确安装的渐开线标准直齿圆柱齿轮传动(外啮合)。从理论上讲,正确安装的一对标准齿轮传动是没有齿侧间隙的。此时,两轮的分度圆相切,其中心距 a 称为标准中心距,即:

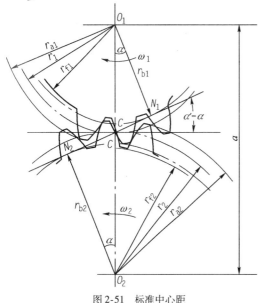

图 2-51 标准中心距

$$a = \frac{d_1}{2} + \frac{d_2}{2} = \frac{m}{2}(Z_1 + Z_2)$$

由此式可进一步推出传动比计算公式：

$$i_{12} = \frac{\omega_1}{\omega_2} = \frac{r_2}{r_1} = \frac{Z_2}{Z_1}$$

4.2.5 齿轮传动的失效形式

齿轮传动如失去正常工作能力，则称为失效。齿轮的失效主要发生在轮齿部分，其主要失效形式有轮齿折断、齿面磨损、齿面点蚀和齿面胶合等。

研究齿轮的失效形式，了解其产生的主要原因，有助于我们正确地选择齿轮强度计算方法，并采取预防措施，使之在预定的寿命内能正常地工作。下面对几种常见的轮齿失效形式进行简要的分析。

（1）轮齿折断。轮齿在传递动力时，其受力情况相当于一悬臂梁，如图 2-52a）所示。齿根处产生的弯曲应力最大。轮齿在啮合过程中，作用在齿根上的弯曲应力是变应力，轮齿脱离接触后，弯曲应力变为零。当轮齿上的变应力重复一定次数后，齿根将产生疲劳裂纹（图 2-52b）。随着变应力重复次数的增加，裂纹逐渐扩展，最后轮齿发生折断，如图2-52c）。这种轮齿的折断称为疲劳折断。轮齿折断多属于这种情况。此外，轮齿也可能在严重的冲击载荷或短期过载作用下发生折断，称为过载折断。这种情况通常发生在用铸铁制造的齿轮或淬火钢齿轮上。

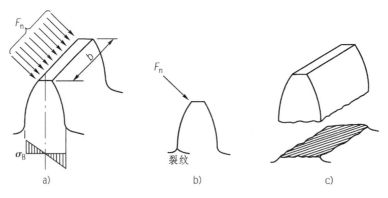

图 2-52 轮齿的折断

为了防止齿轮在预期寿命内发生疲劳折断，应对齿轮进行齿根弯曲疲劳强度计算。此外，设计齿轮传动时，降低齿根表面的粗糙度，适当增大齿根圆角，对齿根表面进行强化处理（如喷丸、辗压等）以及采用良好的热处理工艺等，都能提高轮齿的抗折断能力。

（2）齿面磨损。齿轮传动时，齿面间存在着相对滑动和法向压力，因此会引起磨损。刚投入运转的齿轮，传动产生的这种磨损称为跑合磨损。跑合磨损起抛光作用，能消除加工痕迹，改善啮合情况，所以，新制造的闭式齿轮传动设备通常都进行跑合磨损，做法是轻载磨合运转

3～4h,然后更换齿轮箱内的润滑油,以免油中的金属微粒进入齿面,引起磨粒磨损。灰尘、砂粒等进入齿面时,便会引起磨粒磨损。磨粒磨损是开式齿轮传动的主要失效形式。

齿面严重磨损后如图2-53,齿廓形状不准确,侧隙变大,将会引起很大的附加动载荷,影响传动的平稳性,产生冲击和噪声。

采用闭式齿轮传动,能使其得到良好的润滑和维护。此外,提高齿面硬度和减小其表面粗糙度以及选择合适的材料和热处理方法等,都可以减轻齿面磨损。

(3)齿面点蚀。齿轮在传动时,齿面间的接触在理论上属于线接触,但因齿面在正压力作用下会产生一定的弹性变形,从而形成接触面很小的面接触。在接触面上作用着很大的脉动循环变化的接触应力。当应力和它的重复作用次数超过材料的接触疲劳极限时,齿面表层会产生微小的疲劳裂纹,裂纹逐渐扩张使轮齿表层金属形成小片剥落,出现麻点或小坑(图2-54),这种现象称为点蚀。齿面点蚀多发生在齿轮节线附近的齿根表面处。

齿面产生点蚀后,破坏了渐开线齿廓的形状,造成传动不平稳,引起冲击及噪声,导致齿轮传动失效。

点蚀是润滑良好的闭式齿轮传动常见的失效形式。而开式齿轮传动通常不会产生点蚀,其原因是齿面磨损较快,点蚀未出现前齿面已被磨损。

为了防止齿轮在预期寿命内发生点蚀,应进行齿面接触疲劳强度计算。齿面硬度愈高,抗点蚀的能力就愈强,故采用热处理方法提高齿面硬度是防止点蚀的有效措施之一。此外,还可以用降低齿面粗糙度,使用高黏度润滑油及适宜的添加剂等方法提高齿面抗点蚀能力。

(4)齿面胶合。在高速重载的齿轮传动中,齿面啮合处的金属由于摩擦而产生瞬时高温,润滑油膜被破坏。在一定压力下,接触区金属被熔化并黏结在一起。随着齿面的相对滑动,使较软的金属表面材料沿滑动方向被撕落,从而在齿面上形成沟纹,这种现象称为胶合,如图2-55所示。

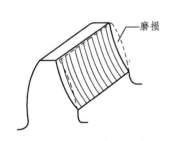
图2-53 齿面磨损

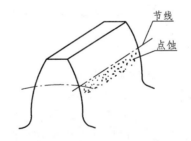
图2-54 齿面点蚀

图2-55 齿面胶合

齿面出现胶合后会导致强烈的磨损。为了防止齿面胶合,制造时可适当提高齿面硬度及降低表面粗糙度,使用时采用粘度较大或抗胶合性较好的润滑油等。

4.2.6 设计准则

齿轮的强度计算是针对其失效形式而进行的。目前,常用的计算方法有齿面接触疲劳强度计算和齿根弯曲疲劳强度计算。而齿面磨损的情况较复杂,其计算方法尚不够完善。对于抗胶合计算,只是在设计高速重载齿轮传动时才进行。

一般齿轮传动的设计准则是:

(1)对闭式软齿面齿轮传动,因其主要失效形式为齿面点蚀,故应先按齿面接触疲劳强度进行设计计算,初步确定其模数及几何尺寸后,再校核其齿根弯曲疲劳强度。

(2)对闭式硬齿面齿轮传动,其主要失效形式是齿根疲劳折断,应先按轮齿弯曲疲劳强度进行设计计算,求出模数并确定齿轮的几何尺寸,然后校核齿面接触疲劳强度。

(3)对开式齿轮传动及铸铁齿轮传动,其主要失效形式是齿面磨损及轮齿折断,通常只进行齿根弯曲疲劳强度计算,并选择耐磨材料。考虑到磨损的影响,可适当加大模数。

4.2.7 齿轮常用材料及热处理

为了使齿轮具有一定的抗失效能力,设计齿轮传动时应合理地选择材料及热处理。

对齿轮材料的基本要求是:材料应具有足够的强度,外硬内韧,并有良好的加工及热处理性能。

最常用的齿轮材料是锻钢,其次是铸钢和铸铁,有时也采用有色金属和塑料。

(1)锻钢。碳素结构钢和合金结构钢是制造齿轮常用的材料。齿轮毛坯一般经锻造而获得。锻钢的强度高、韧性好,并可通过各种热处理来改善和提高其机械性能,以增强轮齿的抗失效能力。

按齿面硬度的不同,锻钢齿轮可分为两大类:

①软齿面齿轮(齿面硬度 HBS≤350)这类齿轮常用的材料有 45、40Cr、35SiMn 等。经调质处理后,获得良好的综合机械性能。硬度一般可达 HBS200～HBS280。对于要求不高的齿轮传动,也可以采用 40、45、50 等碳钢,经正火处理,硬度可达 HBS156～HBS217。这类齿轮齿面硬度不高,可在热处理后切齿。

由于传动时小齿轮轮齿的工作次数比大齿轮多,容易疲劳和磨损,为使大、小齿轮寿命相近,常使小齿轮齿面硬度比大齿轮高出 HBS30～HBS50。

软齿面齿轮传动常用于中、低速及对结构尺寸、质量没有要求的传动中,如一般减速器中的齿轮传动。

②硬齿面齿轮(齿面硬度 HBS>350)。这类齿轮常用的材料有两种:一种是中碳优质碳素钢和合金钢,如 45、40Cr 等。经调质和表面淬火处理后,齿面硬度可达 HRC40～HRC55,其承载能力增大,耐磨性增强。而轮齿心部未被淬硬,仍有较高的韧性,故能承受一定的冲击载荷。这种齿轮多用于中等冲击载荷的传动中,如机床变速箱中的齿轮。另一种是低碳合金结构钢,如 20Cr、20CrMnTi,经表面渗碳淬火后,齿面硬度可达 HRC56～HRC62,而齿芯仍保持很高的韧性,故能承受大的冲击载荷,常用于汽车、拖拉机变速器中的齿轮传动。

硬齿面齿轮热处理后硬度较高,故应在热处理前精切齿形。表面淬火齿轮变形不大,因此,对一般精度(7级以下)要求的齿轮可不再磨齿。而渗碳淬火齿轮由于热处理后变形较大,则需要磨齿。

(2)铸钢。对于尺寸较大(齿顶圆直径 d_a≥400～600mm),结构较复杂而不易锻造的齿轮,可采用铸钢制造。常用的铸钢牌号有 ZG310-570、ZG340-640 等。

铸钢齿轮毛坯通常需正火处理,以消除其内应力。

4.3 齿轮传动的受力分析

齿轮传动是靠轮齿间力的作用来传递功率的。为了计算轮齿强度,并在以后对轴和轴承等零件进行设计计算,必须先确定齿轮上作用力的大小和方向。

图 2-56 所示为一对标准安装的直齿圆柱齿轮传动。设小齿轮为主动轮,若不计齿面间的摩擦力,两齿廓间相互作用着沿啮合线 N_1N_2 方向的法向力 F_n,二者大小相等,方向相反。法向力 F_n 可以分解为相互垂直的两个分力,即相切于分度圆的圆周力 F_t 和指向轮心的径向为 F_r。

设计齿轮传动时,主动轮 1 传递的功率 P_1(kW)和转速 n_1(r/min)通常是已知的,故轮 1 的转矩 T_1 为:

$$T_1 = 9.55 \times 10^6 \frac{P_1}{n_1} \quad (\text{N} \cdot \text{mm})$$

各力的计算式如下:

圆周力　　　$F_t = \dfrac{2T_1}{d_1}$ （N）

径向力　　　$F_r = F_t \text{tg}\alpha$（N）

法向力　　　$F_n = \dfrac{F_t}{\cos\alpha}$（N）

式中:d_1——小齿轮分度圆直径(mm);

　　　α——齿轮分度圆压力角,$\alpha = 20°$。

作用在主、从动轮上的各对力是作用力与反作用力的关系。两轮的受力方向是:主动轮上圆周力的方向与其转向相反,是工作阻力。从动轮上圆周力的方向与其转向相同,是驱动力。两轮的径向力分别指向自己的轮心。

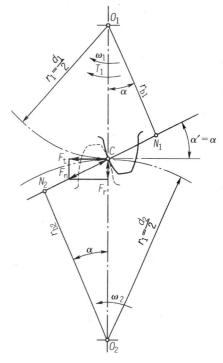

图 2-56　齿轮传动受力分析

4.4　定轴轮系(齿轮传动系统)的运动分析

齿轮传动系统中首轮与末轮的转速(或角速度)之比称为齿轮系的传动比,用 i_{1k} 表示。汽车变速器就是通过改变齿轮传动系的传动比,达到改变驱动力矩和变换转速(简称变速)的目的。因此,计算齿轮传动系统的传动比,是分析轮系运动的基础,计算传动比包括两个方面:一是计算传动比的大小,二是确定从动轮的转向。

首先讨论一对齿轮的传动比,如图 2-57 所示的一对圆柱齿轮的传动比为:

$$i_{12} = \frac{n_1}{n_2} = \pm \frac{Z_2}{Z_1}$$

上式中的符号规定为:若主动轮、从动轮的转向相反,取负号,如图 2-57a)所示;若主动轮、从动轮的转向相同,取正号,如图 2-57b)所示。

同理,对于一个轮系,如果首轮与末轮转向相反,轮系的传动比取负号。反之,则取正号。

下面讨论平面定轴轮系的传动比计算。如图 2-58 所示的三轴式变速器,其前进挡由输入轴(第一轴)、输出轴(第二轴)、中间轴及其齿轮组成。输入轴与输出轴在同一条轴线上,输入轴上只有一个齿轮 2,与中间轴上的齿轮 7 常啮合,组成一对常啮合齿轮,构成变速器的第一级齿轮传动;中间轴上的其他齿轮均作为主动齿轮分别与输出轴上相应的齿轮(为从动齿轮)相啮合,构成变速器的第二级齿轮传动。一个挡位中间轴与输出轴只能有一对齿轮进行传动。

图2-58a)、b)、c)、d)、e)、f)分别表示变速器在空挡、一挡、二挡、三挡、四挡和倒挡时齿轮传动路线。

$$i_{1k} = \frac{n_1}{n_k} = i_1 \times i_2 \times i_3 \times \cdots i_k$$

三轴式变速器的传动比 $i = i_1 \times i_2 = \dfrac{\text{一、二轴中所有从动齿轮的齿数的乘积}}{\text{一、二轴中所有主动齿轮的齿数的乘积}}$

$$i_{12} = \frac{n_1}{n_2} = \pm \frac{z_2}{z_1}$$

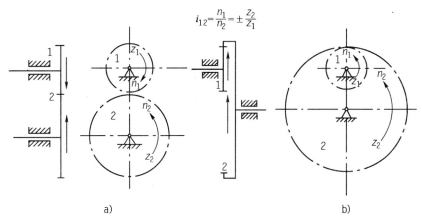

图 2-57 一对齿轮的传动
a)外啮合齿轮传动；b)内啮合齿轮传动

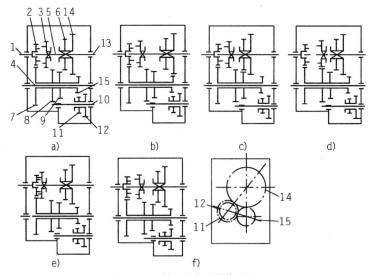

图 2-58 三轴四挡变速器传动原理

1-输入轴；2-输入轴常啮合齿轮；3-输出轴三挡齿轮；4-中间轴；5-输出轴；6-二挡输出轴齿轮；7-中间轴常啮合齿轮；8-中间轴三挡齿轮；9-中间轴二挡齿轮；10-倒挡轴；11-倒挡轴输出齿轮；12-倒挡轴输入齿轮；13-动力输出端；14-二轴一挡齿轮；15-中间轴倒挡齿轮

轮系的传动比等于每一级的齿轮传动比相乘，即
一挡传动比：

$$i = \frac{Z_7}{Z_2} \times \frac{Z_{14}}{Z_{15}}$$

二挡传动比：
$$i = \frac{Z_7}{Z_2} \times \frac{Z_6}{Z_9}$$

三挡传动比：
$$i = \frac{Z_7}{Z_2} \times \frac{Z_3}{Z_8}$$

四挡传动比为直接挡：
$$i = 1$$

倒挡传动比：
$$i = -\frac{Z_7}{Z_2} \times \frac{Z_{12}}{Z_{15}} \times \frac{Z_{14}}{Z_{11}}$$

4.5 行星轮系（齿轮传动系统）的运动分析

4.5.1 行星轮系的组成与工作原理

如图 2-59a）所示为一常见的行星轮系，齿轮 1、3 及构件 H 分别绕相互重合的固定轴线 O_1、O_3 转动，齿轮 2 绕 O_H 转动，齿轮 2 则活套在构件 H 的小轴上，与齿轮 1 及齿轮 3 同时啮合。当齿轮系传动时，齿轮 2 一方面绕自己的轴线转动，另一方面又随构件 H 一起绕轴线 O_H 转动。可见，齿轮 2 的运动和太阳系中的行星一样，既自转又公转，故称其为行星轮。支撑行星轮 2 的构件 H 则称为行星架（或系杆）。与行星轮 2 啮合并绕固定的几何轴线转动的齿轮 1 及齿轮 3 称为中心轮（或称太阳轮）。行星轮系由中心轮、行星轮、行星架及机架等组成。对于一个单一的行星轮系而言，其中心轮的数目不超过两个，行星轮的数目可以是一个或若干个，而行星架通常只是一个。

行星轮系可以分为两类：

（1）差动轮系。图 2-59a）所示的行星轮系中，两个中心轮 1 和 3 均不固定，这种行星轮系称为差动轮系。汽车后桥差速器（图 2-60）就采用了差动轮系，其中齿轮 1 和齿轮 3 是中心齿轮，它们都不固定，齿轮 2 为行星轮，装在行星架 H 上。

（2）简单行星轮系。图 2-59b）所示的轮系中，将定轴齿轮 3（或齿轮 1）固定，则这种有一个中心轮固定的行星轮系称为简单行星轮系。

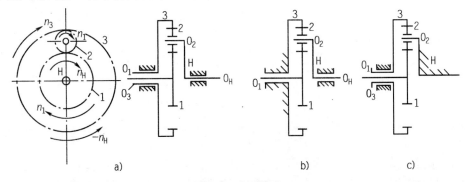

图 2-59 行星轮系

1、3-中心齿轮；2-行星齿轮；H-行星架；O_1-齿轮 1 的固定轴；O_2-齿轮 2 的旋转轴；O_3-齿轮 3 的固定轴；O_H-行星架轴显然,若将构件 H 固定(图 2-59c),该行星轮系则变成定轴轮系。

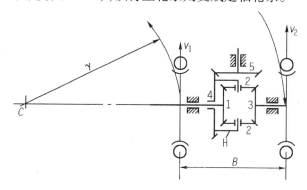

图 2-60 汽车后桥差速器
1、3-中心齿轮;2-行星轮;4-主减速器被动齿轮;5-主减速器主动齿轮

4.5.2 行星轮系的传动比

行星轮系在传动时,由于行星轮的运动不是简单的绕固定几何轴线的运动,所以,其各构件间传动比的大小及转向关系不能直接应用定轴轮系的方法求解,而要用另外的方法。这里只介绍一种简便而常用的方法——转化机构法。

在图 2-59a)所示的行星轮系中,设各构件的转速及转向如图。由理论力学的相对运动原理可知,若假想地给整个行星轮系加上一个公共转速"$-n_H$",使它绕行星架的轴线 O_H 回转,此时,各构件之间的相对运动关系仍保持不变,但行星架的绝对转速为 0,即行星架成为"静止不动"的构件,行星齿轮就变成定轴齿轮。就是说,行星轮系转化成为定轴轮系了。这种经过一定条件转化所得的假想定轴轮系称为原行星轮系的转化轮系。上述方法称为转化机构法。

行星轮系成为转化轮系后,设其各构件的转速分别为 n_1^H、n_2^H、n_3^H 和 n_H^H,即各构件相对于行星架 H 的转速。现将行星轮系转化前后各构件转速变化情况列于表 2-2 中。

行星轮系转化前后各构件转速   表 2-2

构件代号	行星轮系中各构件的转速	转化轮系中各构件的转速	构件代号	行星轮系中各构件的转速	转化轮系中各构件的转速
1	n_1	$n_1^H = n_1 - n_H$	3	n_3	$n_3^H = n_3 - n_H$
2	n_2	$n_2^H = n_2 - n_H$	H	n_H	$n_H^H = n_H - n_H = 0$

行星轮系经转化后,则可以应用定轴轮系传动比的计算方法来求转化轮系中齿轮 1 相对于齿轮 3 的传动比 i_{13}^H。因此可得:

$$i_{13}^H = \frac{n_1^H}{n_3^H} = \frac{n_1 - n_H}{n_3 - n_H} = (-1)^1 \frac{Z_2 \cdot Z_3}{Z_1 \cdot Z_2} = -\frac{Z_3}{Z_1}$$

即

$$\frac{n_1 - n_H}{n_3 - n_H} = -\frac{Z_3}{Z_1}$$

上式中,齿数比前面的"-"号表示在转化轮系中齿轮 1 与齿轮 3 的转向相反。i_{13}^H 表示在转化轮系中齿轮 1 和齿轮 3 的传动比,其大小和方向按定轴轮系传动比的计算方法确定。

若设 G、K 为行星轮系中的任意两个齿轮,同理可得行星轮系中任意两轮的转速 n_G、n_K 与

行星架转速 n_H 之间的关系为：

$$\frac{n_G - n_H}{n_K - n_H} = (-1)^m \frac{\text{齿轮 G、K 之间所有从动轮齿数的连乘积}}{\text{齿轮 G、K 之间所有主动轮齿数的连乘积}}$$

式中：m——转化轮系中齿轮 G、K 之间外啮合的次数。

由上式可知，当各轮的齿数为已知时，若给定转速 n_G、n_K、n_H 中任意两个转速，则另一转速可求。但应注意，将已知两转速代入公式计算时，必须将符号一起代入，如两者转向相反，则其中一个用正号，另一个用负号。差动轮系即属于这种情况。

在简单行星轮系中，由于有一个中心轮是固定的，其转速为零（设 $n_K = 0$），只要知道转速 n_G 和 n_H 中任意一个，另一转速则可确定。

在应用公式时还应注意下列几点：

(1) 齿轮 G、K 和行星架的轴线必须互相平行或重合；

(2) 公式也适用于含有圆锥齿轮、蜗杆蜗轮等空间齿轮的行星轮系。不过 G、K 两轮和行星架 H 三者的轴线应互相平行，并且转化轮系传动比 i_{GK}^H 的符号只能用画箭头的方法来确定。

例 2-3 图 2-61 所示为圆锥齿轮组成的差动轮系，$Z_1 = Z_2 = Z_3$，求齿轮 1、3 和行星架 H 三者转速间的关系。

解：该轮系为差动轮系，其中的齿轮 1、3 及行星架 H 的轴线均互相平行或重合。将齿轮 1 看作主动轮，齿轮 3 看作从动轮，并设齿轮 1 的转向为正，通过画箭头，齿轮 3 的箭头与齿轮 1 相反，故为负，由公式得：

$$\frac{n_1 - n_H}{n_3 - n_H} = -\frac{Z_2 Z_3}{Z_1 Z_2} = -\frac{Z_3}{Z_1} = -1$$

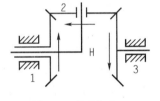

图 2-61 差动轮系
1、3-中心齿轮；2-行星齿轮；H-行星架

解之得：

$$2n_H = n_1 + n_3$$

可见，差动轮系能进行运动的分解和合成。因而，广泛应用于汽车的差速器。

4.5.3 行星轮系在汽车上的应用实例

(1) 汽车后桥差速器。如图 2-60 所示的汽车后桥差速器，汽车转弯时内外轮做纯滚动，因此，转弯时内外轮均绕转弯中心 C 作圆周运动，故有：

$$\frac{v_1}{v_2} = \frac{n_1}{n_3} = \frac{r}{r+B}$$

$$2n_H = n_1 + n_3$$

讨论：

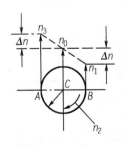

图 2-62 行星轮的自转

① 当汽车直线行驶时，转弯半径 $r \to \infty$，故 $v_1/v_2 = n_1/n_3 = r/(r+B) = 1$，即 $n_H = n_1 = n_3$，行星轮无自转，整个差速器成一整体绕半轴轴线旋转，内外轮的转速相等；

② 当汽车直线转弯时，转弯半径 r 为某一值，联解公式(1)和(2)得，$n_1 = 2n_H 1/(2r+B)$，$n_3 = 2n_H(r+B)/(2r+B)$，外轮与内轮的转速差 $\Delta n = n_3 - n_1 = 2n_H(r+B-1)/(2r+B)$，转速差 Δn 即是行星轮的自转，通过行星轮的自转，使得内轮的转速减小，外轮的转速增大，如图 2-62 所示；

(2) 行星齿轮机构变速器。如图 2-63 所示为一常见的行星轮系，可以提供降速挡、超速挡、直接挡、倒挡和空挡。由于其齿轮是常啮合的,它不同于手动变速器那样通过齿轮的接合或分离实现换挡,而是通过离合器和制动器的固定或释放行星齿轮机构中的不同元件,来改变行驶方向和传动比,获得各种挡位。

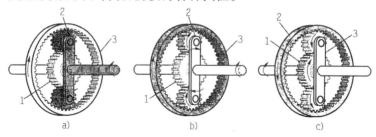

图 2-63 行星轮机构
1-行星齿轮;2-太阳轮;3-齿圈

①降速挡。实现降速挡可通过固定行星齿轮机构中的两种元件来实现,一种是固定太阳轮,另一种是固定齿圈。

当固定太阳轮时($n_1 = 0$),以齿圈为主动件(输入件),行星架 H 为从动件(输出件),并且 $Z_3 > Z_1$。当动力输入给齿圈 3 时,齿圈将使行星齿轮在行星架上自转,由于太阳轮 1 被固定,则自转着的行星齿轮与行星架将一起绕着太阳轮公转。由公式$(n_1 - n_H)/(n_3 - n_H) = -Z_3/Z_1$,因 $n_1 = 0$,解之得,$i_{3H} = n_3/n_H = Z_1/Z_3 + 1 > 1$,故 $n_3 > n_H$,所以实现了降速转动,即为一种降速挡。因为行星架以较低的速度转动,所以输出转矩增大。另外,由于传动比为正,行星架和齿圈同向转动;

当齿圈固定时 $n_3 = 0$,太阳轮 1 为主动件,行星架为从动件。同理解出,$i_{1H} = n_1/n_H = Z_3/Z_1 + 1 > 1$,故 $n_1 > n_H$,且降速比更大,即为另一种降速挡。另外,由于传动比为正,行星架和太阳轮同向转动,如图 2-64 所示。

②超速挡。实现超速挡,只要将上述的两种情况中的主动件(齿圈)与从动件(行星架)互换即可。

当固定太阳轮时,以行星架为主动件,齿圈为从动件。这时 $i_{H3} = n_H/n_3 = Z_3/(Z_3 + Z_1) < 1$,故 $n_3 > n_H$,所以实现了超速转动,即为一种超速挡,如图 2-65 所示。

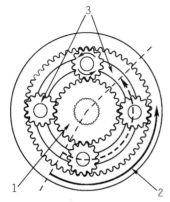

图 2-64 行星轮机构的降速挡工作情况
1-太阳轮固定;2-齿圈为主动件;3-行星架为从动件

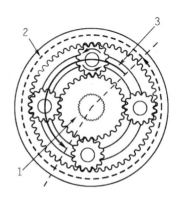

图 2-65 行星轮机构的超速挡工作情况
1-太阳轮固定;2-齿圈为从动件;3-行星架为主动件

当固定齿圈时,以行星架为主动件,太阳轮为从动件。这时 $i_{H_1} = n_H/n_1 = Z_1/(Z_3 + Z_1) < 1$,故 $n_1 > n_H$,所以实现了超速转动,即为另一种超速挡,如图 2-65 所示。

③直接挡。若行星齿轮机构的任意两个元件为主动件同向同速转动时,则第三元件的转速必然与前两者转速相等。当齿圈和太阳轮为主动件同向同速转动时,齿圈的内齿试图以同一旋转方向转动行星齿轮,结果把行星齿轮锁住在齿圈与太阳轮之间。此时,行星齿轮机构像一个整体。主动件与从动件被锁在一起从而形成直接挡传动,输入转速等于输出转速,如图 2-66 所示。

④倒挡。行星架固定,行星轮系变为定轴轮系,无论太阳轮为主动件或从动件,齿圈作为从动件,太阳轮的转动与齿圈的转动方向始终相反。这时的倒挡有两种情况:

若以太阳轮为主动件,齿圈为从动件,则 $i_{13} = n_1/n_3 = -Z_3/Z_1$,故得一降速倒挡;

若以齿圈为主动件,太阳轮为从动件,则 $i_{31} = n_3/n_1 = -Z_1/Z_3$,故得一超速倒挡;

此时行星齿轮只起惰轮作用(只改变旋转方向)。机构提供了如图 2-67 所示的倒挡。

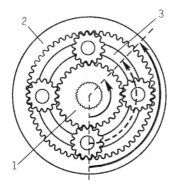 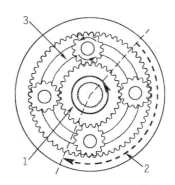

图 2-66 行星轮机构的直接挡工作情况
1—太阳轮为主动件逆时针转动;2—齿圈为主动件逆时针转动;3—行星架输出

图 2-67 行星轮机构的倒挡工作情况
1—太阳轮为主动件逆时针转动;2—齿圈为从动件顺时针转动;3—行星架固定

⑤空挡。若太阳轮和齿圈均不固定,无论以行星轮中的哪个构件为主动件,机构都无输出,即处于空挡位置。

综上所述,行星齿轮机构可以获得 5 个前进挡,2 个倒挡和 1 个空挡。其工作情况可用表 2-3 归纳如下。

行星齿轮机构变速的工作情况 表 2-3

挡位	固定件	主动件	从动件	传动比	备 注
1 挡	齿圈	太阳轮	行星架	$i_{1H} = \dfrac{Z_3 + Z_1}{Z_1}$	传动比最大,行驶速度最慢挡,驱动转矩最大
2 挡	太阳轮	齿圈	行星架	$i_{3H} = \dfrac{Z_3 + Z_1}{Z_3}$	
3 挡				1	直接挡
4 挡	太阳轮	行星架	齿圈	$i_{H3} = \dfrac{Z_3}{Z_1 + Z_3}$	

续上表

挡位	固定件	主动件	从动件	传动比	备注
5挡	齿圈	行星架	太阳轮	$i_{H1} = \dfrac{Z_1}{Z_1 + Z_3}$	传动比最小,行驶速度最快挡,驱动转矩最小
倒1挡	行星架	太阳轮	齿圈	$i_{13} = -\dfrac{Z_3}{Z_1}$	慢倒挡
倒2挡	行星架	齿圈	太阳轮	$i_{31} = -\dfrac{Z_1}{Z_3}$	快倒挡
空挡	三元件都不固定				无输出

5 回转件的平衡

5.1 回转件的静平衡

在机械中,将绕固定轴线转动的构件称为回转件(转子)。如飞轮、齿轮、轮胎和曲轴等均属回转件。由于结构不对称,制造误差和材料不均匀等因素,造成回转件质心不在转动轴线上,因而在转动中产生不平衡的离心力。该力引起机器周期性振动,使零件受到一个附加的动载荷,导致机器工作质量下降,噪声增加,零件和机器的使用寿命降低,甚至造成机房和机器的破坏。因此,在机械设计和使用中必须考虑回转件的平衡问题。

根据回转件的轴向宽度 B 和直径 D 的比值大小,回转件的平衡可分为静平衡和动平衡两种。

轴向宽度 B 和直径 D 之比 $B/D \leq 1/5$ 的回转件,因轴向尺寸相对较小,可近似地认为其质量都集中在垂直于回转轴线的同一个平面上,如飞轮、砂轮、齿轮等。因此,当这类回转件作匀角速转动时,其偏心质量产生的离心力构成同一平面内汇交于回转中心的平面汇交力系。

如果该力系不平衡,则它们的合力 $\sum F_i$ 不等于零。由平面汇交力系的平衡条件可知,如欲使其平衡,只要在该回转面加一质量(或在相反方向减一质量),使所加质量产生的离心力与原有各偏心质量所产生的离心力之向量和等于零,该力系就成为平衡力系,回转件达到平衡。即

$$F = F_b + \sum F_i = 0$$

式中: F ——总离心力;

F_b ——所加平衡质量的离心力;

$\sum F_i$ ——原有各偏心质量离心力的合力。上式可改写成:

$$me\omega^2 = m_b r_b \omega^2 + \sum m_i r_i \omega^2 = 0$$

消去公因子 ω^2 得:

$$me = m_b r_b + \sum m_i r_i = 0$$

式中: m ——回转件的总质量(原有质量+平衡质量);

e ——回转件总质心的向径;

m_b ——平衡质量;

r_b——平衡质量质心的向径；

m_i、r_i——分别为原有各偏心质量及其质心的向径。

上式中质量与其质心向径的乘积称为质径积。它表达了各相应质量所产生的离心力的大小和方向，是一个矢量。

由公式 $me = m_b r_b + \sum m_i r_i = 0$ 知，回转件平衡后，$e = 0$，即经过加一平衡质量（或减平衡质量）后，总质心与回转中心重合。此时回转件的总质量对回转中心的静力矩 $mge = 0$，该回转件可在任何位置保持静止，而不会自动转动。因此，工程上又把这种平衡叫静平衡。

由上述可知，静平衡的条件是：分布在该回转件上各质量的离心力（或质径积）的向量和为零，即质心与回转中心重合。

由公式 $me = m_b r_b + \sum m_i r_i = 0$ 可求出平衡回转件质径积 $m_b r_b = me - \sum m_i r_i$。求出平衡质径积 $m_b r_b$ 后，可根据回转件的具体结构选定 r_b 的大小，再确定平衡质量 m_b 的大小。注意：平衡质量的质心位置应为通过回转中心 O 并与向量 $m_b r_b$ 相平行的直线上。通常应尽可能地增大 r_b，以便使 m_b 小些。

上述的方法叫配重法。显然如果在图 2-68a）中 r_b 所指的反方向减去相应的 m_b 也可使回转件平衡，这种方法叫去重法。

回转件经理论计算可以达到完全平衡。但是由于计算、制造和装配的误差以及材质不均匀等原因，实际上往往达不到预期的平衡，因此在生产过程中还需用试验的方法加以平衡：如图 2-69 所示，将被平衡的零件，置于静平衡架的导轨上，任其自由滚动。由于回转件质心 S 不在轴线上，因此当其静止时，质心 S 必在轴心线的铅垂线下方（不计摩擦时），由此可知质心偏移的方向。然后在轴心线的正上方用橡皮泥加一适当的平衡质量，并逐步调整其大小或向径（r_b）位置，直到该回转件在任意位置都能保持静止。这时所加的平衡质量与其向径的乘积即为该回转件达到平衡需加的质径积。

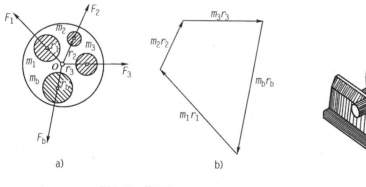

a)　　　　　　　　　　　　　b)

图 2-68　静平衡

图 2-69　静平衡架

5.2　回转件的动平衡

对于 $B/D > 1/5$ 的回转件，如内燃机曲轴、汽车传动轴、汽车轮胎总成等，因其轴向尺寸较大，不能再近似地认为其质量都位于同一回转面内，这时若有不平衡质量存在，则必须看作是分布在垂直于轴线的若干个互相平行的回转面内。因而，回转件转动时各不平衡质量产生的离心力不再是平面汇交力系，而是一个空间的平行力系。要使这个空间力系达到平衡，由理论力学知,各离心力的合力和合力矩应等于零。该条件称为回转件的动平衡条件。

如图2-70所示的双缸曲轴,在不考虑材质不均和几何误差的情况下,理论上该曲轴的质心应和回转轴线同轴($e=0$),即此曲轴已满足静平衡条件。但由于两曲拐不在同一回转面上,故曲轴回转时,离心力F_1和F_2所形成的力偶不为零。在离心力偶矩的作用下,曲轴将产生周期性的扭振,即存在动不平衡。

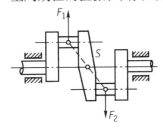

图2-70 双缸曲轴

由理论力学知,力偶只能用力偶来平衡,故只在任何一个平面内加一配重,是不能使之达到平衡。必须在两个平面上(或更多的平面上)同时配上适当的质量使其产生一个相同的反力偶,才能使它达到平衡,即采用双面平衡的方法来平衡。如:轮胎的动平衡必须在两侧边的轮圈边缘同时加上一定的平衡质量,才能使它达到动平衡。

由于动平衡条件中同时包含了静平衡的条件。所以,达到动平衡的转子也一定是静平衡的;但达到静平衡条件的转子不一定是动平衡的,这一点必须注意。对于$B/D \leq 1/5$的转子,若达到静平衡以后,也可近似地认为达到了动平衡。

5.3 车轮与轮胎的平衡

车轮与轮胎是高速旋转组件,如果不平衡,汽车在超过某一速度行驶,特别是高速公路上行驶的车辆,可能造成轮胎爆破,引发交通事故。不平衡也会引起底盘零部件损伤,如使转向球节上的磨损增加,减振器和其他悬架元件的变形等。就车轮本身而言,由于装有气门嘴,同时还与轮胎和传动轴等传动系的旋转部件组装在一起,因此必须进行平衡,否则,不平衡在所难免。

新车上安装的车轮与轮胎都经过了平衡,随着车辆的行驶及轮胎的维护或修理,如果轮胎有不均匀或不规则磨损,车轮定位失准,车轮平衡维护就是必须要做的工作,平衡车轮时,沿轮辋分配配重,抵消车轮和轮胎中的不平衡部位,使它平稳滚动而无振动。

思考与练习

1. 什么叫运动副?运动副具有哪些特征?
2. 平面运动副如何分类?试举出汽车上运用转动副和移动副的三个实例。
3. 机构运动简图与机构示意图有何区别?如何绘制机构运动简图?
4. 指出图1中有哪些运动副?并试绘制下列图示机构的运动简图,分析各构件之间的相对运动关系。
5. 试叙述活塞—连杆—曲柄机构的工作原理。
6. 工程上常见的约束类型有哪些?
7. 何谓平面汇交力系?其平衡条件是什么?
8. 何谓平面任意力系?其平衡条件是什么?
9. 怎样求平面任意力系的主矢和主矩?
10. 完成汽车的活塞—连杆—曲柄机构的拆装,并分析每个构件的受力,作出受力图。
11. 试分析发动机活塞—连杆—曲柄机构是怎样保证三轴线平行的,有何方法测量?

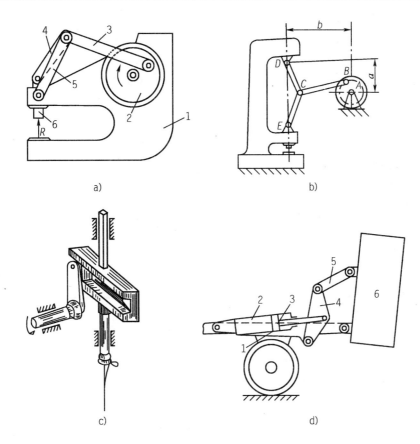

图 1
a)铆机；b)压力机；c)缝纫机引线机构；d)自动倾斜机构

12. 常见的汽车转向传动机构有哪些类型？
13. 汽车上的配气机构主要由哪几种类型？
14. 试描述配气机构的工作过程。
15. 从动件的常用运动规律有哪几种？各有何特点？
16. 试描述凸轮机构的几个角度与配气的关系。
17. 完成配气机构的拆装。
18. 阐述凸轮机构的参数与气门运动的关系。
19. 试叙述齿轮传动的优缺点。
20. 齿轮传动有哪几种基本类型？
21. 试叙述渐开线齿轮各部分的名称及概念。
22. 渐开线直齿轮的主要参数是哪三个？
23. 怎样计算渐开线直齿轮的分度圆、齿顶圆、齿根圆直径？
24. 怎样计算齿轮传动的标准中心距？
25. 齿轮传动有哪几种失效形式？
26. 常用的齿轮材料有哪些？
27. 试分析直齿轮传动受力情况。

28. 轮系有哪几种类型？在汽车上有何应用？
29. 怎样计算丁轴轮系和行星轮系的传动比？
30. 完成汽车变速器或主减速器的组装、调试。
31. 试根据某汽车的自动变速器参数，计算各挡位运动参数（n、i）。
32. 为什么回转件会出现不平衡？
33. 回转件的静平衡条件是什么？
34. 怎样求平衡质径积？
35. 常用的实验平衡方法有哪些？
36. 完成回转件的静平衡和动平衡试验及报告。
37. 汽车离合器总成存在较大的不平衡质径积（重型车大于 $70\sim100\mathrm{g\cdot cm}$，轻型车大于 $10\sim35\mathrm{g\cdot cm}$），它将造成哪些危害？
38. 汽车上哪些零件和总成需进行动平衡？对它们应分别采用什么方法来平衡？

单元三 汽车典型零件

学习目标

知识目标
1. 陈述零件基本变形的形式、材料的机械性能；
2. 描述汽车典型零件的作用、使用要求；
3. 叙述汽车典型零件的材质、热处理方法和作用。

能力目标
1. 正确识读汽车常用材料的名称、牌号；
2. 定性分析汽车典型零件工作时的受力情况、变形及破坏形式；
3. 正确识读汽车常用标准件的代号和图样表达；
4. 正确使用量具对汽车典型零件进行检验。

1 钢材类零件

1.1 钢材概述

1.1.1 铁碳合金的概念

合金是由两种或两种以上的金属，或金属与非金属组成的具有金属特性（如光泽、导电性、导热性等）的物质。以铁和碳两种元素所组成的合金称为铁碳合金；另外还有铜锌合金（黄铜）等。

1.1.2 碳钢、铸铁及合金钢的概念

对于铁碳合金来说，若含碳量小于2.1%，称为碳素钢，简称碳钢；若含碳量大于2.1%，称为铸铁。碳钢和铸铁中都不可避免的含有少量锰和硅等杂质。

为改善碳钢的性能，炼钢时有目的的加入一些合金元素的钢称为合金钢。通常加入的合金元素有：Ti、Zr、V、Nb、W、Mo、Cr、Mn、Al、Cu、Co 稀土元素等，有时也加入非金属元素：Si、B 等。

由此可见，钢的品种很多，分类较细。

例如，按化学成分，钢可分为碳素钢和合金钢；

再如，按含碳量高低可分为低碳钢（含碳量小于0.25%）、中碳钢（含碳量0.25%～0.6%）和高碳钢（含碳量0.6%～1.3%）。

又如，按用途钢可分为结构钢（用于制造机械零件和工程结构）、工具钢（制造工具、刃具和量具）和特殊性能钢（如不锈钢、耐热钢等）等。以下只介绍几种最常用的钢。

1.1.2.1 普通碳素结构钢。这类钢材含硫、磷等有害杂质较多，一般制成各种棒材、板材

和型钢。普通碳素结构钢的牌号由4部分依序构成：

Q——代表钢材屈服强度（Q为"屈"字汉语拼音的首字母）；

数字——屈服强度的数值；

字母——钢材的品质等级（A、B、C、D等级是指其硫和磷等有害元素含量依次降低）；

字母——冶炼时脱氧方法（F表示为沸腾钢、Z表示镇定钢、TZ表示特殊镇定钢，Z或TZ可以省略不写）。

例如：代号"Q215-A.F"中Q表示钢材屈服强度；215表示钢材的屈服强度值为$\sigma_s \leqslant 215\text{MPa}$；A表示钢材的品质为A等级；F表示为沸腾钢（"沸"字的汉语拼音首字母）。

汽车常用普通碳素结构钢的牌号、性能和应用举例见表3-1。

普通碳素结构钢在汽车上的应用　　　　表3-1

牌　号	应　用　举　例	
	车　型	零件名称
Q235-A（旧A3）	EQ1092	百叶窗联动杠杆、传动轴中间轴承支架等
	2000GSI	发动机前后支架、后视镜支杆、油底壳加强板等
Q235-A.F	奥迪100	机油滤清器凸缘、固定发电机用连接板、前钢板弹簧夹子
Q235-B（旧C3）	2000GSI	3、4、5挡同步器锥盘、差速器螺栓锁片等
	CH7100	车轮轮辐、轮辋、驻车制动操纵杆棘爪与齿板
Q235-B.F	CA7100	放水龙头手柄夹持架、消声器、后支架、百叶窗叶片等

1.1.2.2　优质碳素结构钢。优质碳素结构钢具有较好的机械性能，在制造机械零件上应用很广。优质碳素结构钢和牌号用两位数字表示，该数字是钢中含碳量的万分数，如45钢表示其含碳量约为0.45%，它属于中碳钢；20钢的含碳量约0.20%，它为低碳钢。常用优质碳素结构钢的牌号、性能和应用举例见表3-2。

优质碳素结构钢在汽车上的应用　　　　表3-2

牌号	应　用　举　例	
	车　型	零件名称
08F	奥迪100	驾驶室、油底壳、油箱、离合器等
15	桑塔纳2000	发动机气门头、离合器调整螺栓、曲轴箱调整螺栓、消声器前托架螺栓、曲轴箱通风阀体、气门弹簧座及旋转套、轮胎螺母及螺栓
20	桑塔纳2000	离合器分离杠杆、风扇叶片、驻车制动杆等
35	桑塔纳2000	曲轴正时齿轮、半轴螺栓锥形套、前后轴头螺母、车轮螺栓、机油泵轮、连杆螺母、汽缸盖定位销、拖曳钩、螺母、驻车制动蹄臂拉杆等
45	奥迪100	气门推杆、同步器锁销、变速杆、凸轮轴、曲轴、变速叉轴、齿环、拖曳钩、转向节主销、离合器踏板轴及分离叉等
50	CA1092	离合器从动盘等
65Mn	EQ1092	气门弹簧、转向纵拉杆弹簧、摇臂轴复位弹簧、拖曳钩弹簧、空压机排气阀波形弹簧垫圈、风扇离合器阀片等
	CA1092	气门摇臂复位弹簧、活塞油环刮片、离合器压板盘弹簧、活塞销卡簧等
	EQ1092	

1.1.2.3 合金结构钢。碳素钢应用很广,但它没有良好的综合机械性能,强度高时韧性往往较低,韧性好时强度往往较差,热处理性能也较差,淬火时不易淬透且容易变形和开裂。此外,碳素钢不能满足腐蚀、抗磨、耐热等特殊要求。如果在碳素钢中适当加入一些合金元素,就成为合金钢,可以弥补碳素钢的上述缺陷。但合金元素的加入提高了成本,故合金结构钢仅用于制造碳素钢不能满足要求的重要机械零件。

合金结构钢的牌号规定为:以化学元素符号表示合金元素,合金元素含量的百分数以数字表示,写在各相应元素的后面,当平均含量小于1.5%时,仅标明元素符号,不标明含量。含碳量以0.01%为单位,写在钢号的最前面。如40Cr表示含碳量约为0.4%,含铬量小于1.5%;45Mn2表示含碳量约为0.45%,含锰约为2%,又如18CrMnTi,表示含碳量约为0.18%,铬、锰、钛的含量均小于1.5%。部分合金结构钢的牌号、性能和应用举例见表3-3。

部分合金结构钢的牌号、性能和应用　　　　表3-3

钢号	σ_b (MPa)	σ_s (MPa)	δ_5 (%)	ψ (%)	α_K $\left(\dfrac{N \cdot m}{mm^2}\right)$	HB (调质)	HRC (表面) (淬火)	应用举例
	≥						≤	
35SiMn	900	750	15	45	0.6	229~286	45~55	耐磨、耐疲劳,可代40Cr作轴、齿轮等零件及在430℃以下工作的重要紧固件
40Cr	1000	800	9	45	0.6	241~286	48~55	重要的齿轮、轴、曲轴、连杆等零件
20Cr	850	530	10	40	0.6		56~62 (渗碳)	用于要求心部强度较高、承受磨损、尺寸较大的渗碳零件,如齿轮、蜗杆、凸轮、活塞销等
20CrMnTi	1110	850	10	45	0.7		56~62 (渗碳)	用于承受高速、中等或重负荷以及冲击磨损等的重要零件,如渗碳齿轮、凸轮等

1.1.3 零件受力与变形

1.1.3.1 构件的强度、刚度和稳定性。机械零件受力后,其尺寸和形状都会发生一定程度的改变,称为变形。变形分为弹性变形和塑性变形。外力去除后能恢复原状的变形称为弹性变形。实验证明,当外力不超过某一限度时出现弹性变形,若外力超过此限度,即使外力去除后,构件也不能完全恢复原状。外力去除后无法恢复原状的变形称为塑性变形。

零件受力后变形过大时,会影响其正常工作,甚至发生破坏。为了保证机器安全可靠地工作,要求机器中每个零件都具有足够的强度、刚度和稳定性。强度是指构件抵抗破坏的能力;刚度是指构件抵抗变形的能力;稳定性是指构件保持原有平衡状态的能力。

1.1.3.2 载荷的概念。工程中常常把作用在构件上的力称为载荷。

按照载荷作用的性质可分为静载荷和动载荷两类:不随时间变化(或改变很少)的载荷称为静载荷;随时间变化的载荷称为动载荷,特别是当载荷随时间作周期性变化时,称为交变载荷。

1.1.3.3 变形的形式。经过分析,可以将机械构件的受力变形情况归纳为4种基本形式:

(1)拉伸及压缩,如图3-1a);

(2)剪切,如图3-1b);

(3)扭转,如图3-1c);

(4)弯曲,如图3-1d)。

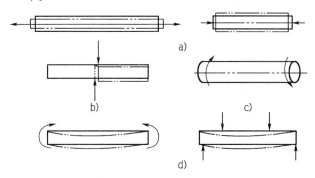

图3-1 基本的变形形式

有时,实际构件将同时发生两种或两种以上的基本变形,这种情况称为组合变形。

1.1.4 金属材料的主要力学性能

金属材料的力学性能(也称为机械性能)是指金属材料在受到外力作用时所表现出来的特性,主要包括:强度、塑性、硬度、冲击韧性、抗疲劳性等。

1.1.4.1 强度。金属材料在静载荷作用下抵抗塑性变形或断裂的能力,称为强度,强度大小通常用应力(N/mm²)的大小来表示。强度可分为抗拉强度、抗剪强度、抗压强度、抗弯强度和抗扭强度等5种。一般情况下,多以抗拉强度σ_b作为判别金属强度高低的指标,其计算公式为:

$$\sigma_b = \frac{F_b}{S_0} \quad (N/mm^2)$$

式中:F_b——试样拉断前承受的最大载荷(N);

S_0——试样原始横截面积(mm²)。

强度越高,表示材料的抗拉能力越大。

1.1.4.2 塑性。金属材料在断裂前发生塑性变形的能力,称为塑性。它常用金属材料拉断后的伸长率δ和断面收缩率ψ来表示。其公式为:

$$\delta = \frac{L_1 - L_0}{L_0}$$

$$\psi = \frac{S_0 - S_1}{S_0}$$

式中:L_0——试样原始标距(mm);

L_1——试样拉断后的标距(mm);

S_0——试样原始横截面积(mm²);

S_1——试样拉断后颈缩处的最小横截面积(mm^2)。

伸长率和断面收缩率越大,表示材料的塑性越好。

1.1.4.3 硬度。金属材料表面抵抗局部变形,特别是塑性变形、压痕或划痕的能力,称为硬度。金属材料的硬度值越大,表示材料硬度越高。

经常用来表示材料硬度的指标有两种:一种是布氏硬度,另一种是洛氏硬度。

布氏硬度是以试验压力 F 除以压痕球形面积 S 所得的商作为被测材料的硬度值,用符号 HB 表示,计算公式如下:

$$HB = \frac{F}{S}$$

式中:F——试验压力(N);

S——压痕球形面积(mm^2)。

根据试验所用的压头不同,布氏硬度的符号分别写为 HBS(压头为淬火钢球)和 HBW(压头为硬质合金钢球)。

洛氏硬度是以压痕深度的大小来衡量材料硬度的高低。压痕愈深表示材料愈软,硬度愈低;压痕愈浅表示材料愈硬,硬度愈高。常用的洛氏硬度符号为 HRC。

1.1.4.4 冲击韧度。金属材料表面抵抗冲击载荷作用不破坏的能力,称为韧性,其大小用冲击韧度来衡量,符号为 α_K,计算公式为:

$$\alpha_K = \frac{A_K}{S}$$

式中:A_K——冲击吸收功(J);

S——试样缺口底部横截面积(cm^2);

α_K——冲击韧性(J/cm^2)。

试样和冲击试验的原理如图 3-2 和图 3-3 所示。

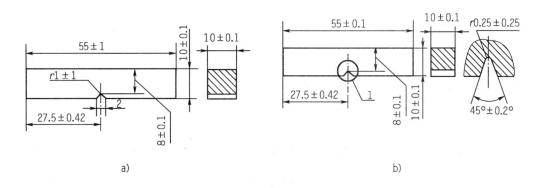

图 3-2 冲击试样

a)U 形缺口冲击试样; b)V 形缺口冲击试样

1.1.4.5 疲劳强度。许多机械零件,如轴、齿轮、轴承、弹簧等,在工作过程中各点的应力随时间作周期性变化,这种随时间作周期性变化的应力称为交变应力。试验表明:试样所承受的交变应力值越大,则断裂时应力循环的次数越少;反之,就越多。当试样所承受的交变应力低于某一特定值时,金属试样可以经受无限周期循环的交变应力而不破坏,此特定应力值称为材料的疲劳极限,通常用 σ_{-1} 表示。

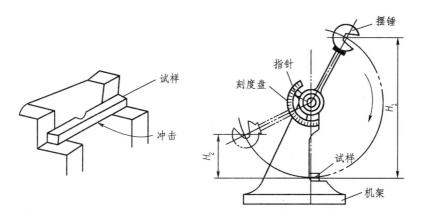

图 3-3 冲击试验原理示意图

1.1.5 含碳量对钢材性能的影响

钢材中含碳量的不同,将导致钢材机械性能的不同,见图 3-4。由图可以看出,随含碳量的增加,钢的强度、硬度逐渐升高,而塑性、韧性不断下降。

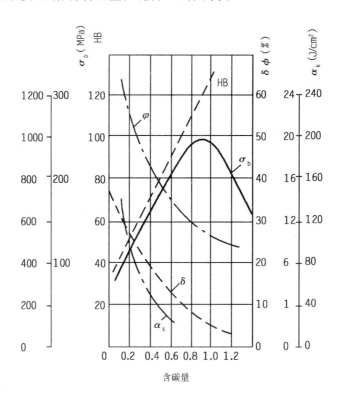

图 3-4 含碳量对碳钢机械性能的影响

但当钢中的含碳量过高时(大于1%),钢材的强度将下降。因此为保证钢在使用时有足够的强度及韧性,结构钢中的含碳量一般不大于0.7%;而在工具钢、模具钢中的含碳量一般不大于1.3%~1.4%。

1.1.6 钢的热处理

热处理是一种改善钢的机械性能的工艺方法。主要有退火、正火、淬火、回火和表面热处理等。

1.1.6.1 退火。 退火是将钢加热到适当温度,保温一定时间,然后缓慢冷却(一般是随炉冷却)的热处理工艺。

退火的目的主要是降低钢件的硬度、消除钢件中的应力等。

1.1.6.2 正火。 正火是将钢加热到适当温度,保温一定时间,然后在静止的空气中冷却的热处理工艺。

正火实质上是退火的一种特殊形式,不同之处仅在于正火是采用在空气中冷却的方法,其冷却速度比退火稍快。

正火的目的是提高低碳钢和低碳合金钢的硬度、改进钢件的机械性能。

1.1.6.3 淬火。 淬火是将零件加热到一定温度(一般在850℃以上,视钢的品种而异),经保温后放入介质中快速冷却。淬火的目的是提高钢的强度、硬度和耐磨性。淬火时常用的介质有油、水和盐溶液等。不同的介质冷却速度不同,油中较慢,水中较快,盐溶液中更快。冷却速度快时淬硬层的深度大,但变形和开裂的倾向也大。含碳量高于0.25%的钢可以进行淬火。

1.1.6.4 回火。 回火是在钢件经过淬火以后,再将其加热到适当温度,保温一定时间,然后在静止的空气中冷却的热处理工艺。

钢经过淬火以后,强度和硬度虽然提高,但塑性和韧性降低,脆性增加,钢的含碳量较高时尤甚。此外,淬火钢的内应力也很大。重要的机械零件既要求有高的强度和硬度,又要求有一定的塑性和韧性,仅靠淬火不能满足要求。因此,在淬火以后常需进行回火,以保持钢的强度和硬度,并提高材料的塑性和韧性,同时降低淬火引起的内应力,取得较好的综合机械性能。

回火可分为低温回火,中温回火和高温回火。

低温回火是将钢加热到150~300℃,保温后在空气中冷却。其目的是保持钢的高硬度和耐磨性,降低淬火钢的内应力和脆性。低温回火常用于工具和渗碳零件的热处理。

中温回火加热温度为350~452℃。目的是使钢有一定的韧性,并提高其弹性极限和屈服极限。中温回火常用于弹簧热处理。

高温回火加热温度为500~650℃。淬火后进行高温回火的工艺称为调质处理。钢件经过调质处理后,能获得较好的综合机械性能。调质还可作为机械加工工序之间的热处理,以提高切削加工面的表面光洁度。

1.1.6.5 表面热处理。 有些机械零件,要求零件表面有较高的硬度和强度,而要求零件中心部分有足够的塑性和韧性,这时可进行表面热处理,如表面淬火和化学热处理。

(1)表面淬火。表面淬火是利用氧乙炔火焰或高频感应加热等方法将零件表面加热到淬火温度,然后在介质中快速冷却,使零件表面淬硬(零件中心则仍有较好的塑性和韧性)。

表面淬火一般用于中碳钢或中碳合金钢零件。表面淬火前零件先经正火或调质,以使零件内部具有较好的综合机械性能,表面淬火后常用低温回火消除淬火应力并保持较高的硬度。

(2)表面化学热处理。表面化学热处理是将某些化学元素渗入表层,改变钢的表层化学成分、组织和性能,从而获得高的硬度、耐磨和抗疲劳等性能的热处理方法。有些表面剧烈磨损的零件,采用表面淬火还不能达到工作要求时,可采用化学热处理。

按渗入零件表层元素的不同,表面化学热处理有渗碳、氮化、氰化等。

渗碳是将碳原子渗入零件表层,使零件表面含碳量增加。需要渗碳的零件一般为低碳钢或低碳合金钢,渗碳后表层为高碳钢。渗碳厚度一般为 0.5~2mm。渗碳后再进行淬火和低温回火,可使表面硬度很高、中心韧性很好,适于要求耐磨而又承受冲击荷载的零件。

常用的渗碳方法有固体渗碳和气体渗碳两种。固体渗碳是将零件放在装有木炭粒和碳酸盐的密封铁箱中,然后将铁箱在炉中加热,其生产率较低。气体渗碳是将零件直接放在密封的炉中加热,并通入渗碳气体,生产率较高。

氮化是将氮原子渗入零件表层。需氮化的零件材料都是含有铬、钼、铝等元素的中碳合金钢。氮原子渗入零件表层后,与合金元素 Cr、Mo、Al 等化合成极硬的氮化物。氮化零件的耐磨性比渗碳更好。

氰化是在钢的表面同时渗入碳和氮。它常用在汽车、拖拉机变速器齿轮表面的热处理工艺中。但所用的氰化剂(如氰化钠、氰化钾等氰盐)为剧毒品,操作时需要特别注意安全。

1.2 连杆

1.2.1 连杆零件图及分析

图 3-5 为 105 系列高速柴油机连杆的零件简图,图中除采用主视图和左视图外,还采用了剖视图、剖面图、向视图、局部放大等表达形式。

1.2.2 连杆的工作情况

连杆小头与活塞销相连接,与活塞一起作往复运动,连杆大头与曲柄销相连和曲轴一起做旋转运动。连杆所做的这种运动称为平面运动。

连杆的基本载荷是拉伸和压缩。显然,连杆的自重与其所受的外力相比是很小的,可忽略不计。所以从力学上讲,连杆可以简化成只承受拉力或压力的杆件,简称为拉(压)杆,其力学简图如图 3-1a)所示。

对于受压杆件,当外力过大、自身长度太大或横截面积过小的情况下,可能发生弯曲变形,这种现象称为压杆失稳,如图 3-6 所示。压杆失稳可能导致严重的事故,应当加以避免。

1.2.3 连杆的材料

为了保证连杆在结构轻巧的条件下有足够的强度和刚度,一般多用优质中碳钢 45 来制造,在特别的情况下,有时也用 40Cr 等合金钢制造。

连杆一般要先锻造,以改善钢材的机械性能。在机加工前采用调质处理(淬火后高温回火),以得到较高的综合机械性能,即强度高且韧性好。为了提高连杆的疲劳强度,连杆上的非机械加工表面应经喷丸处理,连杆还必须经过磁力探伤检验,以保证其工作可靠。

另外,40MnB、40MnVB 等钢材作为连杆材料,也显示了良好的使用性能。这种钢经 850℃ 油淬,再经 500℃ 高温回火后,强度极限 >1000N/mm^2,屈服极限 >800N/mm^2,冲击韧性 >70N·m/cm^2。

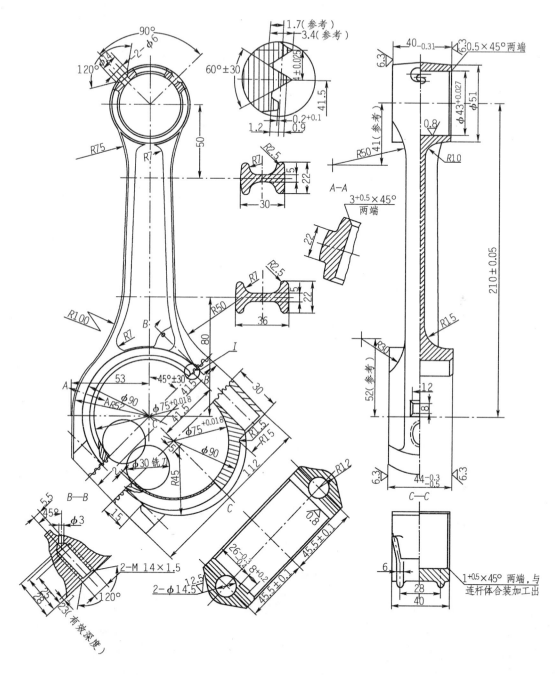

材料:45 号钢,调质处理后硬度 HRC27~32

图 3-5　105 系列高速柴油机的连杆

1.2.4　连杆的检验

对于连杆而言,国家标准要求连杆的上下两轴承孔轴线应在同一平面内,其平行度误差应不大于 100:0.03;在与此平面垂直的平面内,轴线的平行度误差应不大于 100:0.06。轴线间给定方向的平行度误差的测量,可采用多种方法。

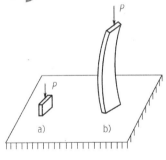

图 3-6 压杆失稳

当采用通用量具检测时,可利用平板,等高支架和带测量架的百分表进行,如图 3-7 所示。连杆上下两轴承孔均用心轴模拟,将一头的心轴两端放在等高支架上,测量另一头心轴上距离为 L 的两点,假设示值分别为 M_1 和 M_2,则该测量方向的平行度误差为:

$$f = \frac{100}{L_2}|M_1 - M_2|$$

如图依次按实线和双点划线两个位置测量,即可得到两个方向的平行度误差。

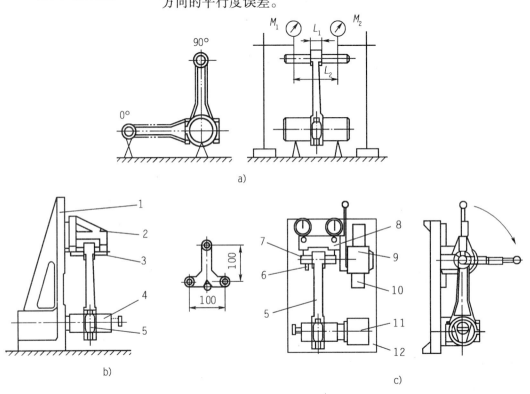

图 3-7 连杆两轴承孔轴线平行度误差的测量

1-基座;2-鞍式三点指示器;3、7-心轴;4-可胀式心轴;5-连杆;6-支撑块;8-测量架;9-可调底座;10-导轨;11-固定底座;12-平板

1.3 活塞销

1.3.1 活塞销零件图及分析

图 3-8 是 25Y-6100Q 型车用汽油机和 105 系列高速柴油机的活塞销零件简图。因为活塞销的结构比较简单,所以只用了剖视图。

1.3.2 活塞销的受力分析和变形分析

活塞销分别受到活塞和连杆的作用力,如图 3-9 所示。显然在外力的作用下,活塞销的轴线将由直线变成曲线,如图 3-10 所示。当零件的轴线由直线变成曲线时,称该零件发生弯曲变形。

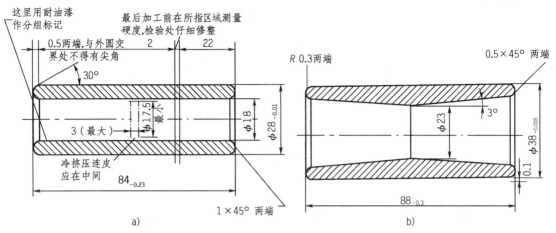

图 3-8 活塞销典型结构
a)25Y-6100Q 型车用汽油机;b)105 系列高速柴油机

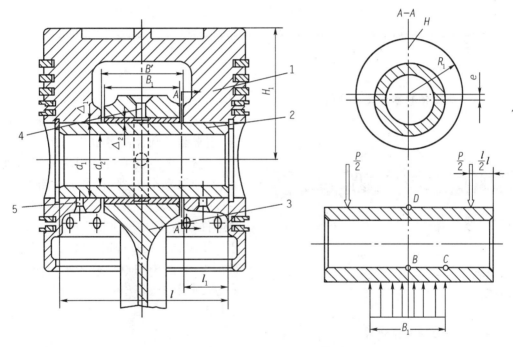

图 3-9 95 系列高速柴油机的活塞组结构
1-活塞;2-活塞销;3-连杆;4-连杆小头油孔;5-活塞销座油孔

1.3.3 活塞销的材质及热处理

活塞销是发动机中工作情况最恶劣的零件:一是负荷很大而承压面积很小;二是运转时活塞销与销座之间只能在不大的角度内相对摆动,无法形成充分的润滑油膜;三是温度可达到150℃左右,润滑油的性能下降;四是因为前面分析过的弯曲变形等因素,使压力分布很不均匀。所以活塞销的抗磨损性能是非常重要的。

为满足活塞销外表面的硬度以提高其耐磨性能,同时内部的韧性好以抗冲击的又重要求,制造活塞销的材料一般选用 20、20Mn、15Cr、20Cr、20MnV、20MnVB 等,并将进行外表渗碳淬火处理,使表面硬度达到 HRC56~66,深度为 0.8~1.2mm。

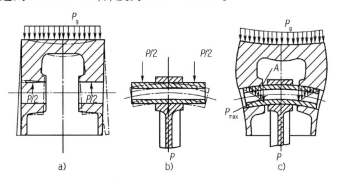

图 3-10 活塞与活塞销的变形

1.3.4 活塞销的检测

检验活塞销外圆表面时常用外径千分尺。

圆柱度误差的测量方法规定为:圆柱度误差用两点法测量,其值为指示器读数最大差值之半。两点是指在被测圆柱表面的任意部位或方向所测得的最大与最小直径之差。

1.4 凸轮轴

1.4.1 凸轮轴的零件图及分析

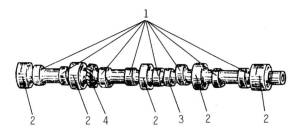

图 3-11 凸轮轴
1—凸轮;2—凸轮轴轴颈;3—驱动汽油泵的偏心轮;4—驱动分电器的螺旋齿轮

凸轮轴是气门驱动组中最重要的零件,用来驱动和控制各缸气门的开启和关闭。此外,多数汽油机还用它来驱动机油泵、汽油泵和分电器,凸轮轴的结构如图 3-11 所示。图 3-12 给出了某汽油机的凸轮轴零件简图,图中除主视图外,还画出了若干向视图、剖面图;特别是画出了齿轮的局部剖视图,图中的点划线表示齿轮的分度圆,点划线旁边靠中心线一侧的实线表示齿根圆。

1.4.2 凸轮轴工作分析

凸轮轴的结构特点是细而长,工作时主要承受的载荷是气门弹簧的张力和传动件的惯性力,并由于凸轮轴的转动,所以它的工作特点是受周期性的载荷。因此,凸轮轴在工作过程中会发生轴颈和轴承的磨损,也会产生整个轴线的弯曲变形。另外,因为凸轮与配气机件(挺杆或摇臂)的接触形式接近于线接触,接触面积小,压强很大,在发生相对运动时,会使凸轮表面磨损非常严重。

1.4.3 凸轮轴的材料及热处理

大多数汽油机凸轮轴用中碳钢 45、45Mn_2,或低碳钢 20、20Mn_2、20Cr、20MnVB 等制造。当用中碳钢时,其凸轮表面和各轴颈表面要用高频表面淬火,使硬度达到 HRC56~63;当用低碳钢时,则要进行渗碳及表面淬火。

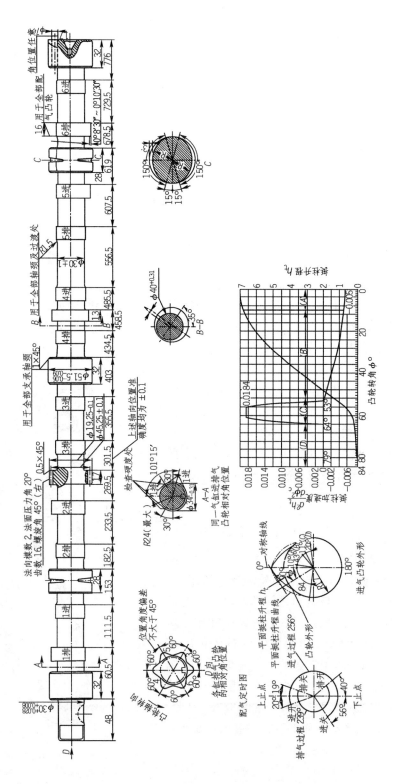

图3-12 车用汽油机的凸轮轴和凸轮外形(材料:45)

1.4.4 凸轮轴的检验

1.4.4.1 凸轮轴弯曲的检验。 将凸轮轴安装在车床两顶尖之间,或以 V 形铁块安放于平板上,以两端轴颈作为支点,如图 3-13 所示,用百分表检查中间轴颈的摆差。

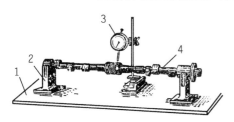

图 3-13 凸轮轴弯曲的检验
1-平板;2-V 形铁块;3-百分表;4-凸轮轴

1.4.4.2 凸轮轴轴颈的检验。 凸轮轴轴颈的圆度误差、圆柱度误差、磨损量均可用外径千分尺进行检查。

圆度误差用两点法测量,其值为指示器读数最大差值之半,即取同一截面不同方向上的最大直径差之半作为该截面的圆度误差。

圆柱度误差的检验方法与活塞销的检验相同。

1.5 链传动

1.5.1 概述

链传动由装在平行轴上的链轮和绕在链轮上的链条组成。图 3-14 所示为汽车发动机中的正时链传动,它以链条为中间挠性件,靠链节与链轮上轮齿的啮合来传递运动和动力,保证了凸轮轴与曲轴之间的相对运动关系。

1.5.2 链传动的特点

链传动能保证主、从动轮间的平均传动比不变,但瞬时传动比是变化的;与带传动相比较,其结构紧凑;作用在轴上的压力较小;承载能力大,效率较高(可达0.98);工作时的振动、冲击和噪声都比较大。链传动适用于两轴相距比较远,而工作条件恶劣(高温、淋油等),不宜采用带传动的场合。

1.5.3 传动链的结构

传动链按结构不同可分为滚子链和齿形链两种。

1.5.3.1 滚子链的结构。 如图 3-15 所示,滚子链由滚子1、套筒2、销轴3、内链板4和外链板5所组成。内链板与套筒之间、外链板与销轴之间都是过盈配合连接;套筒与销轴之间为间隙配合,使内、外链板能作相对运动。滚子活套在套筒上,工作时滚子沿链轮齿廓滚动,以减轻轮齿的磨损。由于链条的磨损主要发生在销轴与套筒的接触面上,所以在内、外链板间留有少许间隙,以便润滑油渗入摩擦面间。链板一般制成"8"字形,以减轻质量并保持链板各横截面的抗拉强度大致相等。

链条上相邻两滚子外圆中心间的距离称为节距 p,它是链条最主要的参数。节距 p 越大,链的各组成元件的尺寸也越大,所传递的功率也就越大,但传动的平稳性

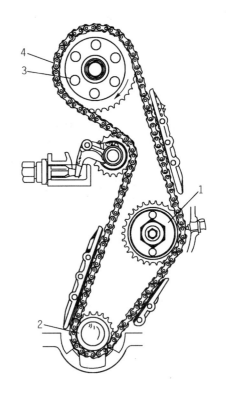

图 3-14 链传动的组成
1-中间轴链轮;2-曲轴正时链轮;3-凸轮轴正时链轮;4-链条

变差。因此,当传递功率较大时,可采用节距较小的多排链,最常用的是双排链(图 3-16 所示)。

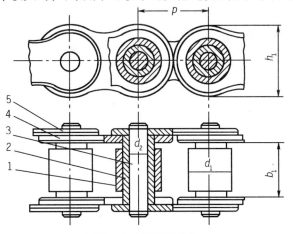

图 3-15　滚子链的结构

1-滚子;2-套筒;3-销轴;4-内链板;5-外链板

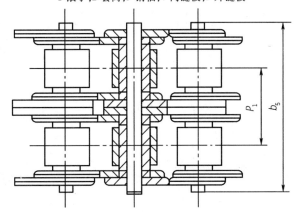

图 3-16　双排滚子链

滚子链的接头形式如图 3-17 所示。当链节数为偶数时,链条的两端恰好是外链板与内链板相接,为了锁住可拆链节,要采用弹簧夹或开口销来固定,如图 3-17a)、b)所示。当链节是奇数时,必须采用过渡节,如图 3-17c)。

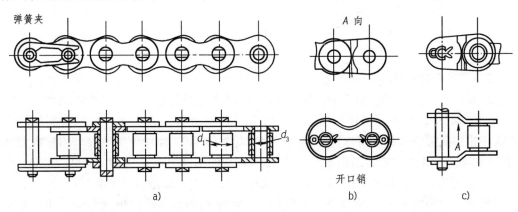

图 3-17　滚子链的接头

滚子链已经标准化，按 GB/T 1243—2006 规定，分为 A、B 两个系列，常用的为 A 系列。A 系列滚子链的主要参数及尺寸见表 3-4。

滚子链的基本参数和结构尺寸及抗拉载荷（GB/T 1243—2006）　　　表 3-4

链号	节距 p (mm)	排距 p_t (mm)	滚子外径 d_{1max} (mm)	内链节内宽 b_{1min} (mm)	内链节外宽 b_{2max} (mm)	内链板高度 h_{2max} (mm)	销轴直径 d_{2max} (mm)	销轴长度 b_{4max} (mm) 单排	销轴长度 b_{5max} (mm) 双排	抗拉载荷 Q_{min} (kN) 单排	抗拉载荷 Q_{min} (kN) 双排	单排质量 q (kg/m)
08A	12.7	14.38	7.92	7.85	11.18	12.07	3.98	17.8	32.3	13.8	27.6	0.6
10A	15.875	18.11	10.16	9.4	13.84	15.09	5.09	21.8	39.9	21.8	43.6	1.0
12A	19.05	22.78	11.91	12.57	17.75	18.08	5.96	26.9	49.8	31.1	62.3	1.5
16A	25.4	29.29	15.88	15.75	22.61	24.13	7.94	33.5	62.7	55.6	111.2	2.6
20A	31.75	35.76	19.05	18.9	27.46	30.18	9.54	41.1	77	86.7	173.5	3.8
24A	38.1	45.44	22.23	25.22	35.46	36.2	11.14	50.8	96.3	124.6	249.1	5.6
28A	44.45	48.87	25.4	25.22	37.19	42.24	12.71	54.9	103.6	169	338.1	7.5
32A	50.8	58.55	28.58	31.55	45.21	48.26	14.29	65.5	124.2	222.4	444.8	10.1
40A	63.5	71.55	39.68	37.85	54.89	60.33	19.85	80.3	151.9	347	693.9	16.1
48A	76.2	87.83	47.63	47.35	67.82	72.39	23.81	95.5	183.4	500.4	1000.8	22.6

链条的各个零件是用碳钢或合金钢制造，并经过热处理，以提高其强度和耐磨性。

1.5.3.2　齿形链的结构。 齿形链是由许多带有两个齿的链板相叠并列铰接而成，如图 3-18 所示。它的特点是承受冲击载荷能力较强，但结构复杂，价格较高，除用于高速或运动精度要求较高的场合外，一般不使用。

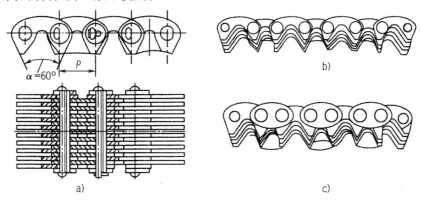

图 3-18　齿形链

1.5.4　滚子链的链轮

1.5.4.1　链轮的齿形。 链轮的齿形应保证链节能够平顺地进入和退出啮合，并便于加工。

GB/T 1243—2006 规定的链轮端面齿形如图 3-19 所示。它是由半径分别为和的两段圆弧在滚子定位圆弧角 α 处光滑连接而成，故称为双圆弧齿形。链轮齿形一般采用标准刀具加工，因此在链轮工作图中不必画出端面齿形，而只需要注明链节距 p、齿数 Z、分度圆直径 d、齿顶圆直径 d_a 及齿根圆直径 d_f，并注明"齿形按 GB/T 1243—2006 制造"即可。

链轮的轴向齿廓如图 3-20 所示。在链轮工作图上必须画出轴向齿廓并标注相应的尺寸（表 3-5）。

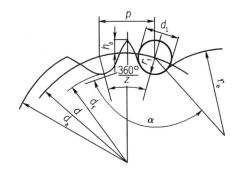

图 3-19 端面齿形

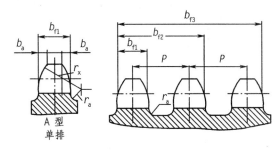

图 3-20 链轮的轴向齿廓

链轮直径尺寸和轴向齿廓尺寸 表 3-5

代号	计算公式	代号	计算公式	
			$p \leqslant 12.7$	$p > 12.7$
d	$d = \dfrac{p}{\sin 180°/z}$	b_{f1}	单排 $0.93b_1$	单排 $0.95b_1$
			多排 $0.91b_1$	多排 $0.93b_1$
d_a	$d_{a\max} = d + 1.25p - d_1$	b_a	$b_a = 0.13p$	
	$d_{a\min} = d + \left(1 - \dfrac{1.6}{z}\right)p - d_1$			
		b_{fn}	$b + n = (n-1)p_t + b_{f1}$ (n 排数)	
d_f	$d_f = d - d_1$	r_x	$r_x = p$	
d_g	$d_g = p\cot\dfrac{180°}{z} - 1.04h_2 - 0.76$	r_a	$r_a = 0.04p$	

注：表中 b_1、p、d_1、h_2、p_t 见表 3-4。

1.5.4.2 链轮的结构。链轮的结构如图 3-21 所示，对于小直径的链轮可制成整体式如图 3-21a)；中等直径的链轮可制成孔板式，如图 3-21b)；大直径（大于 200mm）的链轮可用焊接结构，如图 3-21c)，或采用组合式结构，如图 3-21d)。

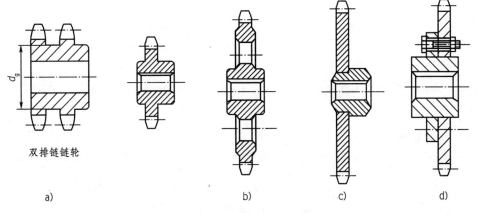

双排链链轮

a)　　　　　b)　　　　　c)　　　　　d)

图 3-21 链轮的结构

1.5.4.3 链轮的材料。链轮的材料应能保证轮齿有足够的耐磨性和强度。由于小链轮轮齿的啮合次数比大链轮多且所受冲击也较严重,故小链轮应采用较好的材料制造。链轮常用的材料及应用范围见表3-6。

链轮常用的材料及齿面硬度　　　　　　表3-6

材料	热处理	热处理后硬度	应用范围
15、20	渗碳、淬火、回火	50～60HRC	$z \leq 25$ 有冲击载荷的主、从动链轮
35	正火	160～200HBS	在正常工作条件下,齿数较多($z > 25$)的链轮
40、50、ZG310-570	淬火、回火	40～50HRC	无剧烈振动及冲击的链轮
35SiMn、40Cr、35CrMo	淬火、回火	50～60HRC	有动载荷及传递较大功率的重要链轮($z < 25$)
15Cr、20Cr	渗碳、淬火、回火	40～50HRC	使用优质链条,重要的链轮
Q235	焊接后退火	140HBS	中等速度、传递中等功率的较大链轮
普通灰铸铁(不低于HT150)	淬火、回火	260～280HBS	$z > 50$ 的从动链轮

1.5.5　链传动的张紧和润滑

1.5.5.1　链的张紧。链传动张紧的目的是为了避免松边下垂量过大,产生啮合不良或振动过大的现象;但若过紧又会加剧链条的磨损,降低使用寿命。一般用测量松边垂度的办法来控制链条的松紧程度,如图3-22所示。合适的松边垂度为:

$$f = (0.01 \sim 0.02)a$$

式中:a——链传动的中心距(mm)。

对于重载、反复起动以及接近垂直的链传动,松边垂度应适当减小。

当铰链磨损后使链的长度增大而导致松边垂度过大时,可采用如下张紧措施:

(1)通过调整中心距,使链张紧;

(2)去掉1~2个链节,缩短链长,使链张紧;

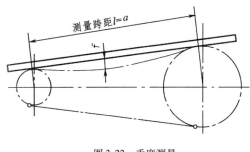

图3-22　垂度测量

(3)加张紧轮,使链条张紧,如图3-23中的2、11均为张紧轮。

1.5.5.2　链传动的润滑。链传动的润滑十分重要,尤其对高速、重载的链传动更为重要。良好的润滑可缓和冲击、减轻磨损、延长链条使用寿命。链条的润滑方式要根据其速度和节距来确定,如图3-24所示。其中:

Ⅰ——用油壶或油刷人工润滑;Ⅱ——用油杯滴油润滑;Ⅲ——油浴或飞溅润滑;Ⅳ——压力循环润滑。

1.6　螺纹及螺纹连接

1.6.1　螺纹及其基本要素

螺纹结构是一种常见的零件。在圆柱(或圆锥)的外表面上形成的螺纹称为外螺纹,如图3-25a)的螺栓;在内表面上形成的螺纹称为内螺纹,如图3-25b)的螺母。

螺纹的基本要素包括牙型、大径、中径和小径、螺距和导程、线数和旋向等。

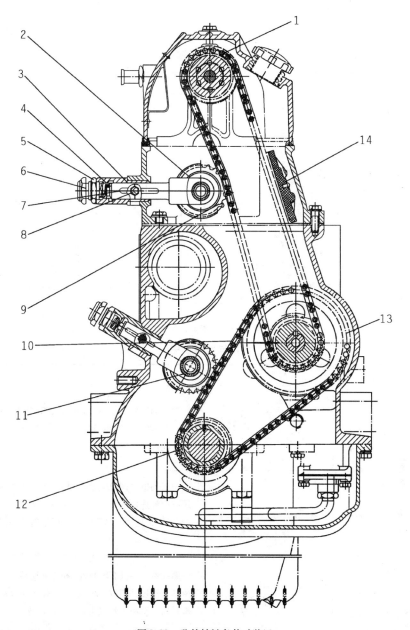

图 3-23 凸轮轴链条传动装置

1-凸轮轴链条;2、11-紧链轮;3-导向套筒;4-压紧弹簧;5-锁紧螺母;6-调整螺钉;7-导向销;8-锁紧螺母;9、10-链条;12-曲轴链条;13-中间链轮;14-导链板

1.6.1.1 牙型。在通过螺纹轴线的剖面上,螺纹的轮廓形状称为螺纹牙型。相邻两牙侧面间的夹角称为牙型角。常用的标准螺纹的牙型角及牙型符号见表3-7。

1.6.1.2 大径、小径和中径。大径是指和外螺纹的牙顶、内螺纹的牙底相重合的假想圆柱(或圆锥)的直径;小径是指和外螺纹的牙底、内螺纹的牙顶相重合的假想圆柱(或圆锥)的直径;在大径和小径之间设想有一圆柱(或圆锥),在其轴线剖面内素线上的牙宽和槽宽相等,则该假想圆柱(或圆锥)的直径称为螺纹中径,如图 3-26 所示。

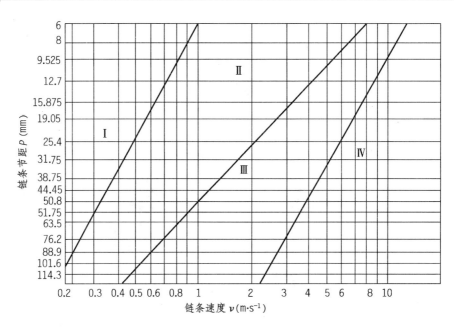

图 3-24 润滑方式的选择

常用标准螺纹牙型　　　　　　　　　　　　　　　　　　　　　　表 3-7

种　　类		牙型符号	牙型放大图	说　　明
连接螺纹	普通螺纹 粗牙 细牙	M	(60°)	常用的连接螺纹，一般连接多用粗牙。在相同的大径下，细螺纹的螺距较粗牙小，切深较浅，多用于薄壁或紧密连接的零件
	用螺纹密封的管螺纹	R_c R R_p	(55°)	包括圆锥内螺纹与圆锥外螺纹、圆柱内螺纹与圆锥外螺纹两种连接形式。必要时，允许在螺纹副内添加密封物，以保证连接的紧密性。适用于管子、管接头、旋塞、阀门等
	非螺纹密封的管螺纹	G	(55°)	螺纹本身不具有密封性，若要求连接后具有密封性，可压紧被连接件螺纹副外的密封面，也可在密封面间添加密封物。适用于管接头、旋塞、阀门等
传动螺纹	梯形螺纹	T_r	(30°)	用于传递运动和动力，如机床丝杠、尾架丝杠等
	锯齿形螺纹	B	(30°, 3°)	用于传递单向压力，如千斤顶螺杆

1.6.1.3 线数。形成螺纹螺旋线的条数称为线数。有单线螺纹和多线螺纹之分。多线螺纹在垂直于轴线的剖面内是均匀分布的,如图 3-27 所示。

1.6.1.4 螺距和导程。相邻两牙在中径线上对应两点间的轴向距离称为螺距。同一条

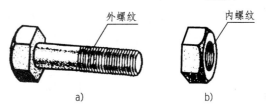

图 3-25 外螺纹与内螺纹

螺旋线上相邻两牙在中径线上对应两点间的轴向距离称为导程,如图 3-27 所示。线数 n、螺距 P、导程 P_n 的关系为:

$$P_n = nP$$

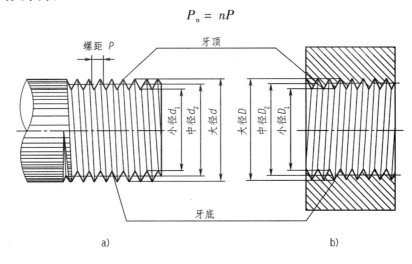

图 3-26 螺纹各部分的名称

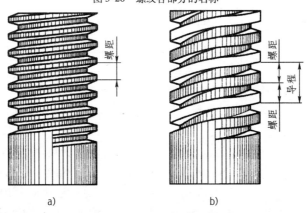

图 3-27 单线螺纹和双线螺纹

1.6.1.5 旋向。螺纹分左旋和右旋。判别方法是:把螺杆垂直放置,当螺旋线自左向右上升(即左低右高),则为右旋螺纹;反之就为左旋螺纹。如图 3-28 所示。

螺纹的牙型、大径、螺距、线数和旋向称为螺纹五要素,只有这五个要素都相同的外螺纹与内螺纹才能相互旋合。

1.6.2 螺纹的分类

1.6.2.1 按标准化程度分类。螺纹按其参数的标准化程度分为标准螺纹、特殊螺纹和非

标准螺纹。标准螺纹是指牙型、公称直径（大径）和螺距三个要素均符合国家标准的螺纹。只有牙型符合国家标准的螺纹称为特殊螺纹，凡牙型不符合国家标准化螺纹称为非标准的螺纹。

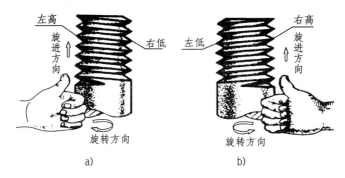

图3-28 螺纹旋向的判断
a）左旋；b）右旋

1.6.2.2 按螺纹的用途分类。螺纹根据其用途不同可分为连接螺纹（连接螺纹又分为粗牙普通螺纹、细牙普通螺纹和管螺纹）和传动螺纹（传动螺纹又分为梯形螺纹和矩形螺纹等）。常用螺纹的特征代号见表3-8。

常用螺纹特征代号及用途 表3-8

螺纹类别	螺纹特征代号		用途
普通螺纹（粗牙、细牙）	M		用于连接
非螺纹密封的管螺纹	G		用于管路连接
用螺纹密封的管螺纹	圆锥外螺纹	R	
	圆锥内螺纹	R_C	
	圆柱内螺纹	R_P	
梯形螺纹	T_r		用于传动
锯齿形螺纹	B		

1.6.3 螺纹的规定画法（GB 4459.1—95）

1.6.3.1 外螺纹的规定画法。外螺纹的牙顶用粗实线表示，牙底用细实线表示。在不反映圆的视图上，倒角（或倒圆）应画出，牙底的细实线应画入倒角，螺纹终止线用粗实线表示。在比例画法中螺纹小径可按大径的0.85倍绘制，螺尾部分一般不必画出。当需要表示时，该部分用轴线成30°的细实线画出。在反映圆的视图上，小径用弧长大约为3/4圆周的细实线圆弧表示，倒角圆不画，如图3-29所示。

1.6.3.2 内螺纹的规定画法。在不反映圆的视图中，当采用剖视图时，内螺纹的牙顶用粗实线表示，牙底用细实线表示。采用比例画法时，小径可按大径的0.85倍绘制。需要注意的是，内螺纹的公称直径也是大径。剖面线应

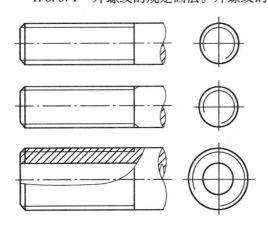

图3-29 外螺纹的规定画法

画到粗实线,螺纹终止线用粗实线绘制。若为盲孔,采用比例画法时,终止线到孔的末端的距离可按 0.5 倍大径绘制。在反映圆的视图中,大径用约 3/4 圆周的细实线圆弧绘制,倒角圆不画。当螺纹的投影不可见时,所有图线均为虚线。如图 3-30 所示。

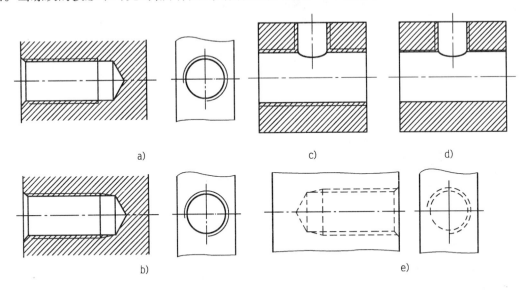

图 3-30 内螺纹的规定画法

1.6.3.3 内、外螺纹旋合的画法。在剖视图中,内、外螺纹的旋合部分应按外螺纹的规定画法绘制,其余不重合部分按各自原有的规定画法绘制。必须注意,表示内、外螺纹大径的细实线和粗实线,以及表示内、外螺纹小径的粗实线和细实线应分别对齐。在剖切平面通过螺纹轴线的剖视图中,实心螺杆按不剖绘制,如图 3-31 所示。

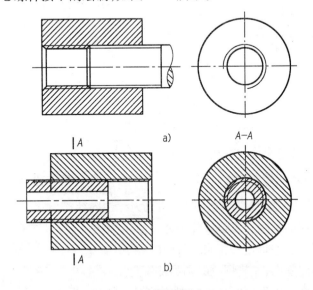

图 3-31 内、外螺纹旋合画法

1.6.3.4 牙型的表示法。螺纹牙型一般不在图形中表示,当需要表示螺纹牙形时,可按图 3-32 的形式绘制。

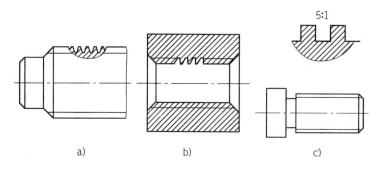

图 3-32　螺纹牙型的表示法
a) 局部视图；b) 全剖视图；c) 局部放大图

1.6.4　螺纹的标注方法

各种螺纹的尺寸标注如图 3-33 所示，螺纹标记要注在螺纹大径上，具体说明如下。

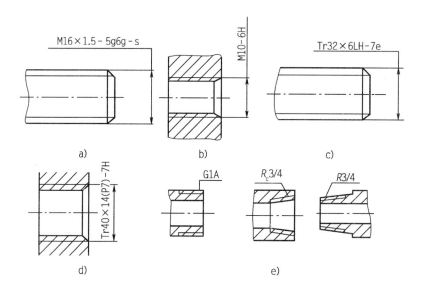

图 3-33　螺纹标注

1.6.4.1　普通螺纹及传动螺纹的标注：

粗牙：| M 公称直径 | 旋向 | - | 公差带代号 | - | 旋合长度代号 |

细牙：| M 公称直径 | × | 螺距 | 旋向 | - | 公差带代号 | - | 旋合长度代号 |

标注螺纹标记时，如符合下列情况，应省略有关标注内容：
(1) 粗牙普通螺纹的螺距和管螺纹每英寸牙数不标注；
(2) 如中径和顶径公差带代号相同，只标注一次；
(3) 右旋螺纹不注旋向，左旋螺纹必须另注字母"LH"；
(4) 螺纹旋合长度为中型(代号为 N)时不注，长型用 L 表示，短形用 S 表示。

1.6.4.2　梯形螺纹标注：

| Tr 公称直径 | × | 导程(螺距) | 旋向 | - | 公差带代号 | - | 旋合长度代号 |

1.6.4.3 管螺纹的标注：管螺纹分为"用螺纹密封的管螺纹"和"非螺纹密封的管螺纹"两种。管螺纹的尺寸指引线必须指向大径，其标记组成如下：

（1）用螺纹密封的管螺纹：

| 特征代号 | 尺寸代号 | – | 旋向代号 |

（2）非螺纹密封的管螺纹：

| 特征代号 | 尺寸代号 | 公差等级代号 | – | 旋向代号 |

需要注意的是管螺纹的尺寸代号是指管子的公称直径，并不是指螺纹大径，其大径和小径等参数可从有关手册中查出。

1.6.5 螺纹紧固件和螺纹连接的形式

1.6.5.1 螺纹紧固件。常用螺纹紧固件有螺栓、双头螺柱、螺钉、螺母和垫圈以及防松零件等，其品种和规格可由有关手册查得。常见螺纹紧固件的标记示例如表3-9所示。

常用螺纹紧固件的标记示例　　　　　　　　表3-9

序号	名称（标准号）	图例及规格尺寸	标 记 示 例
1	六角头螺栓—A和B级（GB 5782—2000）	M8, 40	螺纹规格d = M8、公称长度l = 40mm、性能等级为8.8级、表面氧化、A级的六角头螺栓： 螺栓 GB 5782—2000 M8×40
2	双头螺柱b_m = 1d（GB 897—1988）	M8, 35	两端均为粗牙普通螺纹，d = 8mm、l = 35mm、性能等级为4.8级、不经表面处理、B型、b_m = 1d的双头螺柱： 螺柱 GB 897—1988 M8×35
3	1型六角螺母—A和B级（GB 6170—2000）	M8	螺纹规格D = M8、性能等级为10级、不经表面处理、A级的1型六角螺母： 螺母 GB 6170—2000 M8
4	平垫圈—A级（GB 97.1—2002）	公称尺寸8mm*	标准系列、公称尺寸d = 8mm、性能等级为140HV级、不经表面处理的平垫圈： 垫圈 GB 97.1—2002 8-140HV

续上表

序号	名称(标准号)	图例及规格尺寸	标 记 示 例
5	标准型弹簧垫圈 (GB 93—1987) 	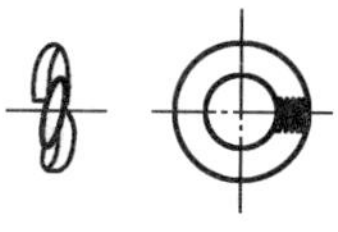 规格 8mm*	规格 8mm、材料为 65Mn、表面氧化的标准型弹簧垫圈： 垫圈 GB 93—1987　8
6	开槽盘头螺钉 (GB 67—2000) 	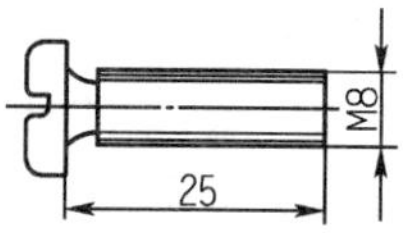 M8　25	螺纹规格 d = M8、公称长度 l = 25mm、性能等级为 4.8 级、不经表面处理的开槽盘头螺钉： 螺钉 GB 67—2000 M8×25
7	开槽沉头螺钉 (GB 68—2000) 	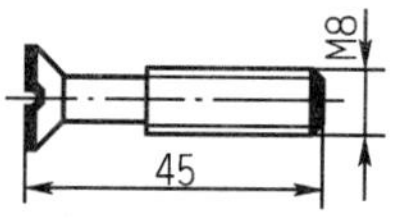 M8　45	螺纹规格 d = M8、公称长度 l = 45mm、性能等级为 4.8 级、不经表面处理的开槽沉头螺钉： 螺钉 GB 68—2000 M8×45
8	内六角圆柱头螺钉 (GB 70—2000) 	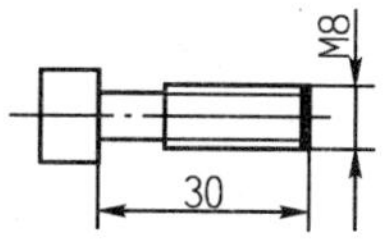 M8　30	螺纹规格 d = M8、公称长度 l = 30mm、性能等级为 8.8 级、表面氧化的内六角圆柱头螺钉： 螺钉 GB 70—2000 M8×30
9	开槽锥端紧定螺钉 (GB 71—1985) 	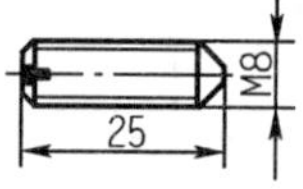 M8　25	螺纹规格 d = M8、公称长度 l = 25mm、性能等级为 14H 级、表面氧化的开槽锥端紧定螺钉： 螺钉 GB 71—1985 M8×25

　　紧固件的画法一般采用比例画法绘制。所谓比例画法就是以螺栓上螺纹的公称直径(d、D)为基准，其余各部分的尺寸均按与公称直径成一定比例的关系绘制，如图 3-34 所示。

　　在装配图中，螺栓连接也可采用图 3-35 所示的简化画法。

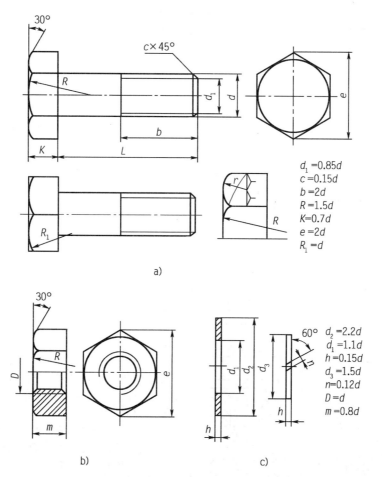

图 3-34 螺栓、螺母、垫圈的比例画法
a)六角头螺栓的比例画法；b)六角螺母的比例画法；c)垫圈的比例画法

表 3-10 所示为螺纹紧固件连接的画法。

画螺纹紧固件的装配图时，应遵守下述基本规定：

(1) 两零件接触表面画一条线，不接触表面画两条线。

(2) 两零件邻接时，不同零件的剖面线方向应相反，或者方向一致、间隔不等。

(3) 对于紧固件和实心零件（如螺钉、螺栓、螺母、垫圈、键、销、球及轴等），若剖切平面通过它们的基本轴线时，则这些零件都按不剖绘制，仍画外形；需要时，可采用局部剖视。

1.6.5.2 螺纹连接的基本类型。螺纹连接的基本类型有四种，即螺栓连接、双头螺柱连接、螺钉连接和紧定螺钉连接。

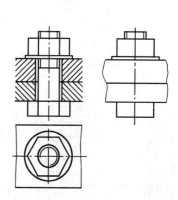

图 3-35 简化画法

(1) 螺栓连接。螺栓用于被连接零件允许钻成通孔的情况，它又可以分成以下两种情况：

① 普通螺栓连接。如图 3-36a)所示，其特点是螺栓杆与螺孔之间有间隙，这种连接装拆方便，应用最广泛。

常用螺纹紧固件连接画法示例 表 3-10

连接类型	画法示例	简化画法示例	说 明
螺栓联接			
螺柱联接	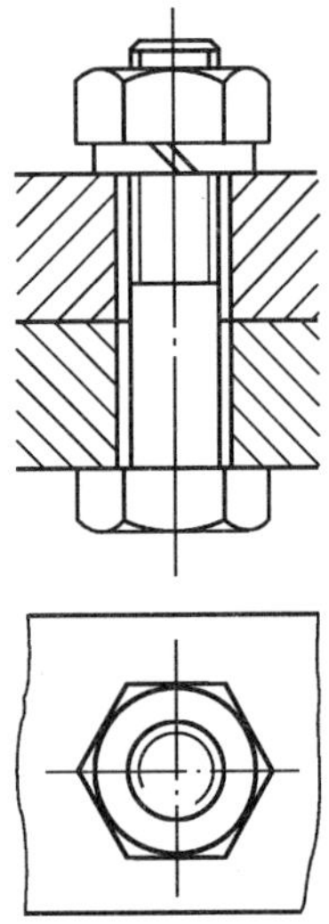	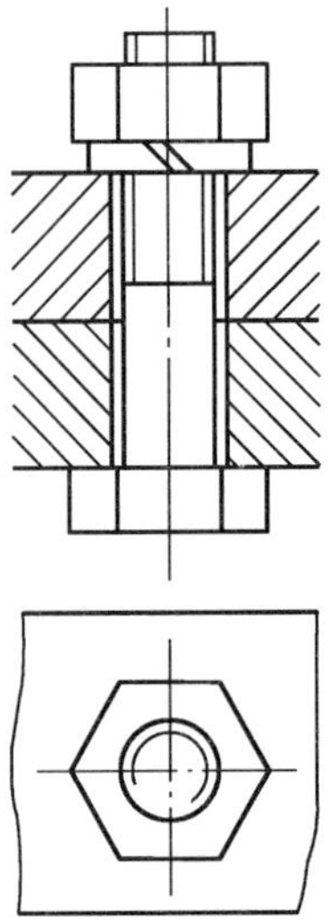	(1)在装配图中,当剖切平面通过螺杆的轴线时,对于螺柱、螺栓、螺钉、螺母及垫圈等均按未剖切绘制 (2)螺纹紧固件的工艺结构,如倒角、退刀槽、缩颈、凸肩等均可省略不画 (3)在装配图中,不穿通的螺纹孔可不画出钻孔深度,仅按有效螺纹部分的深度(不包括螺尾)画出 (4)螺钉连接图中,螺钉头部上的槽口,在轴线垂直的投影图上规定画成与水平方向成45°。当槽口较小时,允许涂黑表示
螺钉联接			

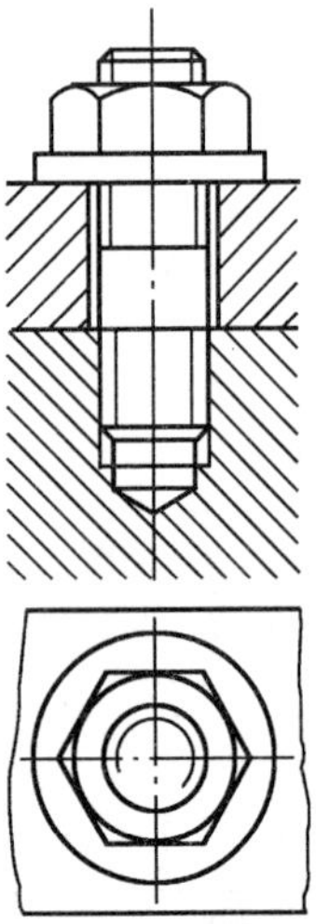

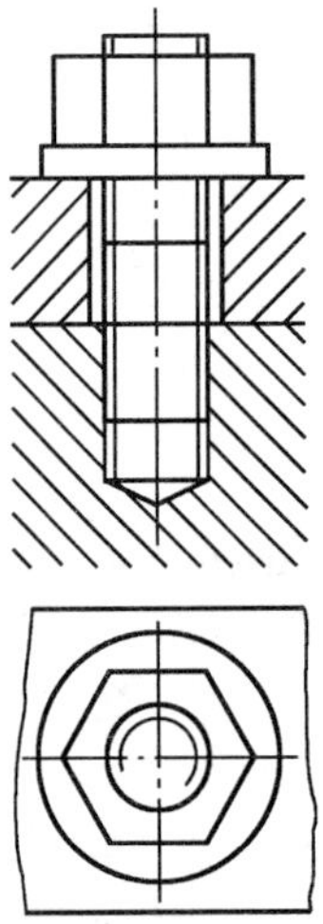

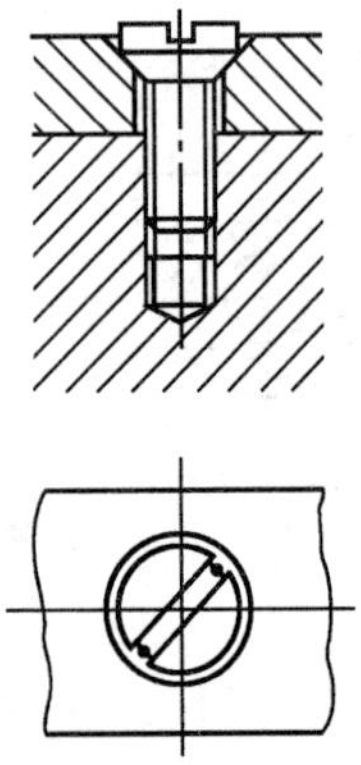

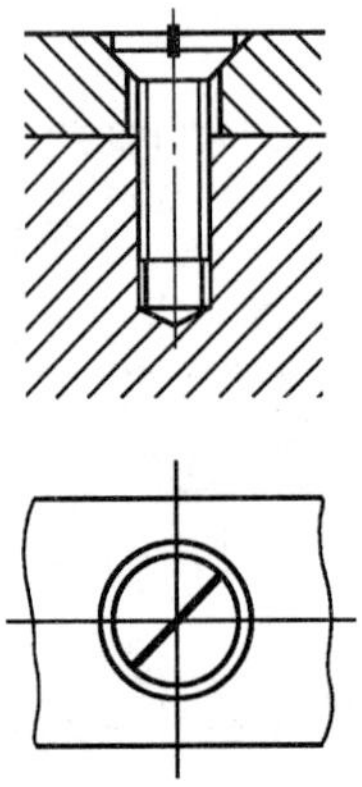

②铰制孔螺栓连接。如图3-36b)所示,其特点是螺栓杆与螺孔之间没有间隙,能承受与螺栓轴线方向相垂直的横向载荷并起定位作用。如EQ6100-1型汽油机连杆螺栓就是这种形式,目的是保证连杆大头内孔的正确形状。

(2)双头螺柱螺栓连接。如图3-36c)所示。螺柱两头都制有螺纹,一头与螺母配合,另一头与被连接件配合。双头螺柱用于被连接零件之一较厚或不允许钻成通孔的情况。

(3)螺钉连接。如图3-36d)所示。在这种连接中只有螺钉,直接拧入被连接件体内的螺纹孔中,其结构简单,但不宜经常拆装,以免损坏螺纹孔。

(4)紧定螺钉连接。如图3-36e)所示,紧定螺钉旋入机件的螺纹孔内,其末端顶住另一零件的表面或顶入相应的坑内,以固定两零件的相对位置,可以传递不大的力或力矩。

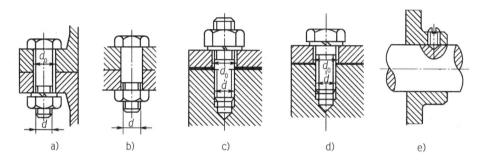

图3-36 螺纹连接

1.6.6 螺纹连接的预紧与防松

螺栓装配时一般都需要拧紧螺母,称为预紧。预紧的目的是为了防止螺栓连接出现缝隙和滑移,以保证连接的紧密性和可靠性。

一般情况下,拧紧力矩 T 与螺栓轴向预紧力 F_0 之间的关系为:

$$T \approx 0.2 F_0 d \quad (\text{N} \cdot \text{mm})$$

式中:d——螺纹大径,单位为 mm。

通常拧紧力矩由操作者手感确定,对于重要的连接,需用测力矩扳手或定力矩扳手来控制其大小,如图3-37所示。

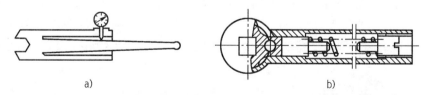

图3-37 力矩扳手
a)指针式测力扳手;b)预置式定力扳手

螺纹连接一般采用三角螺纹,其升角 λ 为 $1.5° \sim 3.5°$,具有自锁性能,在静载荷下不会自行松开。但在冲击、振动和变载荷下,摩擦力会瞬时减小或消失,连接上有可能松开,因此必须考虑防松措施。

防松即防止螺旋副的相对转动。常用的防松办法有摩擦防松和机械防松等。

1.6.6.1 摩擦防松。 使螺旋副中有不随连接载荷而变的压力,始终有摩擦力矩防止其相对转动。举例如下:

(1) 双螺母。如图 3-38 所示,双螺母对顶拧紧,使上、下螺母的螺纹与螺栓的螺纹互相压紧,从而防止连接松开。

(2) 弹簧垫圈。如图 3-39 所示,利用拧紧螺母时,弹簧垫圈被压平后的弹性力使螺旋副压紧,从而防止连接松开。

1.6.6.2 机械防松。机械防松是用金属元件锁住螺旋副不使其相对转动。举例如下:

(1) 槽型螺母与开口销。如图 3-40 所示,拧紧螺母后将开口销穿过槽形螺母上的槽和螺栓末端上的孔,从而锁住螺母,达到防松目的。

(2) 圆螺母与带翅垫片。如图 3-41 所示,将带翅垫片的内翅嵌入螺栓(轴)的槽内,将垫片的外翅之一褶嵌于圆螺母的一个槽内,从而锁住螺母,达到防松目的。

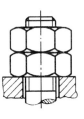
图 3-38 双螺母防松

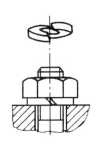
图 3-39 弹簧垫圈防松

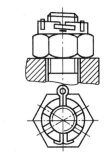
图 3-40 槽型螺母与开口销防松

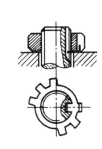
图 3-41 带翅垫片防松

1.7 键

键主要用于轴与轴上零件(如齿轮、皮带轮等)之间的连接,其作用是实现轴与轴上零件的周向固定,并传递扭矩(也称为转矩)。如图 3-42 所示,将键嵌入轴上的键槽中,再把齿轮装在轴上,当轴转动时,通过键的连接,齿轮也将与轴同步转动,达到传递动力的目的。

1.7.1 常用的几种键

常用的键有平键(包括普通平键和导向平键)、半圆键和钩头楔键、花键等。

1.7.2 键连接的画法及尺寸标注

1.7.2.1 普通平键连接画法。普通平键又有 A 型、B 型和 C 型三种,如图 3-43 所示;导向平键是用螺钉固定在轴上,键与轴上零件的键槽之间是间隙配合,轮毂能沿轴向移动,如图 3-44 所示。平键的两个侧面是其工作表面。轴和轮毂上键的表示方法及尺寸标注如图 3-45

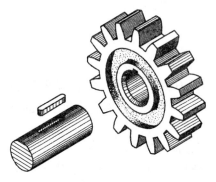
图 3-42 键连接

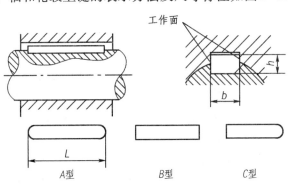
图 3-43 键的三种类型

所示。轴上的键槽若在前面,局部视图可以省略不画,键槽在上面时,键槽和外圆柱面产生的截交线可用柱面的转向轮廓线代替。

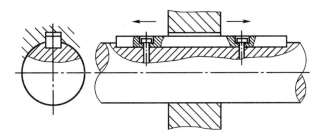

图 3-44 导向平键的固定方式

在装配图上,键连接的画法如图 3-45 所示。因为键是实心零件,所以当平行于键的长度方向剖切时,键按不剖绘制;但当垂直于键的长度方向剖切时,键按剖视绘制。键的上表面和轮毂上键槽的底面为非接触面,所以应画两条直线。轮毂、轴和键的剖面线的方向要遵守装配图中剖面线的规定画法。

1.7.2.2 半圆键连接画法。半圆键连接常用于载荷不大的传动轴上,其工作原理和画法与普通平键相似,键槽的表示方法和装配画法如图 3-46 所示。

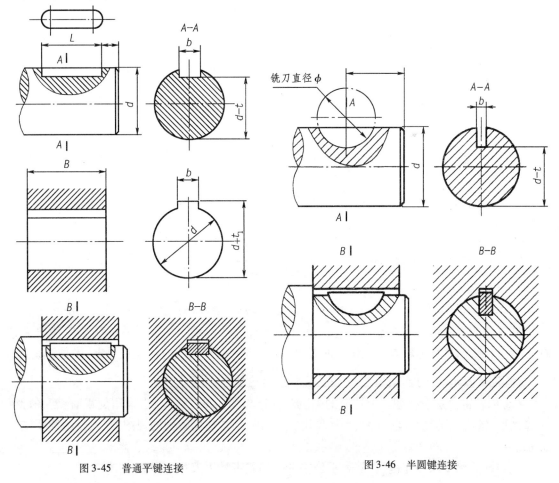

图 3-45 普通平键连接　　　　　图 3-46 半圆键连接

1.7.2.3 钩头楔键连接画法。钩头楔键的上顶面有1:100的斜度,装配时将键沿轴向嵌入键槽内,依靠键的上、下表面将轴和轮毂连接在一起,键的侧面为非工作面,其装配图的画法如图3-47所示。

1.7.2.4 花键连接。当传递的载荷较大时,需采用花键连接。花键连接是由带有多个键齿的花键轴和带键槽的轮毂所组成,如图3-48所示为应用较广泛的矩形花键。按照花键的齿形不同,除有矩形花键外,还有渐开线形、三角形等,本书主要介绍矩形花键连接的画法和标记。

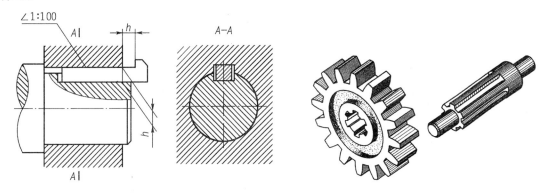

图3-47 钩头键连接　　　　　　　　图3-48 矩形花键

(1)花键轴(外花键)的画法和标记。和外螺纹画法相似,大径用粗实线绘制,小径用细实线表示。当采用剖视时,若平行于键齿剖切,键齿按不剖绘制,且大小径用粗实线画出。在反映圆的视图上,小径用细实线圆表示。外花键的画法和标注见图3-49。

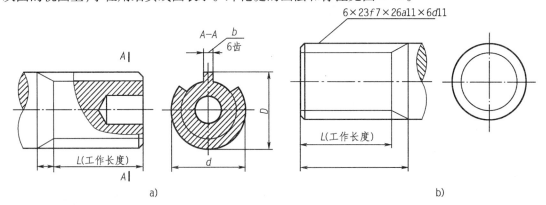

图3-49 外花键的画法和标注

外花键的标注可采用一般尺寸标注法和代号标注法两种。一般尺寸标注法应注出大径 D、小径 d、键宽 B(及齿数 N)、工作长度 L;用代号标注时,指引线应从大径引出,代号组成为:

齿数 × 小径 × 小径公差带 × 大径 × 大径公差带 × 齿宽公差带

(2)内花键画法及标记。内花键的画法及标记如图3-50所示。当采用剖视时,若平行于键齿剖切,键齿按不剖绘制,且大、小径均用粗实线绘制。在反映圆的视图上,大径用细实线圆表示。

内花键的标记同外花键,只是表示公差带的偏差带号用大写字母表示。

单元三　汽车典型零件

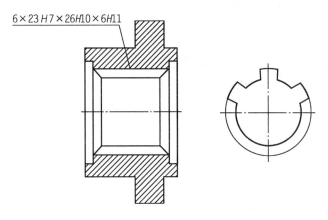

图 3-50　内花键的画法和标注

(3)矩形花键的连接画法。与螺纹连接画法相似,花键连接的画法为:公共部分按外花键绘制,不重合部分按各自的规定画法绘制。如图 3-51 所示。

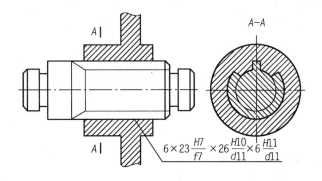

图 3-51　花键连接的画法和代号标注

1.7.3　普通平键的尺寸和工作分析

普通平键的尺寸已经标准化,其剖面尺寸($b \times h$)大小应按轴的直径选取,键的长度应略小于轴上零件的宽度,见表 3-11。

平键连接工作时的受力情况如图 3-52 所示,称为剪切。此时键的变形为剪切变形和工作面的挤压变形。工作时的主要失效形式是工作表面的压溃,因此应进行挤压强度校核,其公式略。

1.8　滚动轴承

滚动轴承是支持转动轴的标准部件,由专业厂家生产。

1.8.1　滚动轴承的结构和类型

滚动轴承的基本结构一般由四部分组成,如图 3-53 所示。

外圈——装在机体或轴承座内,一般固定不动或偶作少许转动。

内圈——装在轴上,与轴紧密配合在一起。

滚动体——装在内、外圈之间的滚道中,起到传递载荷的作用。

常用的滚动体形状如图 3-54 所示,有球形、短圆柱滚子,长圆柱滚子、空心螺旋滚子、圆锥滚子、鼓形滚子和滚针等。

平键和键槽的尺寸(GB 1095—1979)(单位:mm)　　表3-11

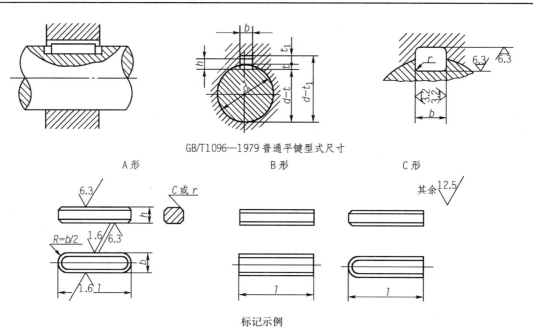

GB/T1096—1979普通平键型式尺寸

标记示例

平头普通平键、B形、$b=16mm$、$h=10mm$、$L=100mm$;键 B16×100 GB/T 1096(单位:mm)

轴的公称直径 d	键的公称尺寸 $b \times h$	键槽宽度尺寸 b	轴上键槽深度 t	毂上键槽深度 t_1
自6~8	2×2	2	1.2	1
>8~10	3×3	3	1.8	1.4
>10~12	4×4	4	2.5	1.8
>12~17	5×5	5	3.0	2.3
>17~22	6×6	6	3.5	2.8
>22~30	8×7	8	4.0	3.3
>30~38	10×8	10	5.0	3.3
>38~44	12×8	12	5.0	3.3
>44~50	14×9	14	5.5	3.8
>50~58	16×10	16	6.0	4.3
>58~65	18×11	18	7.0	4.4
>65~75	20×12	20	7.5	4.9
>75~85	22×14	22	9.0	5.4
>85~95	25×14	25	9.0	5.4
>95~110	28×16	28	10.0	6.4

键的长度系列:6,8,10,12,14,16,18,20,22,25,28,32,36,40,45,50,56,63,70,80,90,100,110,125,140,160,180,200,220,250,280,320,360

单元三 汽车典型零件

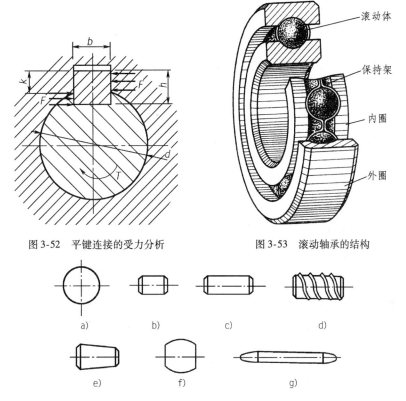

图 3-52 平键连接的受力分析　　图 3-53 滚动轴承的结构

图 3-54 滚动体

保持架——用以均匀分隔滚动体,防止它们相互之间发生摩擦和碰撞,并改善轴承内部的负荷分配。

按承受载荷的方向,滚动轴承的类型可分为下述二类:

向心轴承——只能或主要承受径向载荷,如深沟球轴承;

推力轴承——只承受轴向载荷,如推力球轴承。

常用滚动轴承的类型、性能和特点见表 3-12。

常用滚动轴承的类型、主要性能和特点　　　　　　　　　　表 3-12

轴承类型	类型代号	简　图	承载方向	主要性能及应用	标　准　号
双列角接触球轴承	0	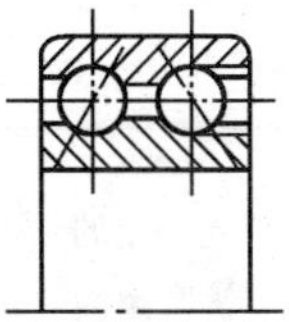	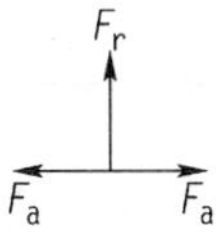 F_r　F_a　F_a	具有相当于一对角接触球轴承背靠背安装的特性	GB/T 296—1994
调心球轴承	1	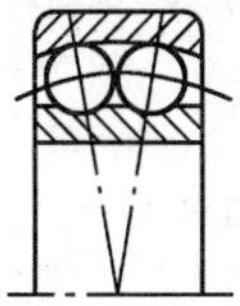	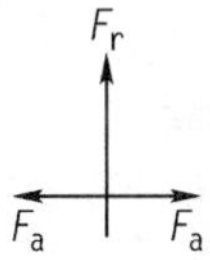 F_r　F_a　F_a	主要承受径向载荷,也可以承受不大的轴向载荷;能自动调心,允许角偏差 <2°~3°;适用于多支点传动轴、刚性较小的轴以及难以对中的轴	GB/T 281—2013

145

续上表

轴承类型	类型代号	简图	承载方向	主要性能及应用	标准号
调心滚子轴承	2		F_r↑ F_a←→F_a	与调心球轴承特性基本相同,允许角偏差 <1°~2.5°,承载能力比前者大;常用于其他种类轴承不能胜任的重载情况,如轧钢机、大功率减速器、吊车车轮等	GB/T 288—1994
推力调心滚子轴承	2		F_r↑ F_a← ↓F_a	主要承受轴向载荷;承载能力比推力球轴承大得多,并能承受一定的径向载荷;能自动调心,允许角偏差 <2°~3°;极限转速较推力球轴承高;适用于重型机床、大型立式电动机轴的支撑等	GB/T 5859—2008
圆锥滚子轴承	3		F_r↑ ↓F_a	可同时承受径向载荷和单向轴向载荷,承载能力高;内、外圆可以分离,轴向和径向间隙容易调整;常用于斜齿轮轴、锥齿轮轴和蜗杆减速器轴以及机床主轴的支撑等;允许角偏差 2°,一般成对使用	GB/T 297—1994
双列深沟球轴承	4		F_r↑ F_a←→F_a	除了具有深沟球轴承的特性,还具有承受双向载荷更大、刚性更大的特性,可用于比深沟球轴承要求更高的场合	GB/T 296—1994
推力球轴承	5		↓F_a	只能承受轴向载荷,51000 用于承受单向轴向载荷,52000 用于承受双向轴向载荷;不宜在高速下工作,常用于起重机吊钩、蜗杆轴和立式车床主轴的支撑等	GB/T 301—1995
双向推力球轴承	5		↑F_a ↓F_a		
深沟球轴承	6		F_r↑ F_a←→F_a	主要承受径向载荷,也能承受一定的轴向载荷;极限转速较高,当量摩擦因数量小;高转速时可用来承受不大的纯轴向载荷;允许角偏差 <2′~10′;承受冲击能力差;适用于刚性较大的轴,常用于机床齿轮箱、小功率电机等	GB/T 276—1994

续上表

轴承类型	类型代号	简　图	承载方向	主要性能及应用	标　准　号
角接触球轴承	7		F_r ↑ ← F_a	可承受径向和单向轴向载荷；接触角 α 越大，承受轴向载荷的能力也越大，通常应成对使用；高速时用它代替推力球轴承较好；适用于刚性较大、跨距较小的轴，如斜齿轮减速器和蜗杆减速器中轴的支撑等；允许角偏差 $<2'\sim10'$	GB/T 292—2007
推力圆柱滚子轴承	8		↓ F_a	只能承受单向轴向载荷，承载能力比推力球轴承大得多，不允许有角偏差，常用于承受轴向载荷大而又不需调心的场合	GB/T 4663—1994
圆柱滚子轴承（外圈无挡边）	N		F_r ↑	内、外圈可以分离，内、外圈允许少量轴向移动，允许角偏差很小，$<2'\sim4'$；能承受较大的冲击载荷；承载能力比深沟球轴承大；适用于刚性较大、对中良好的轴，常用于大功率电机、人字齿轮减速器	GB/T 283—2007

1.8.2　滚动轴承的画法

GB/T 4459.7—1988 对滚动轴承的画法作了统一规定，有简化画法和规定画法之分。其中简化画法又分为通用画法和特征画法两种。

1.8.2.1　简化画法。 用简化画法绘制滚动轴承时可采用通用画法或特征画法，但在同一图样中一般只采用其中一种画法。

（1）通用画法。其特点是在剖视图中，当不需要确切地表示滚动轴承的外形轮廓、载荷特性、结构特征时，可用矩形线框及位于线框中央的正立十字形符号表示。矩形线框及十字形符号均用实线绘制，十字线符号不应与矩形线框接触，通用画法应绘制在轴的两侧。通用画法的尺寸比例示例见表 3-13。

通用画法的尺寸比例示例　　　　　表 3-13

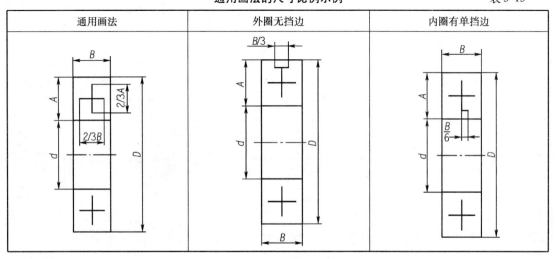

（2）特征画法。在剖视图中,如需比较形象地表示滚动轴承的结构特征时,可采用在矩形线框内画出其结构要素符号的方法表示。结构要素符号由长粗实线(或长粗圆弧线)和短粗实线组成。长粗实线表示滚动体的滚动轴线;长粗圆弧线表示可调心轴承的调心表面或滚动体滚动轴线的包络线;短粗实线表示滚动体的列数和位置。短粗实线和长粗实线(或长粗圆弧线)相交成90°(或相交于法线方向),并通过滚动体的中心。特征画法的矩形线框用粗实线绘制,在垂直于滚动轴承轴线的投影面上,无论滚动体形状(球、柱、针等)及尺寸如何,均可按图3-55的方法绘图。

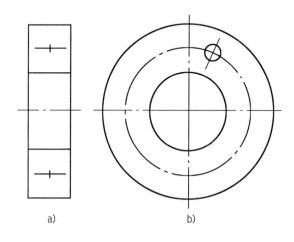

图3-55 深沟球轴承的特征画法

常用滚动轴承的特征画法的尺寸比例示例见表3-14。

特征画法及规定画法的尺寸比例示例 表3-14

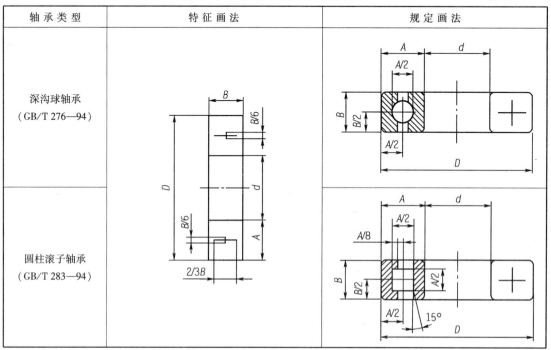

续上表

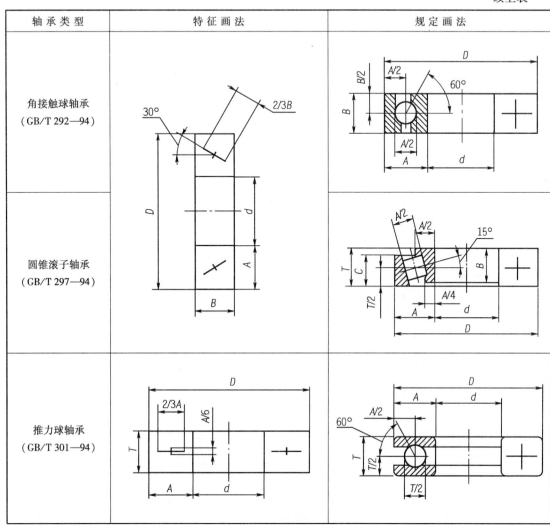

1.8.2.2 规定画法。规定画法的特点是:绘制滚动轴承的轴向剖视图时,轴承的滚动体不画剖面线;其内、外套圈都必须画出剖面线,且剖面线的方向和间隔相同;滚动轴承的保持架及倒角等可省略不画。

规定画法中,各种符号、矩形线框和轮廓线均采用粗实线绘制,其尺寸比例示例见表 3-14。

在滚动轴承的产品图样、产品样本、产品标准、用户手册和使用说明书中可采用规定画法。

有时也可同时采用规定画法和通用画法,即在轴的一侧按规定画法绘制,另一侧按通用画法绘制。如图 3-56 所示,在装配图中,滚动轴承的画法如图 3-57 所示。

1.8.3 *滚动轴承的代号方法(GB/T 272—93)*

滚动轴承的代号由基本代号、前置代号和后置代号组成,参见表 3-15,其排列如下:

　　　　　　 前置代号 　基本代号 　后置代号
　　　　　　　00 　　02 　22 　03 　23 　04
　　　　　　 特轻 　轻窄 　轻宽 　中窄 　中宽 　重窄

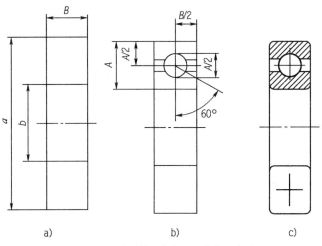

图 3-56　深沟球轴承规定画法的作图步骤

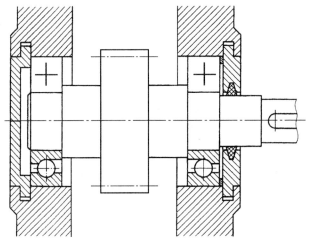

图 3-57　滚动轴承在装配图中的画法

滚动轴承的代号　　　　　　　　　　　　　　　　　　表 3-15

前置代号	基本代号				后置代号
字母	类型代号	宽度代号	直径系列代号	内径代号	字母符号,数字
	数字或字母	一位数字	一位数字	二位数字	

1.8.3.1　基本代号。基本代号表示滚动轴承的基本类型、结构和尺寸,是滚动轴承代号的基础。滚动轴承(除滚针轴承外)基本代号按顺序由轴承类型代号、尺寸系列代号、内径代号三部分构成。

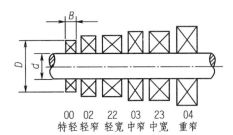

图 3-58　轴承尺寸系列代号及结构

(1)类型代号。类型代号用数字或字母表示,其含义见表 3-12。

(2)尺寸系列代号。尺寸代号由滚动轴承的宽(高)度系列代号和直径系列代号两部分组合而成,用以表示内径相同轴承,可以具有不同的宽度和外径,如图 3-58 所示。

①宽度系列代号的数字及其意义：

代号	0	1	2	3	4	5	6	7	8	9
意义	窄	正常	宽	特宽	特宽$_4$	特宽$_5$	特宽$_6$	特低	特窄	低

注：0（窄）宽度系列代号通常省略不标注。

②直径系列代号的数字及意义为：

代号	0	1	2	3	4	5	6	7	8	9
意义	特轻	特轻	轻	中	重	特重	特重	超特轻	超轻	超轻

在图3-58中，尺寸系列代号02的宽度系列为0（窄）、直径系列为2（轻），读作02（轻窄）系列；尺寸系列代号22的宽度系列为2（宽）、直径系列为2（轻），读作22（轻宽）系列，其余类同。

（3）内径代号。表示轴承的公称内径，见表3-16。

滚动轴承内径代号及其示例 表3-16

轴承公称内径（mm）	内 径 代 号	示　例
0.6到10（非整数）	用公称内径毫米数直接表示，在其与尺寸系列代号之间用"/"分开	深沟球轴承 618/2.5 $d=2.5$mm
1到9（整数）	用公称内径毫米数直接表示，对深沟及角接触球轴承7,8,9直径系列，内径与尺寸系列代号之间用"/"分开	深沟球轴承 625 618/5 $d=5$mm
10到17	10　　00 12　　01 15　　02 17　　03	深沟球轴承 6200 $d=10$mm
20到480（22,28,32除外）	公称内径除以5的商数，商数为个位数，需在商数左边加"0"，如08	调心滚子轴承 23208 $d=40$mm
大于和等于500以及22,28,32	用公称内径毫米数直接表示，但在与尺寸系列之间用"/"分开	调心滚子轴承 230/500 $d=500$ mm 深沟球轴承 62/22 $d=22$ mm

注：调心滚子轴承23224,2——类型代号；32——尺寸系列代号；24——内径代号；$d=120$mm。

现举例说明轴承基本代号的意义如下：

例3-1　解释轴承代号6204的含义。

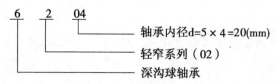

例3-2　解释轴承代号N2210的含义。

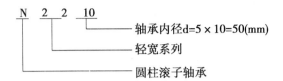

1.8.3.2 前置代号。 前置代号用字母表示,是用以说明成套轴承的分部件的特点的补充代号。例如,K 表示滚子和保持架组件;L 表示可分离轴承的内圈或外圈;R 表示不带可分离内圈或外圈的轴承;WS 表示推力圆柱滚子轴承轴圈;GS 表示推力圆柱滚子轴承座圈。

一般常用的滚动轴承不用前置代号。

1.8.3.3 后置代号。 后置代号为字母(或字母加数字),是用来表示轴承在结构形状、公差等级以及材料要求等方面的情况,常用的有以下几种:

(1)表示内部结构的代号。例如角接触球轴承的公称接触角 α 有 15°、25°和 40°三种情况,分别用字母 C、CA 和 B 表示。

(2)表示轴承的公差等级的代号。轴承的公差等级有 0 级、6 级和 6x 级、5 级、4 级、2 级共六个等级,代号分别为:/P0、/P6 和/P6x、/P5、/P4、/P2,其精度依次提高。0 级为普通级,可省略不标注;6x 级只适用于圆锥滚子轴承。

(3)表示轴承游隙的代号。常用轴承的径向游隙系列分为 1 组、2 组、0 组、3 组、4 组、5 组,径向游隙依次增大。0 组为基本游隙组,可以不标注,其余组别的代号分别为/C1、/C2、/C3、/C4 和/C5。

后置代号的其他内容可参见 GB/T 272—1993。

1.8.4 滚动轴承的失效形式和材料

滚动轴承失效形式主要有:疲劳点蚀、塑性变形、磨损等。

1.8.4.1 疲劳点蚀。 如图 3-59 所示,在径向载荷 F_r 的作用下,由于各元件的弹性变形使轴承内圈沿 F_r 的作用方向下移一段微小距离,所以轴承上半圈滚动体不承受载荷,下半圈滚动体各自承受大小不等的载荷,处于最下方的滚动体所受载荷最大。由此可见,轴承工作时各元件上所受的载荷是随时间变化的,这种随时间变化的载荷称为交变载荷。在交变载荷作用下,元件内部所产生的应力称为交变应力。在交变载荷长期作用下,元件表面将出现疲劳点蚀。

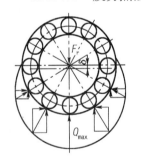

图 3-59 滚动轴承的受力分析

1.8.4.2 塑性变形。 对于转速很低($n<10$r/min)或偶尔转动轴承,一般不会发生疲劳点蚀。但在很大的静载荷或冲击载荷的作用下,若出现元件工作表面的局部应力超过材料的屈服极限时,则会使元件表面出现塑性变形——不均匀的凹坑,导致轴承丧失工作能力。

1.8.4.3 磨损。 当轴承处于润滑不良、密封不好、配合不当、安装不正确等情况下,很容易出现过度磨损,从而使轴承旋转精度降低、噪声增大,导致轴承失效。

1.8.4.4 轴承所用的材料。 滚动轴承内、外圈和滚动体一般采用 GCr15、GCr15SiMn 等铬轴承钢制造,淬火硬度达到 HRC61~65;保持架多用低碳钢冲压制造,也可用黄铜或塑料等材料制造。

1.8.5 滚动轴承的轴向固定

1.8.5.1 轴承内圈的轴向固定常常采用如图3-60所示的几种方式。

图3-60a)是利用轴肩作单向固定,它只能承受单向的轴向力;

图3-60b)是利用轴肩和弹性挡圈(嵌入轴上的槽内)作双向固定;

图3-60c)是利用轴肩和轴端挡圈(固定在轴的端部)作双向固定;

图3-60d)是利用轴肩和圆螺母作双向固定。

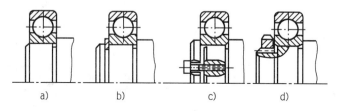

图3-60 轴承内圈的轴向固定

1.8.5.2 轴承外圈的轴向固定常常采用图3-61所示的几种方式。

图3-61a)是利用轴承盖作单向固定;

图3-61b)是利用轴承盖和凸肩作双向固定;

图3-61c)是利用凸肩和孔用弹性挡圈(嵌入轴承孔的内槽)作双向固定。

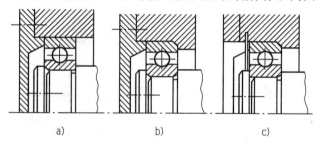

图3-61 轴承外圈的轴向固定

1.8.6 轴承支承的结构形式

1.8.6.1 两端单向固定。如图3-62所示,每个轴承都靠轴肩和轴承盖作单向固定,两个轴承的作用综合起来限制了轴的轴向移动。考虑到轴在工作时有少量的热膨胀,在一端轴承的外圈端面与轴承盖之间留有间隙 $c = 0.25 \sim 0.4 \text{mm}$,间隙的大小可通过调整垫片的厚度来实现。

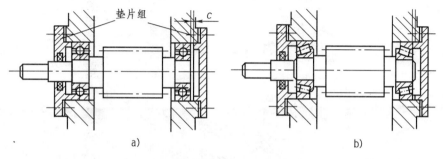

图3-62 两端单向固定支撑

1.8.6.2 一端双向固定、另一端游动。如图3-63所示,一端轴承的内、外圈作双向固定,限制了轴的双向移动。另一端轴承的外圈两侧均不固定(游动),游动轴承与轴承盖之间留有足够大的间隙,一般为 $c = 3 \sim 8mm$。

对于角接触轴承(或圆锥滚子轴承),可把两个角接触轴承装在轴的一端作双向固定,另一端采用深球轴承或圆柱滚子轴承作游动支撑,如图 3-63b)。这种结构适合于轴比较长或温度变化较大的场合。

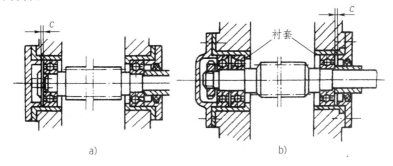

图 3-63　一端固定、一端游动

1.8.7　滚动轴承支撑结构的调整

1.8.7.1　轴承间隙的调整。

(1)调整垫片:通过增加或减少轴承盖与箱体间的垫片厚度进行调整,如图 3-64a);
(2)调整螺钉:利用调整螺钉移动压盖进行调整,如图 3-64b);
(3)调整端盖:利用调整端盖与座孔内的螺纹连接进行调整如图 3-64c)。

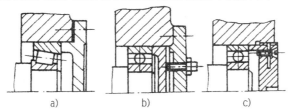

图 3-64　轴承间隙调整

1.8.7.2　轴的轴向位置调整。

为了保证机器的正常工作,装配时轴上零件必须有准确的位置。图 3-65 中,由两组垫片 1、2 分别调整圆锥齿轮轴的轴向位置和轴承的内部间隙。

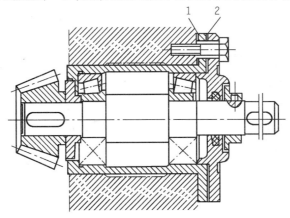

图 3-65　利用两组垫片调整轴的位置和轴承内部间隙

1.8.8 滚动轴承的装拆

为了不损伤轴承的精度,将轴承打入或压入轴颈时,应施力于轴承的内圈如图3-66a)、b);当轴承内圈与轴颈之间的过盈量过大时,可用热油预热轴承或用干冰冷却轴颈后再进行装配。

拆卸轴承时,应该采用专用的工具,如图3-66c)。

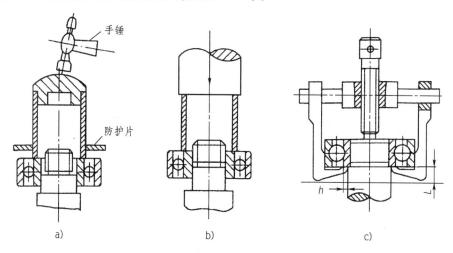

图3-66 轴承的安装与拆卸

1.9 弹簧

1.9.1 概述

弹簧是一种常用的弹性元件,其主要功用有:

(1)减振:如车辆悬架中的各种弹簧。

(2)夹紧:如在凸轮机构中,利用弹簧使从动件与凸轮保持接触,从而实现凸轮对从动件的控制。

(3)其他:弹簧还可用来储存能量(如钟表弹簧)和测量载荷(如弹簧称)。

弹簧的种类很多,如图3-67所示。按其承受载荷的情况可分为拉伸弹簧、压缩弹簧、扭转弹簧、弯曲弹簧;按其形状,又可分为螺旋弹簧、板弹簧、环形弹簧、碟形弹簧、盘簧、成形弹簧等。

1.9.2 弹簧的画法

1.9.2.1 螺旋弹簧的规定画法。
螺旋弹簧可以画成视图、剖视图或示意图,如表3-17所示。画图时应注意以下几点:

(1)在平行于轴线的投影面上的视图中,其各圈的外形轮廓应画成直线;

(2)有效圈数在四圈以上的螺旋弹簧,允许每端只画两圈(支撑圈除外),中间各圈要省略不画,而只画出通过簧丝断面中心的两条点画线,并可适当缩短整个图形的长度;

(3)右旋弹簧在图上应画成右旋;左旋弹簧既可画成左旋,也可画成右旋,但一律要注写旋向"左"字;

(4)示意图中标注的符号"Φ"或"□",表示簧丝的断面形状是圆形或矩形。

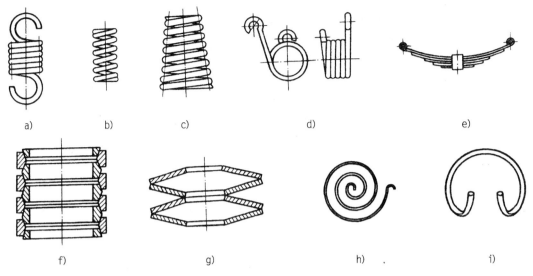

图 3-67 弹簧的种类

螺旋压缩弹簧的画法 表 3-17

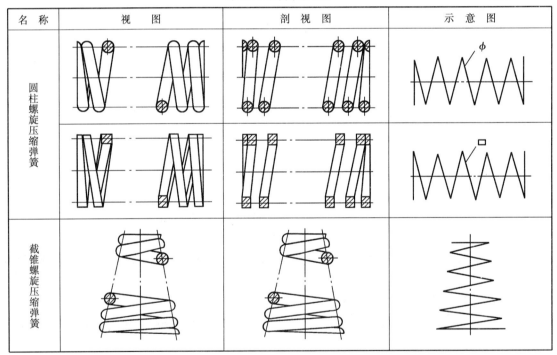

1.9.2.2 板弹簧的画法。弓形板弹簧是由多个零件组成的,是一个装配体,其画法如图 3-68 所示。

1.9.2.3 装配图中弹簧的画法。在装配图中,将弹簧看成实心物体,所以被弹簧挡住的结构一般不画出,可见部分应画至弹簧的外轮廓或弹簧钢丝断面的中心线,如图 3-69a) 所示。

当簧丝直径在图样中等于或小于 2mm 时,可用涂黑表示,也可按示意图表示,如图 3-69b) 所示。

板弹簧允许只画出外形轮廓,如图 3-69d)、e)所示。

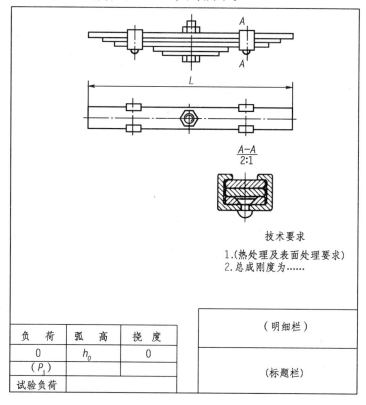

图 3-68 板弹簧的画法

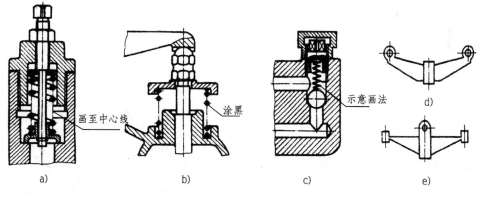

图 3-69 装配图中弹簧的画法

1.9.3 弹簧的材料

弹簧的材料应具有高的弹性极限、疲劳极限、冲击韧性和良好的热处理性能。

1.9.3.1 钢板弹簧。 我国汽车钢板弹簧的材料一般为硅锰钢(60Si2Mn 和 55Si2Mn)。经研究,在这些材料中加入硼元素后,可以提高钢板弹簧的疲劳寿命 15%~40%,现在的汽车上已经采用 55Si2MnB 钢。此外,在弹簧钢中加入不同的稀土元素,构成 60Si2MnRe 等,也能改进弹簧钢的性能。

在制造钢板弹簧时,采用了形变热处理和高温快速回火等新工艺,大大提高了钢板弹簧的寿命。形变热处理就是在钢板弹簧叶片加热后,在辊压机上进行一次热变形压轧,然后再在油中淬火;高温快速回火就是提高回火温度、缩短回火时间。

1.9.3.2 气门弹簧。气门弹簧一般用 65Mn、60Si2A、50CrVA 等冷拔钢丝制造,经淬火和低温回火处理,硬度达到 HRC43~48。

1.10 万向联轴器、摩擦离合器

1.10.1 万向联轴器

1.10.1.1 概述。万向联轴器用于汽车上一对轴线相交且相对位置经常变化的转轴之间的动力传递,如变速器与驱动桥之间(图 3-70 所示)、转向轴与转向器之间(图 3-71)等。

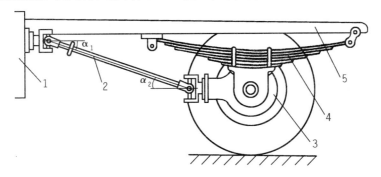

图 3-70 变速器与驱动桥之间的万向传动装置
1-变速器;2-万向传动装置;3-驱动桥;4-后悬架;5-车架

1.10.1.2 万向联轴器的结构原理。万向联轴器用于两相交轴间的连接,这种联轴器的基本结构是由固接于轴 1、轴 2 端部的两个叉形接头和十字形构件 3 等构成,如图 3-72 所示。转动副 A 和 B 的轴线相互垂直、转动副 C 和 D 的轴线也相互垂直,并且 A、B、C、D 四个转动副的轴线汇交于十字头的中心点 O。轴 1 与轴 2 所夹锐角为 α,一般 α 不超过 45°。

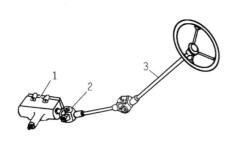

图 3-71 转向轴与转向器之间的万向传动装置
1-转向器;2-万向传动装置;3-转向轴

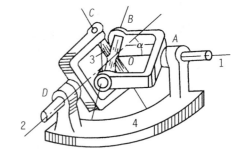

图 3-72 万向联轴器的示意图

图 3-73 所示为 CA141 型汽车刚性万向联轴器。两个万向节叉分别与主动轴和从动轴相连,万向节叉上的孔与十字轴上的轴颈相配合而套装在一起。当主动轴转动时,从动轴既可随之转动,又可绕十字轴在任意方向摆动。万向节叉上的孔内装有滚针和套筒组成的滚针轴承,并用轴承盖 1 和螺钉将套筒固定在万向节叉上,另外用锁片将螺钉锁紧。十字轴做成中空的,以储存润滑剂,并有油路通向轴颈。在十字轴上套有毛毡油封,以避免润滑脂流出和尘垢进入轴承内。在十字轴的中部装有带弹簧的安全阀,当十字轴内腔的润滑脂压力大于允许值时,安

全阀即被顶开,使润滑脂外溢,保证油封不致因油压过高而损坏。

对于单个万向联轴器而言,可以证明:当主动轴转速保持不变时,从动轴的转速在作周期性的变化。其关系是:

$$\omega_1 \cos\alpha \leq \omega_2 \leq \omega_1/\cos\alpha$$

式中:ω_1——主动轴的角速度;

ω_2——从动轴的角速度;

α——主动轴1与从动轴2所夹锐角。

为了保证从动轴的转速也不变,通常是将万向联轴器成对使用,并使中间轴的两个叉子位于同一平面内,且中间轴与主动轴的夹角和从动轴的夹角相等,如图3-74所示。即当$\alpha_1 = \alpha_2$时,主动轴的转速与从动轴的转速可保持恒等。在汽车等机械中一般都是用双万向联轴器来传递相交轴之间的转动。

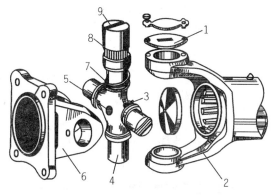

图3-73 解放CA141型汽车刚性万向联轴器
1-轴承盖;2、6-万向节叉;3-油嘴;4-十字轴;5-安全阀;7-油封;8-滚针;9-套筒

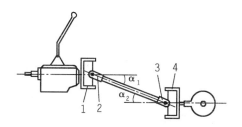

图3-74 双万向联轴器等速传动布置图
1、3-主动叉;2、4-从动叉

1.10.2 摩擦离合器

1.10.2.1 概述。 摩擦离合器是通过两接触表面之间的摩擦力来传递转矩的。它的优点是:可以在任何转速下接合,冲击振动较小,接合平稳;可以用改变摩擦面上的压力来调节从动轴的加速时间,保证起动平稳;当过载时摩擦面发生打滑,起保护其他重要零件不致受损的作用。因此,摩擦离合器被广泛应用于汽车、拖拉机等经常起动停车和频繁改变速度大小及方向的机械中。

1.10.2.2 摩擦离合器的类型。 摩擦离合器的类型很多,常用的是圆盘摩擦离合器,它又分为单盘式和多盘式。

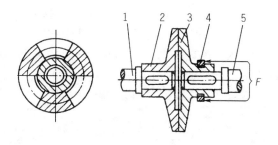

图3-75 单盘式摩擦离合器
1-主动轴;2-摩擦圆盘(主动);3-摩擦圆盘(从动);4-滑环;5-从动轴

(1)单盘式摩擦离合器。如图3-75所示,摩擦圆盘2固定在主动轴1上,摩擦圆盘3安装在从动轴5上,通过操纵机构拨动滑环4使两摩擦圆盘在轴向力的作用下压紧,利用产生的摩擦力将主动轴的转矩和运动传递到从动轴。这种摩擦离合器的结构比较简单、分离灵活、散

热性好,但传递的转矩不大,一般用在轿车和轻型、中型货车上,如EQ140型汽车摩擦离合器。

(2)多盘式摩擦离合器。如图3-76a)所示为摩擦离合器的结构,图3-76b)是外摩擦盘,图3-76c)是内摩擦盘,其中一组外摩擦片4与外套2用花键连接,另一组内摩擦片5与内套9也用花键连接,外套2、内套9分别固定在主动轴1及从动轴10上,两组摩擦片交错排列。当摩擦离合器处于接合状态时,两组摩擦片相互压紧在一起,外摩擦片通过摩擦力将转矩和运动传递给内摩擦片,从而实现主动轴与从动轴之间的连接。当操纵滑环7向右移动时,曲柄压杆8在弹簧的作用下将摩擦片放松,则将两轴的运动分离开。螺母6用来调节摩擦片之间的压力。

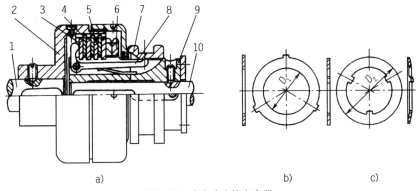

图3-76 多盘式摩擦离合器

1-主动轴;2-外套;3-曲柄分离杆;4-外摩擦片;5-内摩擦片;6-螺母;7-滑环;8-曲柄压杆;9-内套;10-从动轴

(3)定向离合器。定向离合器也有多种形式,应用较广的是滚柱式定向离合器,如图3-77所示,主要由星轮1、外圈2、滚柱3和弹簧顶杆4组成。弹簧顶杆4的作用是将滚柱压向星轮的楔形槽内,与星轮、外圈相接触。星轮及外圈均可作为主动件。

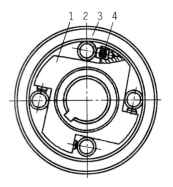

图3-77 定向离合器

1-星轮;2-外圈;3-滚柱;4-弹簧顶杆

它的工作原理是:当星轮为主动件并作顺时针旋转时,滚柱受摩擦力的作用被楔紧在槽内,因而带动外圈一起转动,这时离合器处于接合状态;当星轮反转时,滚柱受摩擦力的作用,被子推到楔槽较宽的部分,这时离合器处于分离状态,防止了从动件的逆转,从而实现单向传动。

另外,当星轮和外圈同时按顺时针方向做同向旋转时,若外圈转速不大于星轮转速,则离合器处于接合状态;反之,若外圈转速大于星轮转速,则离合器处于分离状态,此时两者以各自的转速旋转,即从动件的转速超越了主动件的转速。因此,也称这种离合器为超越离合器。

2 铸铁类零件

2.1 概述

铸铁是含碳量大于2.11%,并含有较多硅、锰、硫、磷等杂质元素的铁碳合金。铸铁含碳量很高,大部分碳是以石墨形式存在。碳原子排列成简单六方晶格所形成的物质称为石墨,如

图 3-78 所示。

在不同的冶炼条件下,铸铁中石墨的形状可以呈片状、球状等,并由此将铸铁分为灰铸铁、球墨铸铁等。

2.1.1 灰铸铁

灰铸铁中的石墨呈片状,如图 3-79 所示,其断口呈暗灰色,故称为灰铸铁。灰铸铁的牌号、机械性能和用途见表3-18。代号中 HT 是"灰铁"二字的汉语拼音的简写,后面数字代表最小抗拉强度极限。如 HT200,表示抗拉强度极限为 200 N/mm² 灰铸铁。

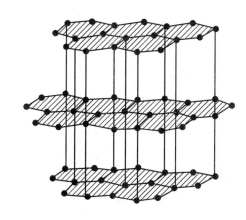

图 3-78 石墨的晶体结构

图 3-79 灰铸铁的显微结构示意图

灰铸铁在汽车上的应用   表 3-18

牌 号	抗拉强度 σ_b (MPa)	抗弯强度 σ_b (MPa)	硬度 (HB)	应用实例
	不小于			
HT150	150	330	163~229	承受中等负荷的零件,如汽缸盖、曲轴皮带轮、飞轮、气门导管等
HT200	200	400	170~241	承受较大负荷的零件,如汽缸体、制动鼓、正时齿轮、进气门座圈
HT250	250	470	170~241	
HT300	300	540	187~255	承受较高负荷的重要零件,如凸轮、高压液压筒、液压泵和滑阀的壳体等
HT350	350	610	197~269	
HT400	400	680	207~269	

2.1.2 球墨铸铁

球墨铸铁中的石墨呈球状,如图 3-80 所示。球墨铸铁的牌号、机械性能和用途见表3-19。球墨铸铁的代号中 QT 是"球铁"二字的汉语拼音的简写,后面两组数字分别代表抗拉强度极限和延伸率。如 QT400-18 是抗拉强度极限为 400 N/mm²(MPa),延伸率为 18% 的球墨铸铁。

球墨铸铁在汽车中的应用　　　　　　　表 3-19

牌号	抗拉强度 σ_b (MPa)	屈服强度 σ_s (MPa)	延伸率 δ (%)	延韧性 α_k (J/cm²)	硬度 (HB)	应用实例
	不小于					
QT400-17	400	250	17	60	≤179	减速器壳体、阀门、阀体、阀盖
QT400-10	420	270	10	30	≤207	
QT500-5	500	350	5		147～241	机油泵齿轮
QT600-2	600	420	2		229～302	曲轴、连杆、凸轮轴、汽缸套、齿轮等
QT700-2	700	490	2		229～302	
QT800-2	800	560	2		241～302	
QT1200-1	1200	840	1	30	≥HRC38	螺旋齿轮、减速齿轮等

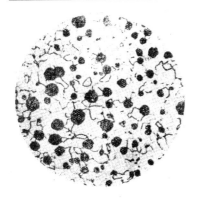

图 3-80　球墨铸铁的显微结构示意图

球墨铸铁的机械性能优于灰铸铁,与钢材接近,有时可用来代替部分钢材使用,以简化加工工艺和降低成本。

2.1.3　合金铸铁

向铸铁中有目的的加入合金元素后,称为合金铸铁。如向灰铸铁中加入铬、铜、钼、磷、锰、钛等元素所得到的合金铸铁,提高了铸铁的耐磨性,这样的合金铸铁也称为耐磨铸铁,多用来制造汽车发动机的汽缸套、活塞环等。

2.2　汽缸体与汽缸套

2.2.1　汽缸体的轴测图

图 3-81 为一汽缸体的轴测图(示意图)。

2.2.2　汽缸套的零件图

图 3-82 为某汽缸套的零件简图,图中采用半剖示图的表达方法。

图 3-81　汽缸体　　　　　　　　图 3-82　柴油机汽缸套结构

2.2.3 材料

汽缸体的材料一般是用优质灰铸铁,为了提高耐磨性,有时也采用耐磨铸铁。

但是如果汽缸体全部采用优质耐磨铸铁制造,将造成材料上的浪费,因为除了与活塞配合的汽缸壁表面外,其他部分的耐磨性要求并不高。所以一般采用镶入汽缸体的汽缸套,使之形成汽缸的工作表面。这样,只要缸套用耐磨性好的合金铸铁(或合金钢)制造,而缸体用普通灰铸铁等材料,从而既满足了使用要求又合理的降低了材料成本。汽缸体的材料常用机械性能不低于 HT200 的优质灰铸铁,而汽缸套常用耐磨铸铁制造。

2.2.4 汽缸套的检测

汽缸(套)磨损的检测,通常是用量缸表(也称内径百分表)来进行,参见图3-83 所示。测量前,应做好下列准备:

选可换测量头——根据汽缸直径(可用游标卡尺测量),选择合适的可换测量头,连同固定螺母一起旋入量缸表的下端;

装表——将百分表装入测量杆的上端(应使表的大指针有半圈左右的压缩量),并固定好。

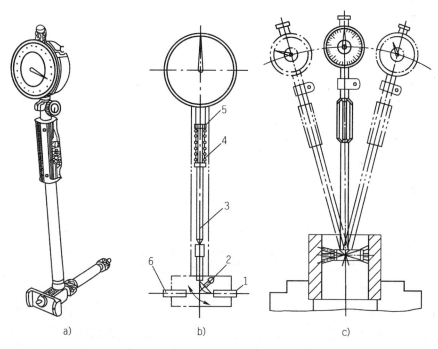

图3-83 内径百分表的使用方法
a)外形;b)工作原理;c)测量方法
1、5-测量杆;2-摆块;3-活动杆;4-弹簧;6-可换测头

校零——将千分尺调整到所测量汽缸的基本尺寸,并以此千分尺校对量缸表,其要求是:使测量杆与接杆之间的距离等于所量汽缸的基本尺寸,且测量杆的压缩量大致为1~2mm(最多为百分表量程的一半),并在此条件下,转动百分表的表盘使大指针对准刻度"0",此时还应记下百分表上小指针的刻度值。若测量杆的压缩量不合适,则通过调节接杆的位置进行调整。

测量时,握住绝热套,将测量杆1放入被测孔中,一方面使测量杆1在孔的圆周方向略作转动,找出孔在圆周方向的最大值;另一方面适当摆动测量杆,使测量杆1与孔轴线相垂直,此时百分表大指针偏转指示出某个最小数值(即找出孔的轴向最小值)。该读数值就是孔的实际尺寸与基本尺寸之间的实际偏差(注:若小指针的偏转量超过一个单位,则应结合小指针的指示值),而偏差方向的判断方法是:

如果大指针顺时针转向偏离0刻度,则表示实际孔径小于基本尺寸;

如果大指针正好指在0刻度线,说明实际孔径等于基本尺寸;

如果大指针逆时针转向偏离0刻度,则表示实际孔径大于基本尺寸。

实际汽缸是一圆柱表面,应测量其上、中、下三个横截面,在每个横截面上还应测量相互垂直的两个方向。

3 有色金属类零件

除钢铁以外的金属称为有色金属,如铝、铜、锡等。有色金属及其合金具有许多特殊性能,如铜合金耐磨、耐腐蚀;铝合金坚固而质量轻。有色金属在现代汽车工业中获得越来越广泛的应用。

3.1 铝及铝合金零件

3.1.1 纯铝

纯铝具有良好的导电和导热性,在空气中具有很好的耐蚀性,并且具有良好的塑性,但强度很低。工业纯铝的牌号有1070A、1060、1050A、1035等(其化学成分与旧牌号中的L1、L2、L3、L4、L5相似),牌号中的数字越大,表示杂质含量越高,纯度越低。在汽车工业中,纯铝主要用于制造空压机垫圈、排气阀垫片和汽车铭牌等。

3.1.2 铝合金

纯铝的强度很低,但在纯铝中加Si、Cu、Mg、Zn、Mn等元素后就形成铝合金。铝合金的特点是熔点低,比重小,同时又具有足够的强度、塑性和良好的耐蚀能力。此外,大部分铝合金可用热处理方法使之强化。对于要求质量轻而强度高的零件,宜于采用铝合金制造。

铝合金可以用来制造汽车的汽缸体、汽缸盖等零件,特别是广泛用来制造发动机的活塞,具有强度高、质量轻、惯性小等优点。

3.1.3 发动机活塞

制造发动机活塞常用铝铜合金,牌号有2A50、2A70(原代号是LD2、LD5);也常用铝硅合金,牌号为ZAlSi12(原代号是ZL102)等。

图3-84所示为一用铝合金制造的解放牌汽车活塞简图。图中左视图、俯视图均采用了剖视画法;图中还给出了技术要求。

根据技术要求,活塞裙部椭圆长轴应与活塞销孔中心线相垂直,其垂直度误差的检查方法如图3-85所示。将活塞装在卡销上,并紧贴座架,这时,活塞的壁面抵压着百分表的测量杆,记下此时百分表的读数;取下活塞并从另一面将活塞套入,又记下百分表的读数。两次读数之差即为垂直度误差,不应大于规定的值。

垂直度误差的另一种简单检查方法是采用角尺和塞规,如图3-86所示。

单元三 汽车典型零件

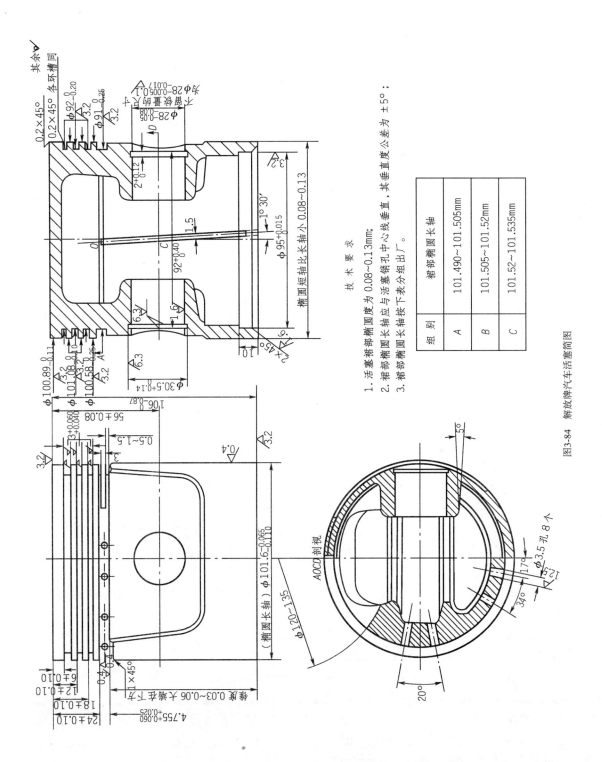

图3-84 解放牌汽车活塞简图

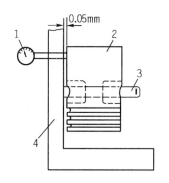
图 3-85 活塞销中心线的垂直度检验
1-百分表;2-活塞裙部;3-卡销;4-座架

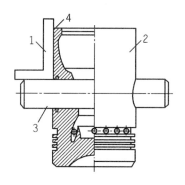
图 3-86 用角尺检验垂直度
1-角尺;2-活塞裙部;3-试棒;4-垂直度误差(不大于 0.05mm)

3.2 铜及铜合金零件

3.2.1 纯铜

纯铜具有良好的塑性、导电性、导热性和耐蚀性,但强度较低,我国工业纯铜常用的有 T1、T2、T3、T4 四种牌号,代号中数字越大,表示杂质含量越高。T1、T2 主要用作导电材料或配制高纯度的铜合金。T3、T4 主要用于一般铜材和配制铜合金。

3.2.2 铜合金

3.2.2.1 黄铜。黄铜是铜和锌的合金。在铜中加入少量锌后,机械性能变化很大,塑性和强度增加。黄铜具有良好的塑性,可用压力加工方法制成各种型材。

黄铜的牌号用字母 H 及铜的含量表示。如 H68 表示含铜量约为 68%、含锌量约为 32% 的黄铜。

汽车发动机中的散热器材料,要求导热性能、焊接性能和耐腐蚀性能都高,常用黄铜制造。

铜锌合金也称普通黄铜,为了进一步提高普通黄铜的机械性能,可再加入锰、铝、硅等元素,形成特殊黄铜。特殊黄铜则在 H 后标出加入主要元素的化学符号,其后再注明铜及加入主要元素含量的百分数。如 HPb59-1 表示含铜约为 59%,含铅量约为 1%,其余为锌。铸造黄铜则用 ZH 表示。

3.2.2.2 青铜。铜与锌、镍以外的元素组成的合金称为青铜。青铜分为锡青铜和无锡青铜两种。

锡青铜是由铜和锡构成的合金,它与黄铜相比有较高的耐磨性和减摩性,而且铸造性能和切削加工性能良好,常用铸造方法制造耐磨零件,如轴承、蜗轮等。

由于锡产量较小且价格较贵,所以有时青铜中不含锡而加入铝、铁、锰等元素,组成无锡青铜。无锡青铜具有较高的强度和耐磨性,是锡青铜的良好代用品。

铸造青铜的牌号以字母 ZQ 表示,其后的字母和数字表示添加元素的符号和含量。如 ZQSn10-1 表示铸造锡青铜,含锡约为 10%,含磷约为 1%,其余为铜;ZQAl9-4 表示铸造铝青铜,含铝约为 9%,含铁约为 4%,其余为铜。

发动机连杆小头中的铜套一般是用铜合金制造的。

3.3 滑动轴承、轴承合金及其应用

3.3.1 滑动轴承

3.3.1.1 概念。转动轴与支承之间的相对运动是滑动时,这样的支承称为滑动轴承,如曲轴在汽缸体上的支承;连杆大头与曲轴之间及连杆小头与活塞销之间的相对运动也是滑动,所以也是滑动轴承,其结构形式如图3-87。

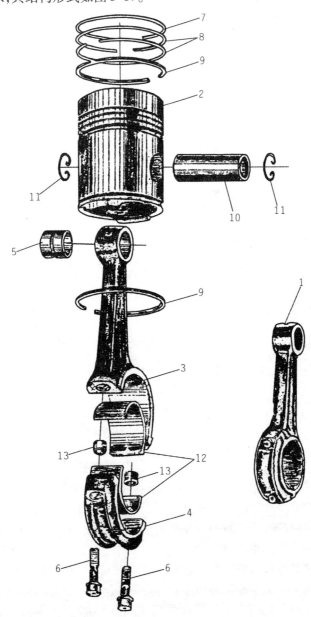

图3-87 柴油机活塞连杆组

1-连杆组件;2-活塞;3-连杆;4-连杆盖;5-连杆衬套;6-连杆螺栓;7-第一道多孔镀铬气环;8-第二、第三道气环;9-油环;10-活塞销;11-活塞卡销环;12-连杆轴承;13-定位套筒

3.3.1.2 类型。若受载方向沿轴承的直径方向,称为径向滑动轴承,也称为向心滑动轴承;若受载方向沿轴承的轴线方向,则称为止推滑动轴承。

对于向心滑动轴承,按其结构可分成整体式、剖分式和自动调心式三种。

(1)整体式。如连杆小头处的铜套,其特点是:连杆小头直接套在销轴上,优点是结构简单、成本低;缺点是轴颈只能从端部装入,使得安装和检修不便,而且轴承磨损后不能调整,只能更换轴套。

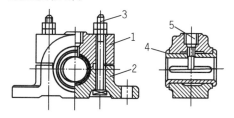

图3-88 剖分式滑动轴承
1-承轴盖;2-轴承座;3-螺栓;4-轴承;5-螺纹孔

(2)剖分式。这种结构的基本形式如图3-88所示,主要由轴承座2、轴承盖1、剖分式的轴承4组成,两部分之间用螺栓3连接,轴承盖上的螺纹孔5用来安装润滑装置。剖分式滑动轴承的优点是:轴的拆装比较方便,而且当轴承磨损后,可以通过更换轴承剖分面之间的垫片来调整轴承的间隙。因为优点较多,所以这种轴承结构在汽车中得到广泛应用,如连杆大头处(如图3-89所示)、曲轴主轴承等,都是剖分式。

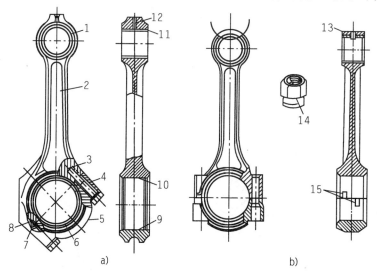

图3-89 连杆组件分解图
1-连杆衬套;2-连杆小头;3-连杆大头;4-连杆螺栓;5-连杆盖;6-连杆盖定位锯齿;7-连杆盖定位锯齿;8-轴承上的凸键;9-连杆下轴承;10-连杆上轴承;11-连杆衬套;12-集油孔;13-集油槽;14-自锁螺母;15-轴承定位槽

(3)自动调心式。如图3-90所示,这种轴承的特点是:将轴承部分与轴承座之间制成球面接触,所以轴承受力时可以绕球面的球心转动而自动调整位置,使得轴承的轴线与轴颈的轴线保持一致,从而保证了轴颈与轴承接触均匀。

对于推力轴承,通常具有环状的支承面以承受轴向载荷,如图3-91所示。

在汽车发动机中,为了保证曲轴的轴向定位,承受离合器等引起的轴向推力,必须在曲轴上设置推力轴承,其形式可参见图3-92。过去常用带翻边的轴瓦(图3-92a),现在用得比较广泛的是单独的推力轴承环(图3-92b)或半圆推力片(图3-92c、d)。

3.3.2 滑动轴承的结构和材料

滑动轴承与轴颈直接接触,它的结构和材料对于轴承的性能有直接影响。为了改善和提高轴承的承载能力,有时在轴承的内表面浇注一层减摩性好的材料,这层材料称为轴承衬。

滑动轴承有整体式(称为轴套)和剖分式两种,参见图3-93;为了使润滑油能流到轴承的整个工作表面,在轴承的内表面上一般开出油孔和油沟,常用的油沟形式如图3-94所示。

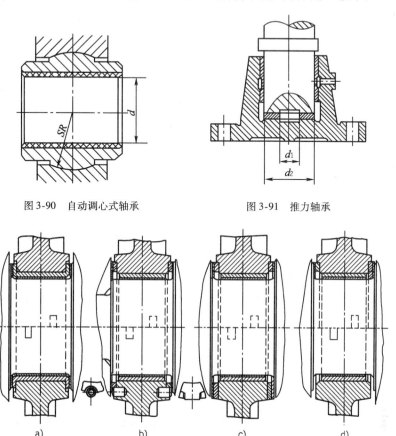

图3-90 自动调心式轴承　　　　　图3-91 推力轴承

图3-92 曲轴止推轴承的结构

a)用翻边推力轴承;b)用两个止推环;c)用四个半圆止推片;d)用四个半圆推力片

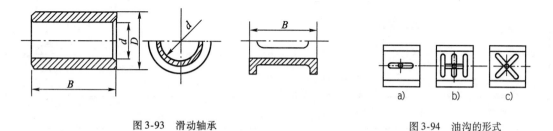

图3-93 滑动轴承　　　　　　　　图3-94 油沟的形式

滑动轴承的失效形式主要是磨损和胶合,其次是疲劳和轴承衬脱落。

3.3.3 轴承合金及性能

用来制造滑动轴承轴瓦或轴承衬的合金称为轴承合金。常用的轴承合金有这样几种:锡基、铅基、铜基和铝基合金,另外还有粉末冶金材料和非金属材料。常用滑动轴承的轴承衬材料和性能见表3-20。

常用滑动轴承的材料和性能   表3-20

轴承材料		最大许用值			轴颈最小硬度 HBS	性能比较				备注
		[p] (MPa)	[v] (m·s⁻¹)	[pv] (MPa·m·s⁻¹)	t (℃)		抗胶合性	顺应性	嵌藏性	耐蚀性	疲劳强度	
锡锑轴承合金	ZChSnSb 11-6	平稳载荷			50	150	1	1	1	5	用于高速、重载下工作的重要轴承。变载荷下易于疲劳。价贵
		25	80	20							
	ZChSnSb 8-4	冲击载荷									
		20	60	15							
铅锑轴承合金	ZChPbSb 16-16-2	15	12	10	150	150	1	1	3	5	用于中速、中等载荷的轴承,不宜受显著的冲击载荷,可作为锡锑轴承合金的代用品
	ZChPbSb 15-15-3	5	6	5							
锡青铜	ZQSn 10-5	15	10	15	280	300~400	5	5	2	1	用于中速、重载及受变载荷的轴承
	ZQSn 5-5-5	8	3	12							
	ZQSn 6-6-3	5	3	10							用于中速、中等载荷的轴承
铅青铜	ZQPb 30	21~28	12	30	250~280	300	3	4	4	2	用于高速、重载轴承、能受变载荷及冲击载荷
铝青铜	ZQAl 9-4	15	4	12	280		5	5	5	2	最宜用于润滑充分的低速重载轴承
黄铜	ZHSi 80-3-3	12	2	10	200		3	5	5	1	用于低速、中等载荷的轴承
	ZHMn 58-2-2	10	1	10							
三层金属	(镀轴承合金)	14~35			170	200~300	1	2	2	2	以低碳钢为瓦背,铜、青铜、铝或银为中间层,上镀轴承合金组成,疲劳强度显著提高
	减摩铸铁	0.1~6	3~0.75	0.3~4.5	150	200~250	5	5	1		用于低速、轻载的不重要轴承,价廉
	酚醛塑料	40	12	0.5	110						抗胶合性好,强度好,能耐水、酸、碱,导热性差。重载时需要用水或油充分润滑,易膨胀,间隙应大些
	聚四氟乙烯	3.5	0.25	0.035	280						摩擦系数低,自润滑性好,耐腐蚀
	铁-石墨	4	12	0.5	420						有自润滑性,耐化学腐蚀,常用于要求清洁工作的机器中

注:①[pv]值为混合摩擦下的许用值。
②性能比较:1-最佳,5-最差。

3.3.3.1 锡基、铅基轴承合金(又称为巴氏合金)。

(1)锡基轴承合金(锡基巴氏合金)。以锡为基体元素,加入锑、铜等元素组成的合金。其优点是摩擦系数小,塑性和导热性好;缺点是价格昂贵(因为锡是稀有金属),所以常用来制造重要的轴承,如汽轮机、内燃机的高速轴承。

(2)铅基轴承合金(铅基巴氏合金)。以铅为基体元素,加入锡、铜等元素组成的合金。铅基合金的各项性能指标均低于锡基合金,但其价格也较低,所以广泛应用制造承受中低载荷的中速轴承,如汽车曲轴、连杆轴承、电机轴承等。

(3)锡基、铅基轴承合金的牌号表示方法为:"Z + 基本元素符号 + 主加元素符号及质量分数 + 辅加元素符号及质量分数",如"ZPbSb15Sn5"(或 ZChPbSb15-5)表示铸造铅基轴承合金,主加元素为锑、质量分数为 15%,辅加元素为锡、质量分数为 5%。

3.3.3.2 铜基、铝基轴承合金。

(1)铜基轴承合金:主要有锡青铜和铅青铜。常用的锡青铜的牌号有 ZCuSn10Pb1(或 ZQSn10-1)和 ZcuSn5Pb5Zn5(或 ZQSn5-5-5)。这一类合金能承受较大的载荷,广泛应用于中速重载轴承,如汽车转向轴承等。锡青铜轴承合金可能直接制造成轴瓦;常用的铅基青铜牌号是 ZcuPb30(或 ZQPb30),与巴氏合金相比,具有较高的导热性,可在高温(<250℃)下工作,因此被广泛用于高速、重载轴承,如高速柴油机的轴承等。

(2)另外,黄铜为铜锌合金,其减摩性能低于青铜,但有良好的铸造性能和加工工艺性能,且价格较低,故在低速、中载条件下可作为青铜的代用品。

3.3.3.3 铝基轴承合金。铝基轴承合金的基本元素是铝。汽车上应用较多的是 20 高锡铝基合金,其成分为 20% 左右的锡、1% 左右的铜,其余为铝。这种合金承载能力强(可达 3200MPa),胶合性好,且具有工艺简单、成本不高、使用寿命长等优点,可代替巴氏合金,用于高速、重载的内燃机轴承,广泛应用于汽车和工程机械中。

4 其他材料类零件

除金属材料外,汽车中还广泛使用各种非金属材料,主要有橡胶、塑料、玻璃、陶瓷、合成纤维、胶粘剂、摩擦材料、涂装材料等。

4.1 传动带

汽车中经常用到带传动,例如汽车风扇常常与发电机一起由曲轴皮带轮通过三角皮带驱动,如图 3-95 所示。

4.1.1 带传动的类型

按工作原理的不同,带传动分为摩擦型和啮合型两大类。

如图 3-96a)所示为摩擦型带传动。其工作原理是:传动带紧套在两个带轮上,带与带轮之间存在正压力,当主动轮回转时,依靠摩擦力使带运行,从动轮也受到带的摩擦力的作用,该摩擦力使从动轮绕轮心转动。

图 3-96b)所示为啮合型带传动。其工作原理是:通过齿形传动带将主动轮的转动传递给从动轮,具有

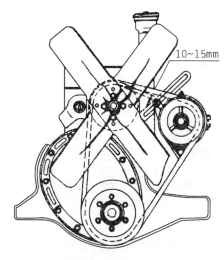

图 3-95 汽车风扇皮带

传动比准确的优点,故也称为同步齿形带,常常用于汽车发动机正时传动机构(图3-97),如在桑塔纳轿车和依维柯轻型货车中。

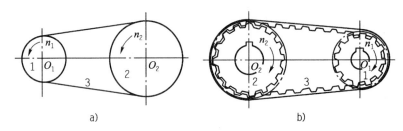

图 3-96　带传动
a)摩擦型；b)啮合型

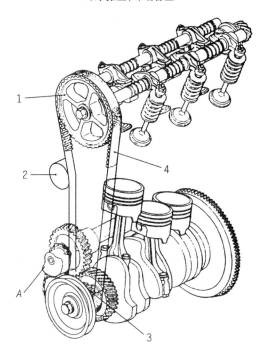

图 3-97　上置凸轮轴的齿型皮带传动机构
1—凸轮轴上的正时齿轮；2—齿形皮带张紧轮；3—曲轴上的正时齿轮；4—齿型皮带；A—平衡轴

4.1.2　摩擦型传动带的结构与类型

摩擦型传动带的横截面形式有多种,常用的有平带和V带,如图3-98所示。

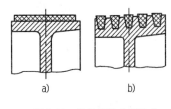

图 3-98　常见带传动的形式
a)平带传动；b)V带传动

平带:平带的横截面为扁平矩形。平带的结构简单,带轮制造方便,平带质轻且挠曲性能好,多用于高速和中心距较远的场合。

V带:V带的横截面为等腰梯形,两侧面为工作面。根据楔面摩擦原理,在初拉力相同时,V带传动所产生的摩擦力比平带的更大,约增加70%。所以,V带的传动能力大,结构紧凑,故广泛应用于各类机械中。

V带有多种类型：普通V带、窄V带、宽V带、联组V带、接头V带、汽车V带等十余种，使用时要注意区分。

普通V带的尺寸已经标准化，根据国家标准规定，按V带横截面尺寸由小到大，分为Y、Z、A、B、C、D、E七种型号，见表3-21。

普通V带截面尺寸（GB 11544—1997）　　　　　表3-21

截型	Y	Z	A	B	C	D	E
节宽 b_p（mm）	5.3	8.5	11.0	14.0	19.0	27.0	32.0
顶宽 b（mm）	6.0	10.0	13.0	17.0	22.0	32.0	38.0
高宽 h（mm）	4.0	6.0	8.0	11.0	14.0	19.0	25.0
楔角 α（°）	40°						
单位长度质量 q（kg/m）	0.02	0.06	0.10	0.17	0.30	0.62	0.90

V带是无接头的环形带，它的周长称为基准长度；每种型号的V带都被制成几种不同的长度规格，称为基准长度系列（见表3-22），使用时应根据需要进行选定。

普通V带基准长度系列　　　　　表3-22

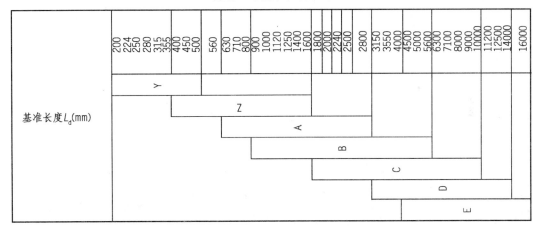

普通V带的标记由型号、基准长度、标准号三大部分组成，例如：B 2000 GB 11544—1997 表示的是B型普通V带，基准长度为2000mm。V带的标记、制造时间、生产厂名等，通常印在带的顶面上。

4.1.3　V带的安装与张紧

4.1.3.1　正确安装：

（1）保证V带的横截面在轮槽中的位置正确，如图3-99所示。

（2）主动轮与从动轮的圆心线应保证平行，误差不超过20′，如图3-100所示。

（3）带的松紧适当，一般以大拇指能按下10～15mm为适合，如图3-101所示。

4.1.3.2　带的张紧：

V带长期工作在拉力作用下，由于塑性变形和磨损等原因，带的长度会增大，从而使得带与带轮之间的摩擦力下降,影响传动的效能。为了保证带传动的正常工作,必须调整带的张紧度。在汽车上,通常是将发电机的支架制成可移动式的,以便调节带的张紧度。

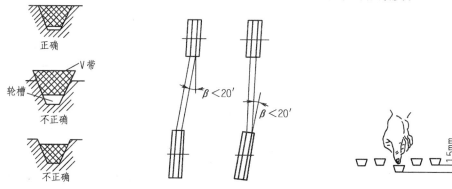

图 3-99　V 带在轮槽中的位置　　图 3-100　带轮安装的位置　　图 3-101　带的松紧度调整

4.1.4　分离锥轮式无级变速机构

分离锥轮式无极变速机构的示意图如图 3-102 所示,其传动比 = 从动轮的有效直径/主动轮的有效直径,如图当主动轮 2 的宽度减小时,其有效直径增大,从动轮 4 的宽度增大时,其有效直径减小,传动比减小,反之,传动比增大,从而实现传动比的连续变化,达到无级变速的目的。当主动轮的有效直径小于从动轮的有效直径,处于低速状态;当主动轮的有效直径大于从动轮的有效直径,处于超速状态。

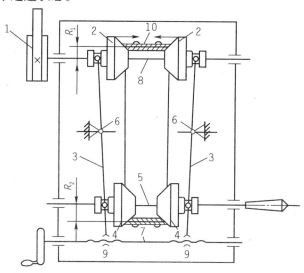

图 3-102　分离锥轮式无级变速机构

1-电动机;2-主动锥轮;3-杠杆;4-从动锥轮;5-从动轴;6-支架;7-调节螺杆;8-主动轴;9-移动螺母;10-传动带(胶带或金属带)

近年来,轿车上使用的无级变速式自动变速器(CVT 式 AT),其传动带是金属带,锥轮宽度的改变是用液压控制的。

4.2　塑料

4.2.1　塑料的组成

大多数塑料是以合成树脂为基础,再加入一些用来改善使用性能和工艺性能的添加剂而制成的,所以大多数塑料都是以树脂的名称来命名的。如聚氯乙烯塑料的基础就是聚氯乙烯树脂。

填充剂的作用是调整塑料的物理化学性能(如光泽、色彩、导电性能等),提高材料的强度,减少合成树脂的用量以降低成本等。

4.2.2 汽车常用塑料

汽车塑料制品按其应用的部位,分为内装件、外装件和功能件。表3-23列举了部分汽车常用塑料的名称、符号及用途。

汽车常用塑料的名称、符号及用途　　　表3-23

名　称	符　号	用　途　举　例
聚乙烯	PE	车厢内饰件、油箱、挡泥板、转向盘、发动机罩、空气导管
聚氯乙烯	PVC	方向盘、坐垫套、车门内板、仪表板、操纵杆盖板等,占车用塑料的20%~30%
聚丙烯	PP	接线板、转向盘、保险杠、风扇罩、散热器栅格、灯罩、电线覆皮
聚氨酯树脂	PU	为主要内饰材料:仪表板、转向盘、车门扶手、遮阳板、密封条、头枕
ABS树脂	ABS	仪表盘、控制箱、灯壳、挡泥板、变速杆、散热器护栅
有机玻璃	PMMA	灯罩、油杯、镜片、遮阳板、标牌、油标
聚酰胺(尼龙)	PA	冷却风扇、滤网、把手、钢板弹簧衬套、散热器副油箱
聚甲醛	POM	各种阀门、转向器衬套、万向节轴承、各种手柄及门销
酚醛塑料	PE	制动衬片、离合器摩擦片、分电器盖
聚碳酸酯	PC	保险杠、刻度板、壳体、水泵叶轮

4.3 橡胶

4.3.1 橡胶的分类

按照原料的来源,橡胶可分为天然橡胶和合成橡胶两大类。天然橡胶是以天然橡胶树中流出的胶乳,经过处理后制成的。合成橡胶是以石油、天然气等为原料,通过化学合成的方法制成。合成橡胶的种类繁多,根据其成分不同,目前主要有丁苯橡胶、顺丁橡胶、氯丁橡胶、异丁橡胶、丁基橡胶、乙丙橡胶、丁腈橡胶等。

4.3.2 橡胶的特点

橡胶是一种极具弹性的材料,其弹性变形量可达100%~1000%,而且回弹性好;同时,橡胶还有一定的耐磨、吸振、绝缘、隔音特性。橡胶的主要缺点是易老化和耐油性较差。

汽车常用橡胶的品种、代号、性能和用途见表3-24。

4.4 复合材料

4.4.1 概述

复合材料是指由两种或两种以上物理、化学性质完全不同的物质组合起来而得到的一种多相固体材料,例如,钢筋混凝土就是由钢筋、水泥和沙石组成的复合材料。复合材料不仅综合了各组成材料的优点,而且获得了单一材料无法达到的优良综合机械性能,有些性能甚至超过了各组成材料性能的总和。

汽车常用橡胶的品种、代号、性能和用途　　　　　　　表 3-24

类别	品种、代号	性　　能	用　　途
通用橡胶	天然(NR)	耐磨性好	轮胎,胶带,胶管
	丁苯(SBR)	耐磨、耐候、耐油、耐老化、耐热	轮胎,通用制品,胶板,胶布
	顺丁(BR)	弹性、耐磨性、耐寒性好	电线包皮,减振器,内胎,橡胶弹簧
	氯丁(CR)	物理机械性能好、耐候性好	胶管,胶带,汽车门窗嵌条,密封件
	异戊(IR)	绝缘性好、吸水性低	胶管,胶带
	丁基(JIR)	气密性好、耐酸碱、吸振	内胎,防振件,防水胎
特种橡胶	聚氨酯(UR)	耐磨、耐油性好、强度高	耐油胶管,垫圈,实心轮胎,耐磨制品
	硅橡胶(Q)	绝缘、耐高、低温(-100~300℃)	耐高、低温件,绝缘件
	氟橡胶(FPM)	耐高温、耐蚀、耐辐射、高真空性	耐蚀件,高真空件,高密封件
	丙烯酸酯(ACM)	耐油、耐候、耐老化	油封,皮碗,火花塞护套

4.4.2　汽车常用复合材料

复合材料有很多种,现在汽车中最常用的是 FRP(高分子基复合材料)。FRP 主要是由三部分组成:

纤维——多为玻璃纤维,或是碳纤维、陶瓷短纤维;

树脂——包括聚丙烯 PP、聚乙烯 PE、聚氯乙烯 PVC、ABC 等;

填充料——硬化剂、增黏剂。

根据所用纤维的不同,分别称为玻璃纤维增强塑料、碳纤维增强塑料等。

早在 20 世纪 50 年代,FRP 就开始在汽车上使用。目前,FRP 的应用已经非常广泛,用 FRP 制作的汽车部件有:车身车顶壳体、发动机部件、仪表盘、阻流板、车灯、前隔栅等。

思考与练习

1. 按用途可将碳钢分为哪几类?

2. 随含碳量的增加,碳钢的机械性能有何变化? 说明下列牌号的意义 Q235、45、HT150、40Cr、60Si2Mn。

3. 常用的热处理方法有哪些? 各起什么作用?

4. 在内、外螺纹连接图中,旋合部分如何绘制? 非旋合部分的螺纹如何绘制?

5. 分别说明下列标注的含义:M10×1-5g6g-s;M8×1LH-7H;T_R40×6-7e;G3/4A。

6. 在螺柱连接图中,当剖切平面通过螺柱的轴线时,对于螺柱、螺母及垫圈是否要按剖切绘制?

7. 花键结构规定画法的内容有哪些?

8. 看懂图 1 中的每组图,填写图中所示结构或标准件的名称。

9. 根据图 2 所示的视图和尺寸,注写螺纹紧固件的规定标记。

10. 说明下列型号滚动轴承的类型、内径尺寸、精度、宽度系列和结构特点:6212、30202、7207C、N210、51208、1209。

11. 滚动轴承由哪几部分组成? 主要有哪些失效形式?

12. 键有哪些类型?

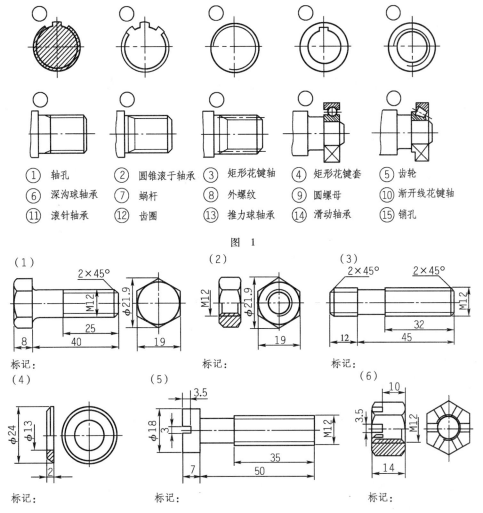

图 1

图 2

13. 螺纹连接为什么要防松？一般有哪些防松方法？
14. 为什么一般螺纹连接要预紧？常用什么方法来控制预紧力？
15. 叙述单向离合器的组成和工作原理。
16. 为什么万向联轴器一般要成对使用？
17. 安装皮带轮有哪些要求？
18. 实测一汽缸的磨损情况。
19. 实测一凸轮轴的弯曲变形、凸轮轴颈的磨损情况。
20. 实测一连杆大、小轴承孔中心线的平行度误差。
21. 实测一活塞的活塞销中心孔与活塞裙带部椭圆长轴的垂直度误差。

单元四 汽车典型液压液力元件

学习目标

知识目标

1. 正确描述汽车典型液压、液力元件的工作原理、结构组成;
2. 正确描述汽车典型液压系统的工作原理。

能力目标

1. 会分析简单的液压系统和液压元件的故障原因;
2. 能解决简单的液压系统和液压元件的故障。

1 液 压 泵

1.1 齿轮泵

1.1.1 外啮合齿轮泵

1.1.1.1 典型结构和工作原理。外啮合齿轮泵的典型结构见图4-1。它主要由前后端盖1、3,泵体2,一对相互啮合的齿轮7、9和转动轴6、8等零件组成。齿轮泵的工作原理见

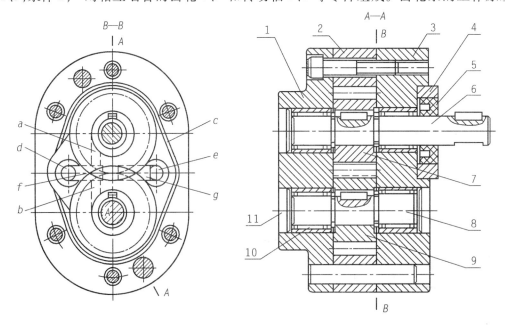

图4-1 外啮合齿轮泵的典型结构

1、3-前、后端盖;2-泵体;4-密封座;5-密封圈;6-长轴;7、9-齿轮;8-短轴;10-滚针轴承;11-压盖

图4-2。当齿轮按图4-2所示方向旋转时,啮合点(线)把密封容积分隔成两部分。啮合点右侧的轮齿脱离啮合,密封容积由小变大,形成真空度,油箱的油在大气压力下,经吸油管进入吸油口,吸入的油液被齿间槽带入啮合点左侧的压油腔,轮齿进入啮合,密封容积由大变小,油液被挤压出去,从压油口压到系统中。啮合的齿轮旋转,将周而复始的实现吸油和排油,不断地向系统供给压力油。

1.1.1.2 外啮合齿轮泵存在的几个问题:

(1)泄漏。外啮合齿轮泵存在三条泄漏途径:一是通过齿轮外圆与泵体配合处径向间隙的泄漏,称为径向泄漏;二是由于有齿向误差,通过两个齿轮的啮合线处的泄漏,称为啮合线泄漏;第三条途径是通过齿轮端面与侧盖板之间轴向间隙的泄漏,称为轴向泄漏。这三种泄漏中,由于径向泄漏通道较长,即使在径向间隙较大的清况下,泄漏量也比较小。而在两个齿轮啮合点处,随着泵压力的增高,啮合点的接触更加紧密。通过啮合线的泄漏量也不会太大。影响泵容积效率的主要泄漏是轴向泄漏,轴向泄漏量约占总泄漏量的80%。普通齿轮泵采用控制轴向间隙的方法保证一定的容积效率。低压齿轮泵的轴向间隙为0.03~0.04mm。高压齿轮泵采用轴向间隙自动补偿装置,以减少轴向遗漏,提高容积效率。轴向间隙自动补偿装置的大致原理是:将压力油通至齿轮端面的一个浮动盖板上,随着泵工作压力的提高,其端面间隙自动减小,因此在高压下运转时也能保持较高的容积效率。当然,作用在端面上的液压力必须仔细计算。

(2)流量脉动。实际上,齿轮啮合过程中,压油腔的密封容积变化率不是固定不变的,因此齿轮泵的瞬时流量是脉动的。

图4-3表示了齿轮泵的流量脉动率δ与齿数的关系,图中i为主动齿轮与被动齿轮的齿数比。由图可知,外啮合齿轮泵齿数越少,脉动率越大,其最高值超过20%。

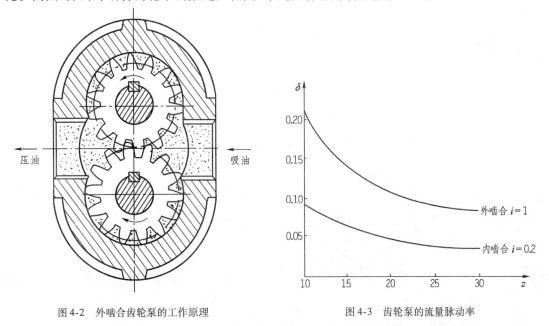

图4-2 外啮合齿轮泵的工作原理　　图4-3 齿轮泵的流量脉动率

(3)径向不平衡力。从外啮合齿轮泵的工作原理可知,齿轮泵的一侧吸油,另一侧压油。压油腔的油经径向间隙逐渐渗漏到吸油腔,其压力逐渐减小,所以作用在齿轮外圆上的压力是分级逐步降低的,这样,齿轮轴和轴承上都受到一个径向不平衡力。油压越高,径向不平衡力越大,因此齿轮泵轴承上的作用力很大,轴承的寿命往往成为提高其使用压力的制约因素。

(4)困油。为了使传动平稳,齿轮啮合系数必须大于1,即在一对轮齿完全退出啮合前,另一对轮齿已进入啮合。在两对轮齿同时啮合的这段时间内,在两对轮齿的啮合点之间形成一个孤立的密封容积,见图4-4a)。齿轮继续旋转,这个密封容积先由大变小,到图4-4b)时容积最小,再继续旋转,这一容积又由小变大,到图4-4c)时恢复到最大。由于这一密封容积既不与压油腔相通,又不与吸油腔相通,在容积由大到小时,压力急剧升高,而在容积由小变大时,只会产生空穴,即产生困油现象。困油会产生振动和噪声,并增加泵的流量脉动率,解决困油的办法是在齿轮泵两侧端盖上各铣两个卸荷槽,卸荷槽的位置如图4-5中虚线所示。其尺寸a应保证在二啮合线间的密封容积达到最小以前和压油腔相通,而在最小位置以后与吸油腔相通。但该值不能取得过小,否则会影响容积效率。

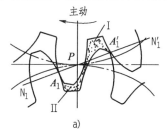 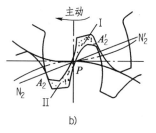 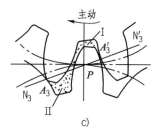

图4-4 齿轮泵的困油现象

a)形成密封容积;b)密封容积最小;c)密封容积最大

1.1.2 内啮合齿轮泵

内啮合齿轮泵分渐开线齿轮泵和摆线齿轮泵(转子泵)两种。它们的工作原理和主要特点与外啮合齿轮泵相同。图4-6表示了它们的工作原理。图中小齿轮是主动齿轮。在渐开线齿轮泵中(图4-6a),大、小齿轮间有一块月牙形的隔板将泵的吸油腔和压油腔隔开;在摆线齿轮泵中(图4-6b),由于小齿轮的外圆正好和内齿轮的内圆相切,不需要加隔板。

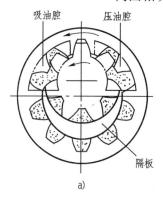

图4-5 齿轮泵的卸荷槽

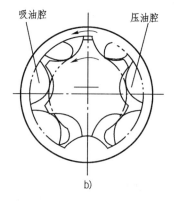

图4-6 内啮合齿轮泵的工作原理

a)普通内啮合齿轮渐开线泵;b)摆线齿轮泵

内啮合齿轮泵的优点是结构紧凑、尺寸小、质量轻,并且由于齿轮转向相同,相对滑动速度小,磨损小,使用寿命长。另外,内啮合齿轮泵流量脉动小(见图4-3),因此压力脉动和噪声都小。内啮合齿轮泵允许使用的转速高,高转速下离心力能使油液更好地进入密封容积。摆线内啮合齿轮泵的结构更简单,而且由于啮合系数大,传动平稳,吸油条件良好,因而在汽车自动变速器中使用内啮合齿轮泵较多。

1.2 柱塞泵

柱塞泵可分为轴向柱塞泵和径向柱塞泵两大类。其中轴向柱塞泵又可分为斜盘式和斜缸式。

现以斜盘式轴向柱塞泵为例,说明柱塞泵的工作原理。在图4-7中,几个相同的柱塞2装在缸体(转子)3的通孔中,沿缸体圆周均匀分布。柱塞的左端在弹力作用下紧贴在斜盘1的端面上,斜盘与缸体的轴线相交成 α 角。4为配油盘,上面有两个窗口:5为压油窗,6为吸油窗,分别与排油管和进油管相通。泵工作时,斜盘和配油盘均固定不动。

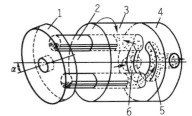

图4-7 轴向柱塞泵的工作原理
1-斜盘;2-柱塞;3-缸体;4-配油盘;5-压油窗;6-吸油窗

当缸体绕其轴线按图示方向转动时,各柱塞均在缸体中作往复移动,这样,柱塞与孔构成的密封容积将发生周期性变化:柱塞伸出缸体时,密封容积增大,经吸油窗从油箱中吸入油液;柱塞压入缸体时,密封容积减小,将油液经压油窗排出。缸体旋转一周,各柱塞往复一次,完成一次吸油和压油过程。

改变斜盘的倾角 α,可以改变柱塞的行程量,即可改变泵的输出流量。α 越大时流量越大。故柱塞泵可作为变量泵。又若改变斜盘的倾斜方向,可使泵的进油口和出油口互换,即成为双向变量泵。

轴向柱塞泵的结构紧凑,体积小、质量轻,工作压力高(因泄漏少且刚性好),易于实现变量。但这种泵对油液的污染敏感,加工精度要求较高,价格较贵。柱塞泵多用于高压系统。国产CY型斜盘式液压泵的工作压力可达 320×10^5 Pa。

1.3 叶片泵

叶片泵可分为单作用和双作用两类。

双作用叶片泵是定量泵,其工作原理如图4-8所示。当转子绕其轴线按图示方向转动时,叶片被甩出,其外端紧贴在定子的内表面上滑动(定子不动)。由于定子内表面近似于椭圆形,故叶片将在转子的槽中作往复移动,定子、转子与相邻两叶片之间构成的密封容积就发生周期性的变化:转子每转一周,叶片往复移动两次,密封容积发生两次增大和缩小的变化,形成两次吸油和两次压油。图中虚线表示端盖上的两个吸油窗和两个压油窗,分别位于密封容积增大和减小的位置上,并分别与泵的吸油口和压油口相通。

双作用叶片泵的输出流量均匀,压力脉动较小,容积效率较高。此外,由于吸、压油口对称配置,转子承受的径向液压力互相平衡。但这种泵结构较复杂,对油液污染较敏感。国产YB型叶片泵是双作用叶片泵,其额定工作压力为 63×10^5 Pa。

单作用叶片泵的工作原理如图 4-9 所示。它与双作用叶片泵不同的是：单作用叶片泵定子的内表面为圆柱面，转子与定子不同心（偏心量为 e），端盖上只有一个吸油窗和一个压油窗。转子每转一周，叶片在转子槽内只往复移动一次，相邻两叶片间构成的密封容积只发生一次增大和缩小的变化，即形成一次吸油和压油。调节偏心量 e，可以改变液压泵的流量大小（e 增大时输出流量增大），故单作用叶片泵是变量泵。

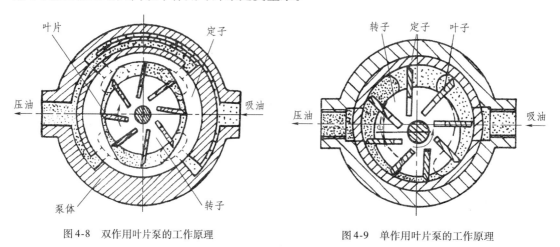

图 4-8　双作用叶片泵的工作原理　　　　　图 4-9　单作用叶片泵的工作原理

1.4　齿轮泵的故障

齿轮泵的常见故障见表 4-1。

齿轮泵的常见故障、原因和解决办法　　　　　　　　　　　　　表 4-1

故障	原　因	解　决　办　法
噪声大或压力波动严重	过滤器被污物阻塞或吸油管贴近过滤器底面	清除过滤器铜网上的污物；吸油管不得贴近过滤器底面，否则会造成吸油不畅
	油管露出油面或伸入油箱较浅，或吸油位置太高	吸油管应伸入油箱内 2/3 深，吸油位置不得超过 500mm
	油箱中的油液不足	按油标规定线加注油液
	CB 型齿轮泵由于泵体与泵盖是硬性接触（不用纸垫），若泵体与泵盖的平直度不好，泵旋转时会吸入空气；泵的密封不好，接触面或管道接头处有油漏，也容易使空气混入	若泵体与泵盖平直度不好，可在平板上用金刚砂研磨，使其平直度不超过 5mm/1m（同时注意垂直度要求），并且紧固各连接件，严防泄漏
	泵和电动机的联轴器碰撞	联轴器中的橡皮圈损坏需要更新，装配时应保证同轴度要求
	轮齿的齿形精度不好	调换齿轮或修整齿形
	CB 型齿轮泵骨架式油封损坏或装配时骨架油封内弹簧脱落	检查骨架油封，若损坏则应更换，避免空气吸入

单元四 汽车典型液压液力元件

续上表

故障	原　　因	解　决　办　法
输油量不足或压力提不高	轴向间隙与径向间隙过大	修复或更新泵的机件
	连接处有泄漏,因而引起空气混入	紧固连接处的螺钉,严防泄漏
	油液黏度太高或油温过高	选用合适黏度的液压油,并注意气温变化对油温的影响
	电动机旋转方向不对,造成泵不吸油,并在泵吸油口有大量气泡	改变电动机的旋转方向
	过滤器或管道堵塞	清除污物,定期更换油注
	压力阀中的阀芯在阀体中移动不灵活	检查压力阀,使阀芯在阀体中移动灵活
泵旋转不通畅或咬死	轴向间隙或径向间隙过小	修复或更换泵的机件
	装配不良	根据"修复后的齿轮泵装配注意事项"进行装配
	压力阀失灵	检查压力阀中弹簧是否失灵、阀上小孔是否堵塞、阀芯在阀体孔中移动是否灵活等,视具体情况采取措施
	泵和电动机的联轴器同轴度不好	使两者的同轴度在规定的范围内
	油液中杂质被吸入泵体内	严防周围灰尘、铁屑及冷却水等污物进入油箱,保持油液清洁
CB 型泵的压盖或骨架油封有时被冲击	压盖堵塞了前后盖板的回油通道,造成回油不通畅,而产生很高压力	将压盖取出重新压进,并注意不要堵塞回油通道
	骨架油封与泵的前盖配合松动	检查骨架油封外圈与泵的前盖配合间隙,骨架油封应压入泵的前盖,若间隙过大,应更换新的骨架油封
	装配时,将泵体装反,使出油口接通卸荷槽,形成压力,冲击骨架油封	纠正泵体的装配方向
	泄漏通道被污物阻塞	清除泄漏通道上的污物
泵严重发热(泵温低于65℃)	油液黏度过高	更换适当的油液
	油箱小、散热不好	加大油箱容积或增设冷却器
	泵的径向间隙或轴向间隙过小	调整间隙或调整齿轮
	卸荷方法不当或泵带压溢流时间过长	改进卸荷方法或减少泵带压溢流时间
	油在管中流速过高,压力损失过大	加粗油管,调整系统布局

2 液　压　缸

2.1 液压缸的分类

液压缸和液压马达一样都属于执行元件。它们的区别是:液压马达实现连续转动,液压缸实现往复运动。液压缸的结构简单,工作可靠,应用很广。

液压缸可分为单作用液压缸和双作用液压缸(表4-2)。前者只有一个外接油口,液压作用力单向驱动,反向动作需在其他外力(重力或弹簧力)的作用下完成;后者有两个外接油口,液压作用力能够双向驱动。液压缸的活塞杆只以缸体的一端伸出时,称为单活塞杆液压缸;活

183

塞杆从缸体两端伸出时,称为双活塞杆液压缸。此外,当活塞的长径比 l/d 大于 3 时称为柱塞,长径比小于 3 时称为活塞。柱塞式液压缸大都是单作用的(见图 4-10)。以下只讨论几种应用较广的双作用活塞式液压缸。

液压缸的分类　　　　　　　　　　　　　　　　表 4-2

类　型	名　称	说　明
单作用缸	柱塞式液压缸	单向驱动,返回行程利用自重或负荷等将柱塞推回
	单活塞杆液压缸	单向驱动,返回行程利用自重或负荷等将活塞推回
	双活塞杆液压缸	活塞的两侧都装有活塞杆,只能向活塞一侧共给压力油,活塞返回通常利用弹簧力、重力或外力
	伸缩液压缸	它以短缸获得长行程,用压力油将可动部分由大到小逐节推出,靠外力由小到大逐节缩回
双作用缸	单活塞杆液压缸	单边有活塞杆,两向液压驱动,两向推力和速度不等
	双活塞杆液压缸	双边有活塞杆,双向液压驱动,可实现等速往复运动
	伸缩液压缸	双向液压驱动,压力油将可动部分由大到小逐节推出,由小到大逐节缩回
	增压液压缸	低压室的压力驱动活塞,使另一端的活塞输出高压

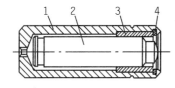

图 4-10　柱塞式液压缸
1-缸体;2-柱塞;3-套;4-弹簧圈

双作用活塞式液压缸的典型结构,可以图 4-11 所示的单活塞杆液压缸为例说明如下。液压缸主要由缸筒组件(缸底 16、缸筒 8、缸盖兼导向套 7、弹簧挡圈 3、半环 4 等)、活塞组件(活塞 9、活塞杆 15、耳环 1、半环 13、弹簧挡圈 14 等)和密封装置等组成。缸的两端开有油口 A 和 B,耐磨环 11 和导向套 7 起定心和导向作用。为防止油的泄漏,活塞与缸筒间用一对 Y 形密封圈 10 密封,活塞杆与活塞内孔间由 O 形密封圈 12 密封,导向套外圆与缸筒间也由 O 形密封圈 5 密封,其内孔与活塞杆间则由 Y 形密封圈 6 密封。密封圈用耐油橡胶制造。防尘圈 2 防止灰尘带入缸内。双活塞杆液压缸的结构与此相似。

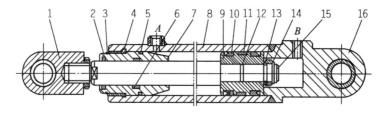

图 4-11　双作用活塞式液压缸的典型结构
1-耳环;2-防尘圈;3、14-弹簧挡圈;4、13-半环;5、12-O 型密封圈;6、10-Y 型密封圈;7-缸盖兼导向套;8-缸筒;9-活塞;11-耐磨环;15-活塞杆;16-缸底

双作用活塞式液压缸的特点说明如下:

2.1.1　双作用双活塞杆液压缸

这种液压缸如图 4-12 所示。由于活塞两端的有效工作面积都是 A,故其两个方向的液压推力相等,速度也相等。

2.1.2 双作用单活塞杆液压缸

双作用单活塞杆液压缸(图4-13)所占的空间范围较小,其长度范围约为缸体长度的两倍,故常用于大、中型设备。活塞杆向右运动时是压杆,故应有足够的稳定性。

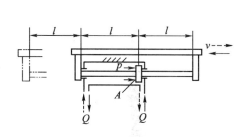

图4-12 双作用双活塞杆液压缸

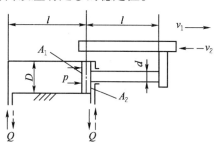

图4-13 双作用单活塞杆液压缸

单活塞杆液压缸的活塞只在一端装有活塞杆,故活塞两端的承压面积不等,因而两向液压推力和速度都不相等。

2.1.3 增压液压缸

图4-14表示增压液压缸的工作原理。增压液压缸是一种组合缸,它由低压缸1和高压缸3组合而成(2为密封材料),低压缸的活塞杆是高压缸的柱塞。压力为 p_1 的低压油从 P_1 口输入,推动活塞右移,压力为 p_2 的高压油从 P_2 口输出,压力为零的回油从 O 口排出。当活塞处于平衡状态时,$p_1 A_1 = p_2 A_2$。即

$$\frac{p_1}{p_2} = \frac{A_2}{A_1}$$

可见左右两腔的压力与两端面积成反比。活塞杆面积 A_2 越小于活塞面积 A_1,增压作用越显著。若将几只增压液压缸串联起来逐级增压,就能得到更大的压力。

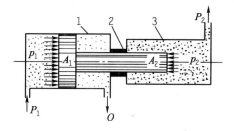

图4-14 增压液压缸
1-低压缸;2-密封材料;3-高压缸

2.2 液压缸的常见故障

2.2.1 液压缸工作时出现爬行现象

液压缸工作时出现爬行的原因和排除方法如下:

(1)缸内有空气侵入。应增设排气装置或者使液压缸以最大行程快速运动强迫排除空气。

(2)液压缸的端盖处密封圈压得太紧或太松。应调整密封圈使之有适当的松紧度,保证活塞杆能用手来回平稳地拉动而无泄漏。

(3)活塞与活塞杆同轴度不好。应校正、调整。

(4)液压缸安装后与导轨不平行。应进行调整或重新安装。

(5)活塞杆弯曲。应校直活塞杆。

(6)活塞杆刚性差。加大活塞杆直径。

(7)液压缸运动零件之间间隙过大。应减小配合间隙。

(8)液压缸的安装位置偏移。应检查液压缸与导轨的平行度,并校正。
(9)液压缸内径直线性差(鼓形、锥形等)。应修复,重配活塞。
(10)缸内腐蚀、拉毛。应去掉锈蚀和毛刺,严重时应镗磨。
(11)双活塞杆液压缸的活塞杆两端螺母拧得太紧,使其同心不良。应略拧松螺母,使活塞处于自然状态。

2.2.2 液压缸工作时牵引力不足或速度下降

液压缸工作时出现牵引力不足或速度下降的原因和排除方法如下:
(1)活塞配合间隙过大或密封装置损坏,造成内泄漏。应减小配合间隙,更换密封件。
(2)活塞配合间隙过小,密封过紧,运动阻力增大。应增大配合间隙,调整密封件的松紧度。
(3)活塞杆弯曲,引起剧烈摩擦。应校直活塞杆。
(4)液压缸内油液温升太高、黏度下降,使泄漏增加;或是由于杂质过多,卡死活塞和活塞杆。应采取散热降温等措施,更换油液。
(5)缸筒拉伤,造成内泄漏。应更换缸筒。
(6)由于经常用工作行程的某一段,造成液压缸内径直线性不良(局部有腰鼓形),致使液压缸的高、低压油互通。应镗磨修复液压缸内径,单配活塞。

3 液压辅助元件

液压系统中的辅助装置包括蓄能器、滤油器、油箱、密封件、油管、管接头和压力表等,它们在液压系统中都是不可缺少的组成部分。各种辅助装置在液压系统图中的职能符号可查阅液压手册。以下只对蓄能器、滤油器和油箱作一简介。

3.1 蓄能器

蓄能器是一种能量储存装置。自行将系统中的压力油液储存起来,需用时放出,以补偿泄漏和保持系统压力,并能消除压力脉动和缓和液压冲击。应用较多的是活塞式蓄能器(见图4-15,活塞3把上腔的压缩空气与下腔油液隔开)和气囊式蓄能器(见图4-16,气囊3隔开气体与油)。

蓄能器可用来作辅助动力源。图4-17表示液压机中的一个液压系统。图示工作状态时,活塞杆下移的速度较低,进入液压缸的流量小于液压泵供给的流量,泵所打出的一部分压力油便进入蓄能器1被储存起来。回程时换向阀换位,活塞向上移动要求较快的速度。这时蓄能器和泵同时向液压缸供油,使活塞快速返回。可见在执行元件正、反行程速度差别较大时,在系统中加装蓄能器,即可选用流量较小的泵。图中压力继电器2的作用,是在蓄能器储油压力达到额定值后断开电路,使泵停机;当蓄能器的压力降低时,压力继电器重新通电,泵再投入运行,以节约能量消耗。

蓄能器又可用来补偿泄漏和进行保压。在图4-18所示的液压系统中,当系统压力升高到超过蓄能器1的调定压力时,压力继电器3动作,使电磁换向阀5的上位接入控制油路,溢流阀4的遥控口通油箱,液压泵卸荷。此时由单向阀2和蓄能器1保持系统压力,并放出少量油液补充系统中的泄漏。当系统压力因泄漏过多而降到低于调定压力时,压力继电器反向动作,电磁换向阀回到图示位置,溢流阀遥控口与油箱断开,泵又重新供油,使系统压力恢复到调定值。

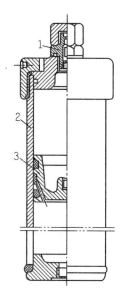

图 4-15 活塞式蓄能器
1-压缩气体接口;2-蓄能器壳体;3-活塞

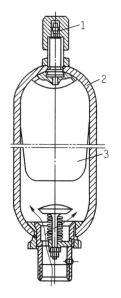

图 4-16 气囊式蓄能器
1-压缩气体接口;2-蓄能器壳体;3-气囊

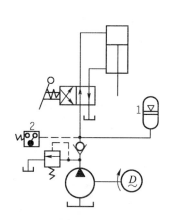

图 4-17 蓄能器作辅助动力源液压系统图
1-蓄能器;2-继电器

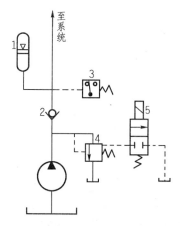

图 4-18 蓄能器作补漏、保压液压系统图
1-蓄能器;2-单向阀;3-压力继电器;4-溢流阀;5-电磁换向阀

3.2 滤油器

滤油器的功用是清除油液中的杂质和沉淀物。滤油器应结构简单、外形尺寸小、过滤精度高、通油性能好,并应有一定的机械强度。

滤油器的过滤精度按滤芯所能滤除的最小杂质粒度的大小(直径 d)分为四类:粗的($d \geqslant$

0.1mm)、普通的($d \geqslant 0.01$mm)、精的($d \geqslant 0.005$mm)和特精的($d \geqslant 0.001$m)。常用的滤油器有网式(图4-19)和线隙式(图4-20)等。一般说来,滤油器的滤清能力越高,其通油能力越低。

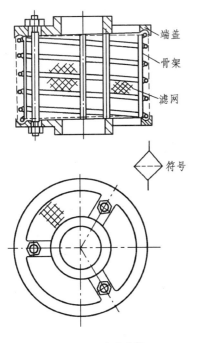

图4-19 网式滤油器　　　　　　　　图4-20 线隙式滤油器

滤油器可装在泵的吸油管路或输出管路中,或装在重要元件(如节流阀和伺服阀)的前面。通常,在泵的吸油口前装粗滤油器,在泵的输出管路中及重要元件之前装精滤油器。

3.3 油箱

油箱的作用是储油、散热和分离油中的杂质及空气。

选用和设计油箱,主要是确定油箱的有效容量。通常油箱容量可按经验选取:

对低压系统　　　　　　　　$V = (2-4)Q_B(L)$

对中压系统　　　　　　　　$V = (5-7)Q_B(L)$

对中高压、高压大功率系统　　$V = (6-12)Q_B L$

式中:V——油箱的有效容积(L);

Q_B——泵的额定流量(L/min)。

4 液压控制阀

液压控制阀简称液压阀,其作用是对液压系统中的油液流向、压力或流量进行控制、调节,以满足工作机械的各种要求。按照上述功能的不同,液压可以分为方向阀、压力阀和流量阀三类。

4.1 方向阀

方向阀是用来控制油液的定向、换向和闭锁等,它分为单向阀和换向阀。

4.1.1 单向阀

普通单向阀的作用是使油液只能沿一个方向流动。图 4-21 表示普通单向阀的结构和职能符号。图 4-21a)中 1 为阀体、2 为阀芯、3 为软弹簧。当油液作用力大于弹簧力时,压力油顶开阀芯,自进油口 P_1 流向出油口 P_2。油液倒流时,液压作用力使阀芯压紧在阀体上,阀口关闭,油路不通。常用的单向阀阀芯有球形和锥形两种。锥形阀芯的阻力小,密封性较好。我国高压阀系列中的单向阀均采用锥形阀芯。锥式单向阀又分为直通式(图 4-21a)和直角式(图 4-21b)。图 4-21c)为普通单向阀的职能符号。

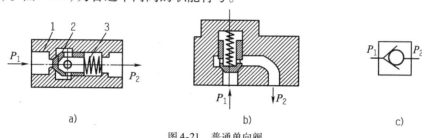

图 4-21 普通单向阀
a)直通式;b)直角式;c)职能符号
1-阀体;2-阀芯;3-软弹簧

液控单向阀的结构和职能符号如图 4-22 所示,与普通单向阀的不同之处在于多了一条控制油路(K 为控制口,在职能符号中用虚线表示控制油路,实线代表主油路)。一般情况下,只允许油液自进油口 P_1 流向出油口 P_2,不能反向流动。只有当接通控制油路,压力油通入控制口 K 推动控制活塞 2 并通过顶杆将单向阀阀芯顶起后,P_1 与 P_2 相通,油液才可以反向流动。注意控制压力油与进油口或出油口是始终不通的。当控制油路切断后,油液仍只能单向流动。

单向阀应用很广。图 4-23a)表示用单向阀产生背压,即使回油路中产生必要的压力。图中泵 1 输出的压力油进入液压缸 6 的右腔,液压缸左腔的油液经单向阀回到油箱(图中其他符号的意义后述)。此时单向阀 4 可使回油路中保持一定的背压,以保证活塞平稳地向左运动,并可防止系统从回油管出口端吸入空气。单向阀提供背压时,要换用较硬的弹簧,它的开启压力为 $(2\sim6)\times10^5\mathrm{Pa}$。

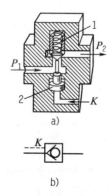

图 4-22 液控单向阀
a)结构图;b)职能符号
1-弹簧;2-控制活塞

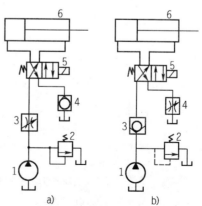

图 4-23 单向阀在液压系统中的应用图
a)产生背压;b)稳压锁止作用
1-液压泵;2-溢流阀;3-节流阀;4-单向阀;
5-二位四通阀;6-液压缸

图4-23b)中单向阀装在液压泵的出口处,防止高压冲击负荷传至液压泵,保证泵的安全。同时,当泵停止工作时,单向阀可锁住液压缸(防止油液倒流回油箱)。

4.1.2 换向阀

换向阀的作用是通过阀芯的运动,变换阀后油流方向或截断油路,对油流进行方向控制。

换向阀按阀芯的运动方式可分为滑阀和转阀。滑阀的阀芯是移动的,转阀的阀芯是摆动的。大部分换向阀都是滑阀型。按操纵方式,换向阀又可分为手动换向阀、行程阀(机动换向阀)、电磁换向阀、液动换向阀和电液动换向阀等。

以下介绍几种典型的换向滑阀。

4.1.2.1 二位四通电磁换向阀。 电磁换向阀用电磁铁推动阀芯移动,来实现油路的切换。采用电磁换向阀,可以提高液压系统的自动化程度,在机床及其他液压装置中应用很广。

二位四通电磁阀的结构原理和职能符号如图4-24所示。阀芯3有两个工作位置(称位:二位),阀体上有四个接出的通道(称通:四通),它的记号为:P 为进油口,$O(T)$ 为回油口,A、B 为通往液压缸7两腔的油口。

当电磁铁的线圈2断电时(常态),由图4-24a)可见弹簧4将阀芯推向左端位置,压力油从液压泵$8 \to P \to B \to$液压缸左腔,推动活塞6右移;回油从液压缸右腔$\to A \to O \to$油箱。图4-24c)为常态下这种阀的职能符号,图中方格数目即位数,格内箭头表示阀内油液流向,方格上下的短线表示外接油路,方格左边的符号表示电磁铁驱动,右边为复位弹簧。当线圈通电时(图4-24b),衔铁1被吸合,阀芯移至右端位置,压力油由液压泵$8 \to P \to A \to$液压缸右腔,推动活塞左移;回油则由液压缸左腔$\to B \to O \to$油箱。图4-24d)为通电时阀的职能符号。

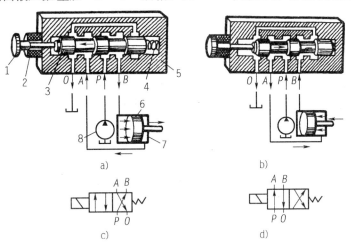

图4-24 二位四通电磁阀
a)常态时;b)通电时;c)常态时的职能符号;d)通电时的职能符号
1-衔铁;2-线圈;3-阀芯;4-弹簧;5-阀体;6-活塞;7-液压缸;8-液压泵;P-进油口;O-回油口;A、B-液压缸两腔油口

4.1.2.2 三位四通电磁阀。 三位四通电磁换向阀有三个工作位置,其结构原理如图4-25a)所示。当左边电磁铁1吸合时,阀芯2右移(图4-25c),压力油自P口流入,由A口流出;回油自B口流入,由O口流回油箱。当右边电磁铁4吸合时(图4-25d),阀芯左移,压力油自P口流入,由B口流出;回油自A口流入,由O口流回油箱。常态时电磁铁断电(图4-25e),阀芯在两端弹簧(图中未画出)的作用下处于中间位置(中位),油路不通。图2-25b)为三位四通电

磁换向阀的职能符号。图中符号⊥表示阀内油路被封闭。

为了满足液压系统的某些要求,三位滑阀中间位置各油口可有不同的连接方式,称为中位机能(即滑阀机能)。若中位时 A、B、P、O 均不相通,称为 O 型(图 4-25e),其特点是当阀芯处于中位时,液压缸两端油口既不与压力油相通,也不与回油相通,所以活塞不动(锁住),系统保压(即缸内压力不降低)。

4.1.2.3 液动换向阀和电液换向阀。液动换向阀用控制油路的油液压力推动阀芯移动,实现油路的切换。其结构原理和职能符号见图 4-26。图中控制口 K 接控制油路。无控制压力油时,阀芯在其两端弹簧力的作用下处于中位。液动换向阀一般用于大流量(超过 100L/min)的场合。

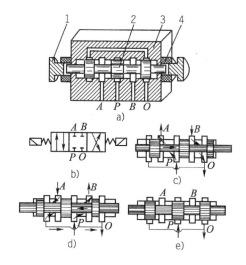

图 4-25 三位四通电磁阀
a)结构原理;b)职能符号;c)阀芯右移;d)阀芯左移;e)常态
1-电磁铁(左);2-阀芯;3-阀体;4-电磁铁(右)

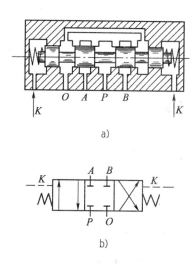

图 4-26 液动换向阀
a)结构原理;b)职能符号

电液换向阀由电磁阀和液动阀组合而成。它实质上是用一个小流量的电磁阀来改变控制油路中油液的流向,去推动一个大流量液动阀的阀芯,从而在大流量油路中实现电信号控制。

电液换向阀的结构原理见图 4-27a),图 4-27b)为其一般职能符号,图 4-27c)为其简化职能符号。图 4-27a)中 1 为电磁阀,它起先导作用;2 为液动阀即主阀。图示为电磁阀左边线圈通电,主阀芯尚未开始移动(位于中位)的情形。此时左端线圈吸合衔铁,电磁阀阀芯右移,压力油从 $P→P'→A'→$ 主阀芯左端油腔 e,推动主阀芯向右移动,使液动阀的左位(即职能符号中左边的方格)接入主油路,P 与 A 通,B 与 O 通。主阀芯右移时,其右端油腔 f 中的油液可经 B' 口从泄油口 L 排出。同理,当右边的电磁铁吸合时,电磁阀和主阀的阀芯均先后向左移动,液动阀的右位(即职能符号中右边的方格)接入主油路。当电磁铁断电时,液动阀阀芯两端的油腔 e 和 f 均通过电磁阀的中位与泄油口 L 相通,此时在两端弹簧力的作用下,液动阀的中位接入主油路。

4.1.2.4 手动换向阀和行程阀。手动换向阀是用手动杠杆操纵的换向阀。其职能符号如图 4-28 所示。图 4-28a)为自动复位式,图 4-28b)为钢球定位式。

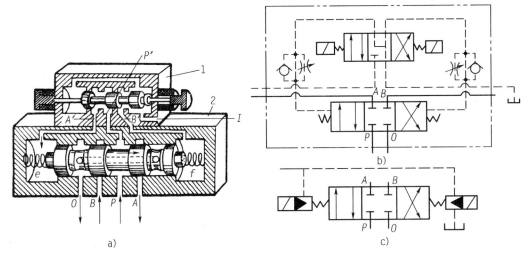

图 4-27 电液换向阀
a)结构原理;b)职能符号;c)简化职能符号
1—电磁阀;2—液动阀

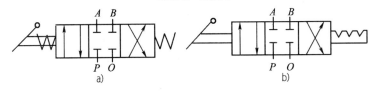

图 4-28 手动换向阀职能符号
a)自动复位式;b)钢球定位式

行程阀又称机动换向阀。行程阀一般是利用装在移动工作台上的形成挡铁,压下顶杆或滚轮使阀芯移动,实现油路的切换。图 4-29 表示用顶杆控制的二位二通、二位三通和用滑轮控制的二位四通、二位五通行程换向阀的符号。

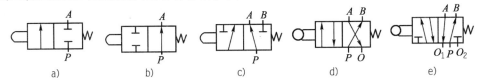

图 4-29 行程换向阀职能符号
a)、b)二位二通;c)二位三通;d)二位四通;e)二位五通

4.2 压力阀

压力阀用来控制液压系统中的压力,以实现恒压、限压、减压或稳压,或利用系统中压力的变化控制某些液压元件的动作。压力阀是利用阀芯所受的液压作用力和弹簧力的平衡关系来进行工作的。

压力阀按用途可分为溢流阀、减压阀、顺序阀和压力继电器等。

4.2.1 溢流阀

溢流阀是一种最基本的压力阀。它的主要功用是控制和调整液压系统的压力,以保证系统在基本不变的压力下工作。溢流阀有直动式和先导式两种。直动式用于低压,先导式用于中、高压。

4.2.1.1 直动式溢流阀。图4-30表示直动式溢流阀的结构原理图。阀的进油口 P 接液压系统,回油口 O 接油箱。进油口处的压力油经阻尼孔 b 到达阀芯4的底部。当系统压力较低时,阀芯4在弹簧2的作用下处于下端位置,阀口关闭,将 P 口和 O 口隔开。当系统压力升高到某一数值时,阀芯下端面所受液压作用力超过弹簧力,阀芯上移,阀口打开,系统中多余的油液经阀口溢流回油箱,实现稳压溢流作用。

旋转调压螺钉1可以改变弹簧的预压力,从而改变溢流阀的开阀压力,即可调节系统压力的大小。油孔 a 的作用是将泄漏到阀芯上端空腔中的油液引到回油口 O,随同溢流油液一起流回油箱。阻尼孔 b 的阻尼作用可减小阀芯的振动,使压力的波动减小。

直动式溢流阀结构简单,但稳定性差,一般只适用于低压系统,因高压时弹簧要很硬,阀的调压性能不佳。P型直动式溢流阀的额定工作压力为 $25 \times 10^5 Pa$。

4.2.1.2 先导式溢流阀。在中压和高压系统中普遍使用先导式溢流阀。图4-31表示先导式溢流阀的结构。它由主阀和先导阀组合而成,其结构特点是主阀芯5上下两端油腔都通进油口 P,由图可见,压力油由进油口 P 进入主阀下腔,并经阻尼孔 a(直径约1mm)进到主阀上腔,再经通孔 b 进入先导阀阀芯1左边的油腔,其压力作用在锥形阀芯上。当系统油压较低时,锥阀在调压弹簧2的作用下关闭,没有油液流过阻尼孔 a,故主阀上、下腔的油压相等,又由于主阀芯上下两端的承压面积也相等,故主阀芯所受的油压作用力相互平衡,在主弹簧4的作用下,主阀芯处于最下端位置,将溢油口 O 关闭。

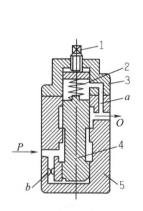
图4-30 直动式溢流阀
1-调正螺钉;2-弹簧;3-阀盖;4-阀芯;5-阀体;
a-引油孔;b-阻尼孔

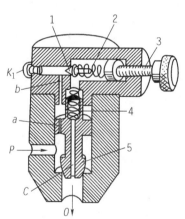
图4-31 先导式溢流阀
1-先导阀;2-调压弹簧;3-调压螺钉;4-主弹簧;5-主阀

当系统压力升高到超过先导阀调压弹簧所调定的压力值(由调压螺钉3调节)时,压力油首先顶开锥阀。先导阀打开后,主阀上腔油液经通孔 b、锥阀座孔及主阀芯通孔 C,由溢油口 O 流回油箱。此时主阀下腔的压力油经阻尼孔向上补充,由于阻尼孔的液阻而产生压力降,使下腔油压高于上腔。这时由于压力差的作用,主阀芯才能克服弹簧4的作用力而向上抬起,主阀口打开,系统中多余的油液经主阀口溢回油箱。故主阀的开启后于先导阀,"先导"的含意即在于此。

在先导式溢流阀中,锥形先导阀用来控制压力的大小,其弹簧可以很软,从而使阀具有良好的调压性能;柱形主阀则用来控制溢流通道的开闭。Y 型和 Y_l 型先导式溢流阀的额定工作压力为 $63 \times 10^5 \mathrm{Pa}$,$YF$ 型高压溢流阀的最高调定压力为 $210 \times 10^5 \mathrm{Pa}$。

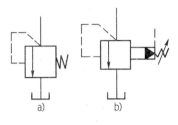

图 4-32 溢流阀的职能符号
a)一般溢流阀的职能符号;b)外控溢流阀的职能符号

若将图中封闭的外控口 K_1 与某外部油路接通,就成为外控溢流阀,此时主阀芯上腔的压力等于外控油压,当它低于系统压力时,溢流阀就会打开,故外控溢流阀的工作压力将随外控油压的变化而变化。在使用时,应注意使先导阀所调整的压力高于外控油压,否则不起外控作用。图4-32a)是一般溢流阀的职能符号,图4-32b)是外控溢流阀的职能符号。

由上述可知溢流阀的结构特点是:①阀不工作时阀口常闭;②控制阀口开闭的油液来自进油口;③泄漏的油液从内部通道排回油箱。

4.2.1.3 溢流阀的应用举例。

①用于稳压溢流。在图4-33中,定量泵1的输出流量恒定。当这一流量超过液压缸的需要时,多余油液即由溢流阀2流回油箱。故在系统正常工作时,溢流阀2是打开的。进入液压缸的流量由节流阀3调节,系统中的压力由溢流阀调节并保持恒定。

②用于防止过载。在图4-34中,液压缸3由变量泵1供油,系统中的压力随负载而变。正常工作时,溢流阀2前 A 点的压力不超过溢流阀的预调值时,阀口关闭,不溢油。当负载增加到使 A 点压力超过溢流阀的预调值时,溢流阀立即打开溢油,故可防止系统过载,起安全保护作用。此时溢流阀又称安全阀。

③用于卸荷。在图4-35中,二位二通电磁阀接通先导式溢流阀的外控口 K_1。当执行机构停止工作时,电磁阀通电,外控油路被接通,溢流阀主阀芯上腔与油箱相通,其油压接近于零,从而产生很大的压力差,使溢流阀的阀口全开。这时,泵排出的油液在很低的压力下通过溢流阀口流回油箱,实现卸荷,以节省功率损耗,减少油液发热和延长泵的使用寿命。

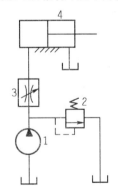
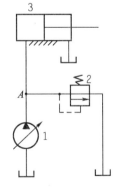
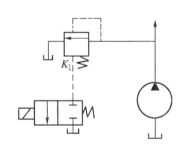

图 4-33 稳压溢流控制图
1-定量泵;2-溢流阀;3-节流阀;4-液压缸

图 4-34 防止过载控制图
1-变量泵;2-溢流阀(安全阀);3-液压缸

图 4-35 卸荷控制图

除上述应用外,用先导式溢流阀还可以实现远程调压。溢流阀装在回油路上,可调定回油路中的压力(背压),提高系统的稳定性。

4.2.2 顺序阀

顺序阀是利用系统中的压力变化来控制油路的通断,从而实现两个以上执行元件的顺序动作。顺序阀也分为直动式和先导式。此外,根据控制油路的不同,顺序阀又可分为内控式和外控式。

(1)内控顺序阀。内控顺序阀简称顺序阀。其结构原理与直动式溢流阀相似(图4-36a),图的下方为职能符号。压力油由进油口 P_1,经控制油孔 c,作用于阀芯4的控制活塞2底部,当压力较低时,阀芯处于下端位置,进、出油口互不相通(此位置未在图中画出)。当进口油压增至预调压力后,阀芯上移,进、出油口相通(图中所示位置)。顺序阀的开启压力由调压螺钉7调节。

顺序阀与溢流阀结构上的区别是:由于顺序阀的进、出油口均有压力,故泄漏到弹簧腔中的油液应从泄油口 L 单独接回油箱。此外,顺序阀和溢流阀虽然都是由进口油液压力控制其开启的,但顺序阀的调定压力低于进口压力。

(2)外控顺序阀。外控顺序阀也称遥控或液动顺序阀。若把图4-36a)所示的内控顺序阀的下盖1旋转180°后再装上,就是外控顺序阀(图4-36b)。这时控制油孔 c 至进油口的通道被切断,阀口的开闭只能由外部引来的压力油,通过外控口 K 进入控制活塞的底部,控制阀的开闭。

外控顺序阀可作卸荷阀使用,使液压泵卸荷。这时可将图4-36b)中的上盖6旋转180°,使孔 a 和孔 b 相通,并堵住泄油口 L(图4-36c)。这样,弹簧腔的泄油就可通过 a、b 孔流往出油口,再流回油箱,因此可省掉一条回油管。

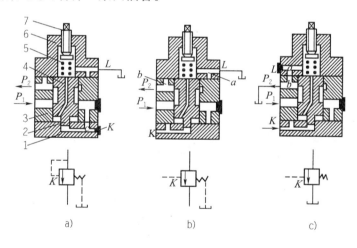

图4-36 顺序阀
a)内控顺序阀;b)外控顺序阀;c)卸荷阀
1-下盖;2-活塞底部;3-进油口;4-阀芯;5-弹簧;6-上盖;7-调压螺钉

图4-37为外控顺序阀作卸荷阀使用时,在双泵系统中的应用。图中 A 为高压小流量泵,B 为低压大流量泵。在液压缸(图中未画出)快速运动时,低压大流量液压泵 B 输出的油液经单向阀和液压泵 A 共同向系统供油。而在工作行程时,系统压力升高,外控顺序阀 C(卸荷阀)被打开,液压泵 B 卸荷,液压泵 A 单独向系统供油。这时,系统压力由溢流阀调整,单向阀在系统压力油作用下关闭。

4.2.3 压力继电器

压力继电器的功用是利用系统中压力的变化力控制电路的通断,从而使液压信号转变为电信号,以实现系统的程序控制或安全控制。

图 4-38 所示为压力继电器的结构原理。控制口 K 和液压系统相同。当系统油压升高到使作用于柱塞 3 的液压作用力大于弹簧力时,柱塞上移,其锥面推动钢球 2 向左水平移动,使杆 1 逆时针转动,电触点 A、B 接通,电气(电磁铁、继电器等)动作;反之,若系统油压降低,则电触点 A、C 接通。这样,就可以把系统压力的变化转换成电路的换接。调整螺钉 6 用来调节弹簧 5 的弹力大小,控制发出电信号的压力数值。图 4-38b)是继电器的职能符号。

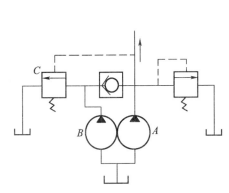

图 4-37 外控顺序阀作卸荷阀

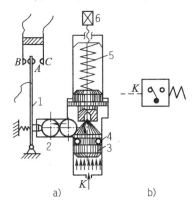

图 4-38 压力继电器
1-摇杆;2-钢球;3-柱塞;4-密封环;5-弹簧;6-调整螺钉

4.3 流量阀

流量阀依靠改变阀口通流面积的大小或改变通道的长短来改变液阻,从而控制通过阀的流量,以调节执行机构的运动速度。常用的流量阀有节流阀和调速阀等。

4.3.1 节流阀

图 4-39 表示节流阀的结构原理和职能符号。在图 4-39a)中,压力油从 P_1 口流入,经阀芯 3 下端的三角形沟槽从 P_2 口流出。旋转调节螺钉 1,即可使阀芯轴向移动,从而改变阀口的通流截面积,使通过的流量得到调节。这种阀的最高工作压力为 140×10^5 Pa。

图 4-40 为单向节流阀的职能符号,这种阀由单向阀和节流阀并联而成。当油液从 P_1 流向 P_2 时有节流作用;当油液反向流动,即由 P_2 流向 P_1 时,单向阀被顶开,节流阀不起作用,故可用来实现单向节流。

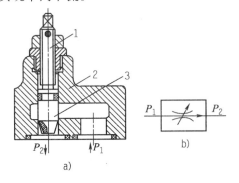

图 4-39 节流阀
1-调节螺钉;2-阀体;3-阀芯

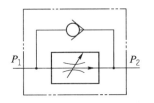

图 4-40 单向节流阀的职能符号

节流阀的节流口有三种基本形式:薄壁小孔形式节流口,细长孔形式节流口和介于上述两者之间形式的节流口。设 Q 为通过节流口的流量,Δp 为节流口前后的压力差,A 为阀口通流面积。

$$Q = KA(\Delta p)^m$$

式中:K——节流系数,它与节流口形状和油液性能有关;

m——由节流口形状决定的结构指数,通常 $m = 0.5 \sim 1$。

由上式可见,当阀口结构形状、油液性质和节流阀前后的压力差均一定时,流量 Q 与面积 A 成正比。故只要改变阀口的通流截面积 A,即可调节流量,这就是节流阀控制流量的道理。但实际上由于执行机构工作负载的变化,会引起节流阀前后压力差的变化;而油温的变化,又会引起油液粘度的变化,故系数 K 不为定值,通过节流阀的流量也会随负载大小等而发生变化,影响执行机构运动的平稳性。因此,节流阀只适用于运动平稳性要求不高的场合。

用单向节流阀可以控制液压缸中活塞往复运动的速度(图4-41)。图中压力油经换向阀和单向节流阀进入液压缸左腔。调节节流阀的开度,可改变流量的大小,使活塞以不同的速度右移,实现变速运动。溢流阀用来调定节流阀前端的压力,并将多余的油液溢回油箱。换向阀换向后,液压缸左腔的回油直接从单向阀流回油箱,节流阀不起调速作用,活塞快速向左退回。

图4-41中节流阀装在进油路中,称为进油节流;若节流阀装在回油路中,则称为回油节流。

4.3.2 调速阀

前面说过,工作负载的变化将引起节流阀阀口前后压力差 Δp 的变化,从而将影响流量的稳定。因此,节流阀虽可调节速度,但速度会随负载的变化而变化。对于运动平稳性要求较高的液压系统,通常采用调速阀。

调速阀是由定差减压阀与节流阀串联而成的一个组合阀。定差减压阀保证节流阀前后端的压力差 Δp 恒定,从而使通过节流阀的流量不变,以稳定机构的运动速度。

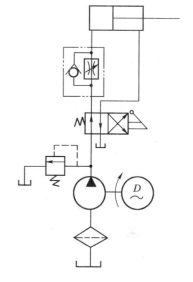

图4-41 单向节流阀的应用

调速阀的工作原理如图4-42所示。图中1为减压阀阀芯,3为节流阀阀芯。来自液压泵的压力油(其压力恒为 P_1,由溢流阀调定)经节流口 Δh 减压后,其压力降为 P_2。压力为 P_2 的油液分成三路:其中两路经阀体孔道分别进入减压阀无弹簧的上腔和下腔,产生推动阀芯1向上的合力,总承压面积为 $A_1 + A_2 = A$;另一路经节流口 B 降压后,压力减为 P_3,即调速阀的出口压力。压力为 P_3 的油液进入减压阀芯的弹簧腔,和弹簧一起产生推动阀芯1向下的合力。当阀芯1平衡时,由平衡条件可得:

$$p_2 A - p_3 A - F_s = 0$$

式中:F_s——弹簧对阀芯的作用力。

由此可得节流阀前后的压力差为:

$$\Delta p = p_2 - p_3 = \frac{F_s}{A}$$

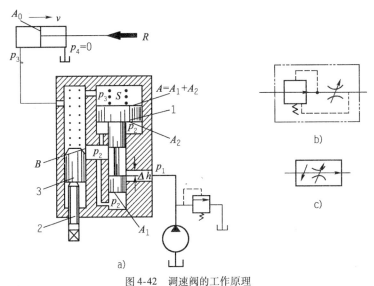

图 4-42 调速阀的工作原理
a)调速阀结构图;b)调速阀的职能符号;c)调速阀的简化符号
1-减压阀阀芯;2-调节螺杆;3-节流阀阀芯

由于减压阀弹簧 S 很软,故当阀芯 1 移动时,弹簧力 F_s 变化很小,压力差 Δp 基本恒定,由式可知,此时通过调速阀的流量基本恒定。

调速阀的出口压力差,取决于负载 R 的大小。忽略压力损失时,$p_3 = R/A_0$(A_0 为活塞面积)。当负载只增大时,p_3 增大,此时减压阀芯下移,节流口 Δh 增大,减压程度减小,故 p_2 增加,仍能保持 $\Delta p = p_2 - p_3 =$ 常数,达到稳速的目的。可见在调速阀中,定差减压阀起压力补偿作用。

调节螺杆 2 可使节流阀芯 3 移动,即可改变节流口 B 的开度,以达到改变节流阀的出口流量,实现速度调节的目的。

图 4-42b)是调速阀的职能符号,图 4-42c)是它的简化符号。

应当指出,调速阀中定差减压阀的压力补偿作用在油液反向流动时不起作用,故调速阀只能单向使用。此外,调速阀中的定差减压阀与一般的定差减压阀不同,不能误将节流阀串联起来,当作调速阀使用。

4.4 控制阀的常见故障及排除方法

4.4.1 单向阀常见的故障及排除措施

单向阀常见的故障及排除措施见表 4-3。

单向阀常见的故障及排除措施　　表 4-3

现　象	原　因	排除方法
发生异常声音	油的流量超过许用值	更换流量大的阀
阀与阀座有严重泄漏	阀座面密封不好;滑阀或阀座拉毛;阀座碎裂	重新研配;更换阀并研配阀座
不起单向阀作用	阀体孔变形;滑阀配合时有毛刺	修研阀体孔;去毛刺
结合处渗漏	连接处没拧紧	拧紧

单元四　汽车典型液压液力元件

4.4.2　换向阀常见的故障及排除措施

换向阀常见的故障及排除措施见表4-4。

换向阀常见的故障及排除措施　　　表4-4

现象	原 因	方 法
不换向	电磁铁吸力不足,损坏或接线断路	更换电磁铁或重新接线
不换向	滑阀拉伤或卡死	清洗修研滑阀
不换向	弹簧力过大或弹簧折断	更换适当弹簧
不换向	滑阀摩擦力过大	配研阀芯使之运动自如
不换向	控制压力油压力太小	提高控制压力油的压力
不换向	控制油路堵塞	疏通控制油路
不换向	安装时螺钉拧紧力过大或不均匀,使阀体变形	重新紧固安装螺钉
不换向	滑阀产生不平衡力,形成液压卡紧	在滑阀外圆开平衡槽
电磁铁过热或烧毁	电磁铁线圈绝缘不良	更换电磁铁线圈
电磁铁过热或烧毁	电磁铁铁心与滑阀轴线不同心	拆卸重新装配
电磁铁过热或烧毁	电磁铁铁心吸不紧	修理电磁铁
电磁铁过热或烧毁	电压不对	调正电压
电磁铁过热或烧毁	电线焊接不好	重新焊接
换向不灵	油液混入污物,卡住滑阀	清洗滑阀
换向不灵	弹簧力太小或太大	更换合适的弹簧
换向不灵	电磁铁的铁心接触部位有污物	磨光清理
换向不灵	滑阀与阀体间隙过小或过大	研配滑阀使间隙适当
电磁铁动作响声大	滑阀卡住或摩擦力过大	修研或更换滑阀
电磁铁动作响声大	电磁铁不能压到底	校正电磁铁高度
电磁铁动作响声大	电磁铁接触面不平或接触不良	清除污物,修整电磁铁
电磁铁动作响声大	电磁铁的磁力过大	选用电磁力适当的电磁铁

4.4.3　节流阀常见的故障及排除措施

节流阀常见故障和排除方法如下:

(1)节流作用失灵或调节范围不大的原因及其排除方法:

①阀芯与阀孔的间隙大,造成泄漏,使调节不起作用。应更换或修复磨损零件。

②节流口阻塞或阀芯卡住。一般通过清洗和换油基本可以解决。

③节流阀结构不良。应选用节流特性好的节流阀。

④密封件损坏。应更换密封件。

(2)运动速度不稳定(如逐渐减慢、突然增大和跳动等)的原因及其排除方法:

①进出液压油口杂质堆积和黏附在节流口边上,使通流截面减小,速度减慢。应清洗元件,更换液压油。

②节流阀性能差,由于振动使节流口变化。应增加节流锁紧装置。

③节流阀内部或外部泄漏。应检查零件精度和配合间隙,修正或更换超差的零件。

④因负载的变化使速度突变。要改换调速阀。

⑤油温随工作时间的增长而升高,油的粘度降低,使速度逐步增高,油温稳定后,再调节节流阀或增加散热装置,以便降低温度。

⑥系统中存在大量空气,应排除空气。

⑦阻尼装置阻塞。应清洗元件,保持油液清洁。

4.5 伺服阀

伺服阀又称随动阀,其作用是将功率很小的输入信号,转换成功率较大的液压输出量。这种阀能按照输出量和输入量的差值,自动改变其工作状态,从而自动改变输往执行机构油液的流向、流量和压力,实现自动控制。

伺服阀的工作原理说明如下:在图4-43a)中活塞杆1固定不动,液压缸缸体2与伺服滑阀的阀体联成一体,阀芯3上两个圆柱面的宽度分别和油口A、B的宽度相等。阀芯的水平移动量s_1是输入量,缸体的水平移动量s_2是输出量。图示为$s_1 = s_2 = 0$的情况,阀芯静止,输出和输入量的差值(即油口开口量)$\Delta s = s_2 - s_1 = 0$。这时油口A和B均被封住,缸体静止。

当输入量$s_1 > 0$时,相应于阀芯向右移动,油口A、B左边同时产生一个开口量(图4-43b)。此时压力油从P口进入,经B口流入液压缸右腔,推动缸体向右移动一段距离s_2,液压缸左腔的回油则经A口和O口流回油箱。由于阀体与缸体固连,故在缸体的移动过程中,开口量减为$\Delta s = s_2 - s_1 < 0$(负值表示左边开口)。可见只有当$s_1 = s_2$,即缸体的移动量与阀芯移动量相等时,油口A、B才被重新封住,缸体停止移动。

同理,当输入量$s_1 < 0$,即阀芯向左移动时,油门A、B右边同时产生一个开口量(图4-43c),压力油经A口流入液压缸左腔,推动它向左移动,右腔回油则经B口流回油箱,直到$s_1 = s_2$时为止。缸体左移过程中,开口量$\Delta s = s_2 - s_1 > 0$,正值表示右边开口。由上述可见,伺服阀的工作状态、油液的流向和流量均取决于开口量Δs的大小和正负,即取决于输出和输入量之差的代数值。缸体的运动是跟着阀芯进行的,这就是"随动"的含意。因此,这类伺服阀可用于工作精度要求较高的系统。

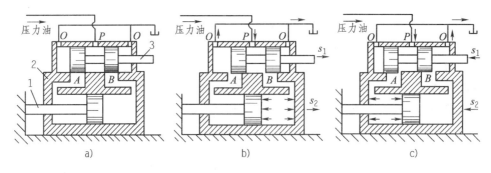

图4-43 伺服阀的工作原理

a)阀芯的水平移动量$s_1 = 0$;b)阀芯向右移($s_1 > 0$);c)阀芯向左移($s_1 < 0$)

1-活塞杆;2-液压缸缸体;3-伺服滑阀的阀芯

5 汽车典型液压系统

5.1 汽车起重机液压系统

在汽车底盘上装上起重设备,用以完成吊装任务的汽车称为汽车式起重机。常用的液压汽车起重机的起重量有 5、8、12、16、25、40t。

5.1.1 汽车起重机的功用和对液压系统的要求

汽车起重机用来装卸物料和进行安装作业,在公路工程、建筑工程施工中广泛应用。汽车起重机起重作业的基本过程是:支腿伸缩支撑调平车身并稳定,吊臂变幅伸缩,下降吊钩起升重物并回转到一定位置,下降重物,起重工作结束吊臂复位,收支腿,液压泵停止工作。至此完成起重工作循环。

由此可见,汽车起重机要求液压系统实现车身液压支撑、调平、升降重物及回转等作业。

5.1.2 汽车起重机液压系统工作原理

图 4-44 为 QY-8 型汽车起重机的液压系统原理图。

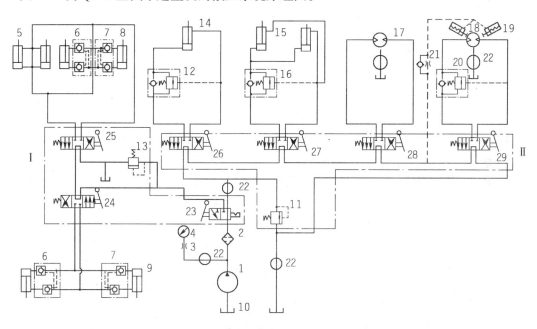

图 4-44 QY-8 型汽车起重机的液压系统图

1-液压泵;2-滤油器;3-阻尼器;4-压力表;5-稳定器液压缸;6、7-液压锁;8、9-前后支腿液压缸;10-油箱;11、13-安全阀;12、16、20-平衡阀;14-吊臂液压缸;15-变幅液压缸;17-回转液压马达;18-起升液压马达;19-制动器液压缸;21-单向节流阀;22-中心回转接头;23、24、25-Ⅰ组多路阀;26、27、28、29-Ⅱ组多路阀

5.1.3 液压系统主要元件的作用

在图 4-44 的液压系统中,动力元件 1 为 ZBD-40 型轴向柱塞泵。执行元件是两对支腿液压缸 8、9,一对稳定器液压缸 5,吊臂液压缸 14,液压缸 15,回转马达 17,起升马达 18,一对制动器液压缸 19。

控制调节元件有方向阀和压力控制阀。

方向阀:包括Ⅰ组三联多路阀和Ⅱ组四联多路阀。Ⅰ组三联多路阀中的阀23控制油液分别供给Ⅰ、Ⅱ多路阀组,阀24、25控制支腿液压缸及稳定器液压缸,Ⅱ组四联多路阀控制吊臂变幅、伸缩液压缸和回转、起升马达;液压锁6、7用以锁紧前后支腿液压缸。

压力控制阀:安全阀13控制支撑、稳定工作回路免于过载,其调定压力为16MPa;安全阀11控制吊臂伸缩、变幅、回转、起升工作回路免于过载,调定压力为25～26MPa。两安全阀分别装于两多路阀组中。平衡阀12、16、20,分别控制吊臂伸缩、变幅、起升马达工作平稳及单向锁紧。

5.1.4 液压系统工作原理分析

QY-8型汽车起重机液压系统的油路分为两部分。伸缩变幅机构、回转机构和起升机构的工作回路组成一个串联系统;前后支腿和稳定器机构的工作回路组成一个串、并联系统。两部分油路不能同时工作。整个液压系统除液压泵1、滤油器2、前后支腿和稳定机构以及油箱外,其他工作机构都在平台上部,因而有的称上车油路和下车油路。上部和下部的油路通过中心回转接头连接。

根据汽车起重机的作业要求,液压系统完成下述工作循环:车身液压支撑、调平、稳定,吊臂变幅伸缩,吊钩重物升降,回转。

(1) 车身支撑,调平和稳定。车身液压支撑、调平和稳定由支腿和稳定器工作回路实现。

(2) 吊臂变幅、伸缩。吊臂变幅、伸缩由变幅和伸缩工作回路实现。

(3) 吊重的升降。吊重的升降由升降工作回路实现。

(4) 吊重回转。吊重的回转由回转工作回路实现。

滤油器2安装在液压泵的排油路上,这种安装方式可以保护除泵以外的全部液压元件。为了防止因堵塞而使滤芯击穿,在滤油器进口前装一压力表4。当液压泵处于卸荷状态下运转时,压力表的读数不得超过1MPa。若大于此值,就必须清洗滤芯。

各工作机构的调速,是通过调节发动机加速踏板踩下的深度使之在一定范围内改变发动机转速即液压泵的转速,并配合手动换向阀节流来实现的。两种调速方法的恰当配合,既方便又可靠,可以达到在0.0033m/s的微速下平稳工作。

在一些需要复合动作较多,各执行元件动作独立性较强的重型(起重量在15～50t)、超重型(起重量在50t以上)的汽车式起重机上宜采用多泵多路系统。

5.2 车辆液压助力转向机构

下面分别介绍滑阀式和转阀式液压伺服机构。

5.2.1 滑阀式液压伺服助力转向机构

(1) 主离合器,转向离合器的液压助力机构

在一些大中型履带推土机上用液压助力机构操纵主离合器和转向离合器是很普通的。这些工作在大中型履带推土机上单凭驾驶员的体力常常是不能胜任的。图4-45就是用于履带推土机的主离合器和转向离合器上的液压助力器。它由阀杆4,阀套(活塞)5和液压缸体6组成。

当阀杆4处于中位(图示状态)时,阀杆上的两个凸台均不起封油作用。因此,阀套(活

单元四 汽车典型液压液力元件

塞)5两端油腔与进油道和回油道均相通,处于平衡状态,使活塞位置保持不动。

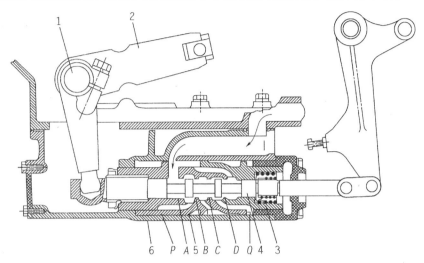

图4-45 转向离合器用液压助力器
1-转轴;2-转臂;3-调压弹簧;4-阀杆;5-阀套;6-液压缸体

向左推动阀杆时弹簧被压缩,阀杆上的两个凸台立即关闭A、C孔,压力油进入活塞右端的Q面。在A、C孔关闭的同时,活塞左端油路与回油路接通,使活塞左端变为低压腔。这样活塞就在右端高压油的作用下,由右向左跟随阀杆运动。推动阀杆向左移动多长距离,活塞就向左移动多长的距离。活塞带动摇臂通过拨动离合器座,使离合器分离。当离合器分离后A、C孔立即开启,阀杆恢复中位。活塞两端油压处于平衡状态,使活塞位置保持不动。

从上述工作过程可看出,此液压助力器是一个典型的液压伺服装置,所以具有如前所述伺服系统的一切特点。

(2)轮式车辆上采用的连杆式助力器

这种连杆式液压助力器在刚性车架的轮式车辆中广泛应用。连杆式液压助力器工作原理如图4-46所示。助力器由伺服阀和助力液压缸两部分组成。液压缸的缸筒2是可移动的,活塞杆3铰接在机架上。伺服阀与一般三位四通阀类似。阀体4与缸筒2做成一体,通过连杆与梯形转向板连接。阀上的四道槽P、A、B、O分别与液压泵(进油口)、液压缸左腔、液压缸右腔和油箱相通。液压缸左右腔均与回油口相通。阀体与阀芯相对不动。

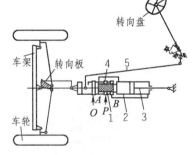

转向时转动转向盘,拉杆5推动阀芯1。如果向左移动,则液压缸左腔进油,右腔回油。缸筒连同阀体4向左移动,通过转向梯形使车轮偏转,直到阀体4赶上阀芯1重新处于平衡位置为止。因此,不断地转动转向盘,车轮便能跟随不断地偏转。而转动转向盘的力仅移动阀芯所需要的力,所以操纵很轻便。

图4-46 转向器工作原理图
1-阀芯;2-缸筒;3-活塞杆;4-阀体;5-拉杆

助力器结构见图4-47所示。缸体2与阀体4连成一体,球头销5通过连杆与转向梯形相连,活塞3固定在机架上不动。从转向盘来的拉杆用球头销6固定在可移动套筒7内。伺服阀芯1用弹簧8和螺母9固定在阀杆10上。阀杆10与套筒7相连,并靠弹簧11定位。安装

203

时可转动螺母9来调整阀芯位置与阀套12对准。阀套12上有三排径向孔A、B、P（每排8个孔），分别与阀体上的三条槽相同。B孔通过轴向孔与液压缸左腔相连，A孔通过管子13与右腔相连。当转动转向盘时，套筒7移动，带动阀芯1时液压缸相应腔进或回油，缸体连同阀体4与阀芯通向移动，完成转向。

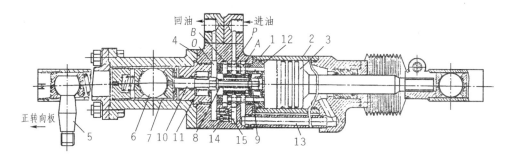

图4-47 液压助力器结构

1-伺服阀芯；2-缸体；3-活塞；4-阀体；5-球头销；6-拉杆球头销；7-套筒；8-弹簧；9-螺母；10-阀杆；11-弹簧；12-阀套；13-管子；14-回油阀；15-安全阀

助力器的工作过程见图4-48所示。当阀芯向右移动时（图4-48a），P孔（接液压泵）压力油经A孔至助力器液压缸左腔，而左腔经B及O孔通油箱回油。故缸体连同阀体向右移动，直到阀体跟上阀芯处于图4-48b）所示为止，即伺服停止。

当阀芯向左移动时（图4-48c）的工作过程与上述相同，但移动方向相反。

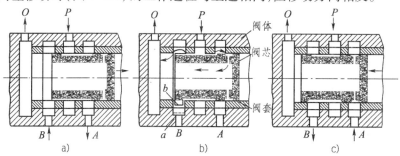

图4-48 液压助力器工作过程图

若是发动机或液压泵出现故障，这时助力器仅起一个连杆作用，转向系统仍可工作。为了防止与进油口P相通的液压缸腔室产生真空，装置回油阀4，正常工作时该阀在压力油作用下关闭。

安全阀用于限制系统的最高工作压力，保护系统安全。

5.2.2 转阀整体式动力转向器

转阀整体式动力转向器是由机械转向器、转向动力缸和旋转式转向控制阀三者组合成的转向器。这种转向器结构紧凑、质量轻、传动效率高、操纵轻便、反应灵敏、使用寿命长、易于调整，但结构复杂，制造要求高。

图4-49为北京切诺基使用的转阀整体式动力转向器。北京切诺基汽车动力转向装置的机械转向器部分为循环球式转向器。

这种机械转向器有两级传动副。第一级是螺杆齿条活塞传动副，第二级是齿条齿扇传动副。齿条是在活塞圆柱面上加工出来的斜齿轮,变齿厚与转向摇臂轴制成一体。

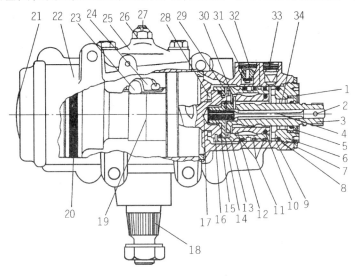

图4-49 北京切诺基汽车转阀整体式动力转向器

1-卡环;2-锁销;3-短轴;4-扭杆;5-骨架油封;6-调整螺塞;7-锁母;8、10、11、15、20-O形密封圈;9-推力滚针轴承;12-阀芯;13-阀体;14-下端轴盖;16-锁销;17-转向螺杆;18-转向摇臂轴;19-转向螺母(齿条-活塞);21-转向器端盖;22-壳体;23-循环球导管;24-导管压紧板;25-侧盖;26-锁紧螺母;27-调整螺钉;28-推力滚针轴承;29-定位销;30-锁销;31-止回阀;32-进油口;33-出油口;34-滚针轴承

转阀是北京切诺基动力转向器的核心部件。转阀的控制原理如图4-50所示。它主要由阀体3、阀芯5和扭杆4等组成。扭杆4的一端同阀体3连接在转向轴上,另一端通过定位销与阀芯5相连。阀体3和阀芯5上开有相对应的油道,动力缸左腔和右腔分别与阀体上相对两油道相连,阀上还开有回油道。

汽车直线行驶时,阀芯相对于阀体不动,油泵供给的油液流入控制阀进油道,从阀芯和阀体的预开缝隙经回油道流回油罐。动力缸左右两腔压力基本相同,活塞保持其位置基本不变,因此车辆保持原有的行驶方向不变。

转向盘右转时,阀体随转向轴向右转动,由于转向阻力的反作用,扭杆与阀芯相连一端不能转动,扭杆被扭转一个角度,这样就使阀芯相对于阀体向左转动,从而改变了阀芯与阀体所构成的通道,各部件的位置如图4-50所示。此时,从进油道流入的高压油能流向动力缸的前腔,从而使前腔室成为高压区,动力缸后腔室经阀体回油道与回油路相通成为低压区,活塞在压力差作用下向后移动,推动转向轮向右偏转,汽车向右行驶。

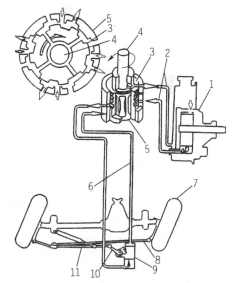

图4-50 北京切诺基汽车旋转式控制阀的工作原理

1-转向油泵;2-油管;3-阀体;4-扭杆;5-阀芯;6-油管;7-车轮;8-转向拉杆;9-动力缸;10-转向摇臂;11-转向横拉杆

汽车向左转向时,情况与向右转弯时相近,控制阀改变油道使动力缸前腔成为低压区,后腔变成了高压区,汽车向左行驶。

奥迪、红旗、捷达、桑塔纳 2000 等轿车采用的转阀整体式动力转向装置的结构和原理与此类似。

6 液力元件—变矩器

6.1 变矩器的组成

变矩器是组成汽车自动变速器的主要元件之一。变矩器利用液体平稳地将发动机转矩传递给变速器。变矩器内部是一个环形装置,其中充满自动变速器油,位于发动机和变速器之间。常用的汽车液力变矩器主要由外壳、泵轮、涡轮和导轮组成,如图 4-51 所示。变矩器的外壳固定在发动机的飞轮上,把发动机的动力传给变矩器。泵轮由变矩器外壳驱动,变矩器的主动件,涡轮为从动件,通过花键驱动变速器。导轮主要起改变扭矩的作用,同时在变矩器高速旋转时,保证变矩器有比较高的传动效率和较大的输出扭矩。

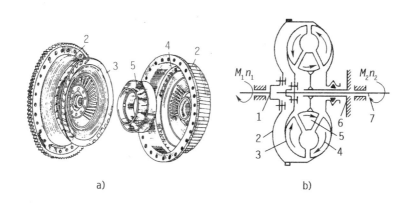

图 4-51

1-发动机曲轴;2-变矩器壳体;3-涡轮;4-泵轮;5-导轮;6-导轮轴;7-自动变速器输入轴

(1) 泵轮。泵轮在变矩器壳体内,许多曲面叶片径向安装在内。在叶片的内缘上安装有导环,提供一通道使 ATF(自动变速器油)流动畅通。变矩器通过驱动端盖与曲轴连接。当发动机运转时,将带动泵轮一同旋转,泵轮内的 ATF 依靠离心力向外喷出。发动机转速升高时泵轮产生的离心力亦随着升高,由泵轮向外喷射的 ATF 的速度也随着升高。

(2) 涡轮。涡轮同样也是有许多曲面叶片的圆盘,其叶片的曲线方向不同于泵轮的叶片。涡轮通过花键与变速器的输入轴相啮合,涡轮的叶片与泵轮的叶片相对而设,相互间保持非常小的间隙。

(3) 导轮。导轮是有叶片的小圆盘,位于泵轮和涡轮之间。它安装于导轮轴上,通过单向离合器固定于变速器壳体上。

导轮上的单向离合器可以锁住导轮以防止反向转动。这样,导轮根据工作液冲击叶片的方向进行旋转或锁住。

6.2 变矩器的工作原理

6.2.1 变矩器的基本工作原理

变矩器的基本工作原理,可以用两台电风扇作模拟试验,一台电风扇接通电源就像变矩器中的泵轮,另一台电风扇不接电源就像涡轮。将两台电风扇对置,当接通电源的电风扇旋转时,产生的气流可以吹动不接电源的风扇使其转动。这样两个电风扇就组成了耦合器,它能够传递转矩,但不能增大转矩。如果添加一个管道,空气就会从后面通过管道,从没有电源的电风扇回流到有电源的电风扇。这样会增加有电源的电风扇吹出的气流。在液力变矩器中,导轮起到了这种空气管道的作用,如图4-52所示。

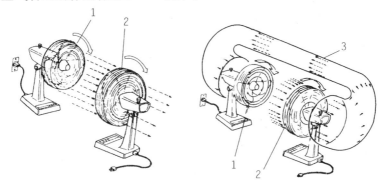

图 4-52

1-接通电源的电风扇;2-不接通电源的电风扇;3-空气通道

6.2.2 变矩器的工作原理

变矩器起动时,从泵轮喷射出的ATF(自动变速器油)流入静止的涡轮中形成环流,当泵轮转速增高时,环流作用使涡轮的转矩增大,涡轮开始缓慢地旋转,并逐渐加快,缩小了与泵轮转速差别而提高了传动效率。这是没有导轮的情况,变矩器相当于液力耦合器。若在泵轮和涡轮中安装了导轮,当涡轮转动时,从涡轮流出的ATF有残留的动能,通过导轮加在泵轮上从而增大转矩。

泵轮与涡轮的转速差越大,转矩增大也越快。当涡轮转速加快到与泵轮转速接近时,从泵轮叶片后表面流过的ATF变成从叶片前面流过,流动方向改变了。当AFT从叶片后表面流过时,导轮由于单向离合器的作用在导轮轴上空转;而通过叶片前表面时,同样由于单向离合器的作用,导轮被单向离合器锁住在导轮轴上而不转动。

导轮空转开始点称为耦合点。开始空转后,变矩器就失去了变矩的功能而只有液力耦合器的功能。耦合点实际是变矩器功能的转折点,导轮不转的范围称为变矩器范围,导轮空转的范围称为耦合器范围。

6.3 液力变矩器的维护使用

随着采用液力机械传动的机械越来越多,我们应对液力变矩器的正确使用、维护及油温过高的原因和排除方法有所了解。

液力变矩器的油温随着使用工况的不同而变化。其正常使用油温进口处为 90 ± 5℃,出口处的最高允许温度为 115～120℃，短时间内可允许到 130℃。

油温过高的危害：就液力变矩器而言，油温越高油的粘度就越低，就提高液力变矩器的效率方面而言，过高的温度将引起下列问题：

(1) 工作油液生产气泡，氧化沉淀，油容易变质老化；

(2) 粘度大大降低，不能起到传动系统的润滑作用，并且还容易引起泄漏；

(3) 过高的温度会导致橡胶密封件老化，起不到密封作用使油的漏损增大，将会影响液力变矩器的正常工作。

引起油温过高的原因及其排除方法：导致油温过高的原因很多，在检查原因时要先易后难逐步分析。现将其主要原因与排除措施列于表 4-5 中。

变矩器油温过高的原因与排除措施　　　　　　　　　　表 4-5

引起的原因	检查的部位	排除措施
油冷却器堵塞	冷却器芯子	清洗或更换
补偿油压过高	溢流阀	调整压力
出油口油压过高	背压阀	调整压力
过滤器堵塞	过滤器芯子	清洗或更换
长时间过载作业		减轻载荷
工作轮间隙不当	零件磨损或装配间隙不当	更换零件或重新装配

使用液力变矩器的注意事项：

(1) 正确选用工作油牌号；

(2) 注意保持油的清洁度。根据使用条件，每使用 1000h，或者时间再短些，应该换油；当发现油脏，或者由于油温高而使油变色，或有很浓的气味时，需随时换油；

(3) 注意出口油温不得超过规定的温度；

(4) 每日开始工作时，先不要满载作业，应待进口油温升至 80℃ 时，再进行正常作业。

思考与练习

1. 汽车上常用的液压泵有哪几种？
2. 齿轮泵主要由哪些零件组成？
3. 试叙述齿轮泵、叶片泵、柱塞泵的工作原理。
4. 液压缸主要有哪些类型？各有何特点？
5. 液压辅助元件有哪几种？在系统中主要起什么作用？
6. 液压控制元件分为哪三类？在系统中主要起什么作用？
7. 陈述单向阀、换向阀、溢流阀、顺序阀、压力继电器、节流阀、调速阀的工作原理和主要组成。
8. 试分析滑阀式和转阀式转向助力器的工作原理。
9. 液力变矩器主要由哪些元件组成？各元件起什么作用？
10. 拆装车用泵。
11. 阐述各类泵的主要故障及其影响因素和排除措施。

单元四　汽车典型液压液力元件

12. 拆装车用缸。
13. 阐述各类缸的主要故障及其影响因素和排除措施。
14. 拆装车用阀。
15. 阐述各类阀的主要故障及其影响因素和排除措施。
16. 按要求组建液压系统。
17. 分析阐述液压系统(由教师指定)可能的故障及其排除措施。
18. 阐述变矩器的主要故障,正确的使用和维护方法。

单元五　汽车机修基础知识

学习目标

知识目标

1. 简单叙述踞、锉、錾、钻的基本使用要求和要领;
2. 简单叙述电弧焊、气焊的基本使用要求和要领;
3. 简单叙述下料、弯曲、整平、卷边的基本操作要求和要领。

能力目标

1. 会踞、锉、錾、钻的基本技能;
2. 会电弧焊、气焊的基本技能;
3. 会下料、弯曲、整平、卷边的基本技能。

1　钳工基础知识

1.1　钳工安全基本常识

(1)进入现场,要按规定穿戴好劳动保护用品,并正确使用这些劳动保护用品。要熟悉现场环境,清楚安全设备的位置、规格、使用方法;注意潜在的事故隐患,并有相应的防范措施。

(2)要熟悉各种工具、量具、卡具、设备的性能和使用规程,不得擅自动用未经指导人员讲授并同意动用的物品、设备、车辆。

(3)操作过程中随时保持工具、桌面和工件清洁整齐,不准乱堆乱放。严禁使用不合格的工具操作。

(4)在工作过程中要贯彻安全第一的思想,认真观察,相互确认,确保安全后才能动作,既要防止误伤他人,也要防止被他人误伤。相互关照、提醒。

(5)工作中要注意安全用电,防止重物堕落伤人;不准用嘴吹铁屑、灰尘;防止滑倒、刺伤、碰伤、崩伤,防止其他一切可能的伤害。

(6)实训中不准擅自离岗、串岗。严禁打闹追逐,不准用工具作"武器"打斗练武,更不能以工具作凶器斗殴。

(7)工作过程中清点保管好工具,不能遗失或损坏。要合理使用,节约使用原材料及各种消耗品。

(8)工作完毕要收拾好各自工具、擦拭干净,妥善保管。借拿物品,使用后归还原处。未制作完的工件按指导人员的意见保管。工作台上不留任何物品,虎钳上下内外不得有铁屑,并轻轻合拢。桌面、地面清扫干净,擦净油渍,切断电源,关好门窗,方可离去。

1.2 钻削安全操作规则

(1)严禁戴手套操作,严禁用手清除切屑(只能用铁勾勾取),不要把头低向钻孔处,防止头发被旋转部分绞住,工作时应戴工作帽(见图5-1)。

(2)被钻工件应牢固紧固在钻床上。并尽可能紧固在工作台中心,如工件异形,不好紧固,应使用附助工具或胎具,以保证紧固效果。

(3)钻头要刃磨锋利,装夹正确,并正确使用冷却液,不准用钝钻头或刃磨不正确的钻头钻孔,应控制钻屑不要太长。

(4)用手进给时,不要用力压手柄,特别是快钻通时,更要控制轴向力,轻轻钻通,严禁猛压猛冲,以防损坏钻头或工件。

(5)不要把任何工具、刀具及未加工工件放在工作台或运动部件上,以防掉下伤人。

(6)先将钻头从工件中退出后才能停车,待钻头完全停止旋转后才能更换工件或钻头,严禁用手或其他物品去刹住钻头,迫使钻头停止旋转。

(7)不准把钻头当铣刀使用。

(8)使用手电钻时要注意使钻头垂直于被加工表面,防止钻头铰坏电线,同时要遵守安全用电规则。

(9)如遇异常,立即切掉电源。

图5-1 钻孔的正确操作方法

注:在台钻上使用麻花钻钻孔时,应间断工作,防止产生长条卷形切屑。使用冷却液时,要用毛刷添加,切勿用布条或棉纱等,以免发生绞缠事故。

1.3 用砂轮机磨削安全操作规则

(1)起动砂轮机前,要仔细检查砂轮,如果出现了碰伤、裂纹、掉块等异常现象、则不能起动。并检查其他各部,确认正常后才可起动。

(2)起动砂轮机后,要注意观察转动是否正常,如果振动过大,则应停车检查。

(3)砂轮机运转正常后才能磨削。实训人员只准按指导老师讲授的要求,在砂轮机上磨削工具,不准磨削工件。

(4)磨削时身体不要正对砂轮,特别要将头歪在砂轮回转平面以外。重心保持在两脚之间。

(5)不要将防护罩卸掉,不能两人同时在一个砂轮上磨削,也不能一人磨削,多人围观,不准磨铝、铜、木棒等软质工件。

(6)被磨削件发热应放在冷却水中冷却后再磨,不准用手套或布块、棉纱绕在其上磨削。

(7)砂轮直径小于安全直径后,不能再使用,应在指导老师指导下更换新砂轮,更换新砂轮要按规定程序执行。

2 测量与划线的基本知识

2.1 常用工具、仪器与设备

2.1.1 测量工具
(1)直尺一把(长度150~300mm较合适);
(2)深度尺或游标卡尺一把(量程以150~300mm较合适);
(3)外径千分尺一把(量程以0~25mm合适);
(4)内径千分尺一套;
(5)百分表一套;
(6)内外卡钳一套;
(7)被测零件若干个。

2.1.2 划线工具

2.1.2.1 平面划线工具。
(1)划线涂料:白灰水、紫色画笔;
(2)划针2~3支;
(3)样冲若干个;
(4)划规若干把;
(5)钢尺、角尺、铅条、小锤头。

2.1.2.2 立体划线工具。
除上述工具外,还需准备。
(1)划线平板;
(2)花针盘若干;
(3)高度尺;
(4)千斤顶若干个;
(5)各类V型铁若干。

2.2 测量的基本知识

(1)钢卷尺用于粗测量。在一般工厂中,常用钢卷皮壳子或胶木壳子里的钢卷尺来粗量较为长大的工件。这种尺所能量得的准确度是±1mm。这种钢卷尺的截面略作弧形,有弹性,因钢卷尺很薄,故能直伸量也能微弯曲量。另一类较长的钢卷尺是扁平带状的,有10m,20m,30m,50m等不同长度。

(2)钢直尺(常称钢尺)。钢直尺用于较准确的测量,其刻度是用精密刻度机刻成。按照准确度的不同分成几个等级。

钢尺必须具备下列条件才能使用:
①尺面没有受过损伤;
②端边必须和零线符合;

单元五 汽车机修基础知识

③尺的端边必须和长边垂直(图5-2)。

用尺测量工件的方法见图5-3。

首先应注意尺的零线是否确与工件的边缘重合,如果尺的零线模糊不清或有损伤时,可以改用零线后的某个刻度线作为测量的起线。读数方法要正确(图5-4),尺和靠角尺的测量方法见图5-5 所示。

图5-2 钢直尺

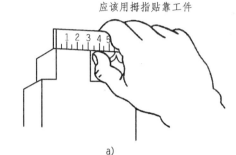

图5-3 钢直尺的使用
a) 正确使用,用拇指贴靠工件;b) 错误使用,这样不可能把尺安放得稳妥

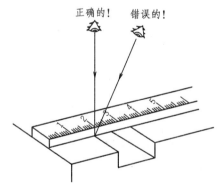

图5-4 读数方法

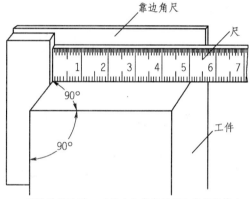

图5-5 用靠边角尺的测量方法

(3)游标卡尺。游标卡尺是一种可以调整的尺,具有中等精度的量具。可以测量工件的外径、内径、长度、宽度、深度和孔距。根据测量用处的不同,有多种不同构造的游标卡尺可供选用,深度游标卡尺、高度游标卡尺、齿轮游标卡尺等。常用游标卡尺按测量精度分为 0.05mm 和 0.02mm 两种。

游标卡尺的刻度原理及精度如表5-1 所示。

游标卡尺的刻度　　　　表5-1

精　度	主尺刻度	副尺刻度	主副尺每格差值	两爪合拢时对齐情况
0.05 精度	每一小格1mm	每一小格0.95mm	0.05mm	副尺第20 格对准主尺19mm
0.02 精度	每一小格1mm	每一小格0.98mm	0.02mm	副尺第50 格对准主尺49mm

213

把工件放入游标卡尺两个张开的卡脚时,必须贴靠在左侧固定卡脚上,然后用轻微的压力把活动卡脚推过去。

当两个卡脚的测量面已和工件均匀贴靠时,即可从游标卡尺上读出工件的尺寸,见图5-6所示。

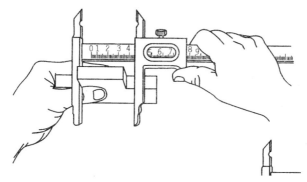

图5-6 正确使用游标卡尺测量工件

在车床或磨床上使用游标卡尺测量工件尺寸,必须先使工件的运动停下后,才可用游标卡尺量尺寸;在机器上工作要注意有发生事故的危险。先把固定卡脚贴靠工件,然后移动活动卡脚,轻压到工件上。

绝不可把已固定好开口的游标卡尺用一只手硬卡到工件上去,这样会使卡脚弯曲,使被测量面磨损,降低游标卡尺的精确度。见图5-7所示。

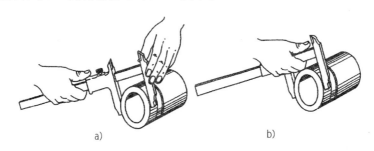

图5-7 车削或磨削工件时的测量
a)正确测量方法;b)错误测量方法

(4)深度游标卡尺。深度游标卡尺用来量工件上槽和孔的深度(图5-8),用深度游标卡尺上的游标可以读出1/10mm精度的深度尺寸,用这种尺的舌尖,也可以量小孔的深度。

(5)千分尺(也称分厘卡,见图5-9)。在精密测量时可使用千分尺,量度的准确度可达1/100mm。螺杆的一端是活动测量杆,另一端装有摩擦棘轮。调节手轮通过摩擦力使棘轮旋转,带动螺杆同时转动,直到活动测量杆的顶面压在工件上超过了容许压力时,螺杆就会停止转动。这时如果继续旋转调节手轮,棘轮会因打滑发出响声,表示已经到头了,从而保证测量的准确性。

千分尺还有多种其他量度范围的规格,每种规格的量程都是25mm,不同的是最小测量尺寸以25mm的整数倍为单位分级,随着测量尺寸增大,对结构刚性要求越大。

读数举例:用千分尺测量工件后的尺寸见图5-10所示。

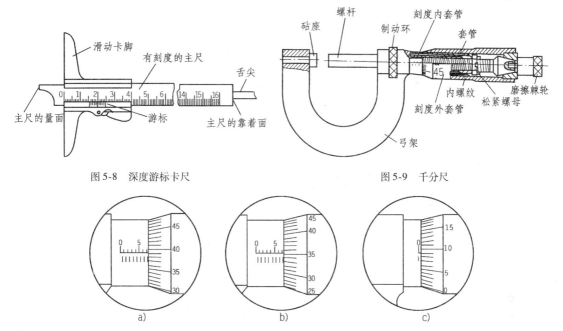

图 5-8　深度游标卡尺

图 5-9　千分尺

图 5-10　千分尺读数举例
a)读数 7.39；b)读数 7.35；c)读数 0.59

(6)千分表。千分表也叫量表,用来将工件和原始尺寸相比较,特别在大量生产中,利用它可以很快地检验出各种各样正在加工过程中的以及已经完成的制品的制造准确度。由于千分尺内部有一套杠杆系统,不会发生超过正常的量度压力。此外它还可以用来检验机器有关精度,例如:检验导轨的平行度和各种轴的旋转圆度等。

千分表有多种型式:常用的如图 5-11 所示。

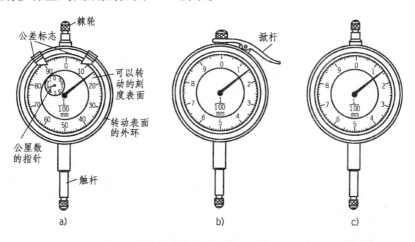

图 5-11　千分表
a)每格刻度相当 1/100mm;指针转一周相当 1mm;量度范围 10mm;有公差标志；b)每格刻度相当 1/100mm;指针转一周相当 1mm;量度范围 5mm;有抬高触杆用的掀杆；c)每格刻度相当 1/100mm;指针转一周相当 10mm;量度范围 10mm

为了使千分表在使用时稳妥可靠,在检验工件时应该用如图 5-12a)所示附有平台的千分表夹持架。图 5-12b)所示千分表夹持架使用于机器的检验,也可用来检验工件。

215

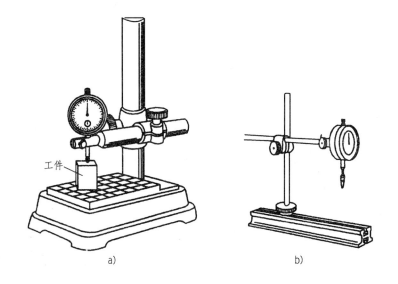

图5-12 千分表夹持架
a)千分表在附有平台的夹持架上；b)H型底座千分表夹持架

（7）内径百分表。内径百分表如图5-13a)所示，它是用来测量深孔或深沟槽底部尺寸的测量工具，其结构如图5-13b)所示。在测量头端部有一可换端头。另一端有一测量杆，测量内孔时，孔壁使测量杆向左移动而推动摆块；摆块把活动杆向上推，从而推动百分表测量杆，这样，百分表的指针就会指出读数。测量完毕后，在弹簧的作用下，量杆回到原位。

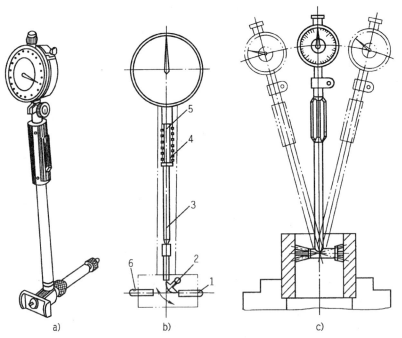

图5-13 内径百分表
a)外形；b)工作原理；c)测量方法
1、6-摆块；2-活动量杆；3-表杆；4-弹簧；5-测量杆

单元五 汽车机修基础知识

用内径百分表测量内孔时(图5-13c),需要调换测头,使可换测头与测量杆之间的距离等于孔径的基本尺寸,然后将百分表对零(应使表有半圈压缩量)。对表时,应与外径千分尺配合。将测量杆放入被测孔中,使测杆稍作摆动,找出轴向最小值和圆周方向最大值,此值就是工件的直径。测量结果的判断方法是,如果指针正好指在0刻度线,说明孔径等于被测孔基本尺寸;如果指针顺时针偏离零位,则表示被测孔径小于基本尺寸;如果指针逆时针偏离零位,则表示被测孔径大于基本尺寸,并判断是否超出公差范围。

内径百分表还可测量孔的圆度和锥度以及槽两侧面的平行度等。要获得具体尺寸,必须与外径千分尺或套规配合使用。

(8)内卡钳和外卡钳(图5-14)。用卡钳量工件,要有灵敏的感觉。因为卡钳的构造很轻小,即使很小的压力亦足以使卡钳脚产生弹性变形;因此量的结果就不会准确。

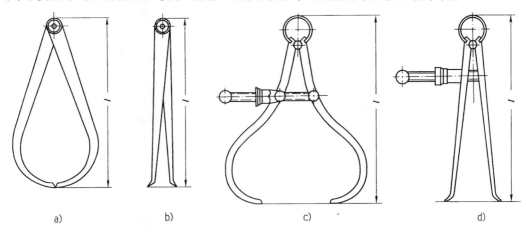

图5-14 内外卡钳

a)外卡钳;b)内卡钳;c)弹簧外卡钳;d)弹簧内卡钳

用卡钳有两种目的:一量出工件上的未知尺寸;二校验成品的尺寸是否准确。量的时候都要有三个步骤:①调整卡钳的开口;②用卡钳量工具;③把卡钳的开口移植到尺上读出尺寸。

使用内卡钳测量孔径的方法见图5-15所示,使用外卡钳测量外径的方法见图5-16所示。

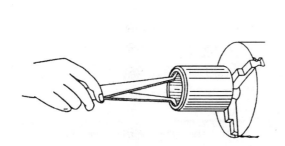

轻握已调整好开口的卡钳,小心地放进孔内。下面的卡钳脚放在孔壁上,用上面的卡钳脚,量出最大的孔径

图5-15 使用内卡钳量孔径

卡钳只靠本身的重量从工件上滑下去。手握着卡钳的绞链部分,有敏锐的感觉

图5-16 使用外卡钳量外径

217

2.3 划线的基本知识

2.3.1 对划线的初步认识

零件加工前,按照图纸,在零件的毛坯或半成品的表面准确地划出切割界线和定位标记的作业称为划线。划线的作用是多方面的,主要有两条:

(1)通过划线可以检查毛坯是否正确。

(2)确定零件表面各要素相对位置,各表面的加工余量,使机械加工有明确的标志。

2.3.2 常用划线工具的一般常识

2.3.2.1 常用划线工具的使用及注意事项。

(1)划针:普通划针是工具钢做的,经淬火,并回火至600℃左右。见图5-17所示。

(2)钢直尺(图5-18)。

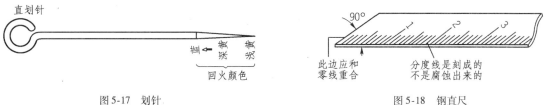

图5-17 划针　　　　　　　图5-18 钢直尺

(3)样冲(图5-19)。工具钢—尖端淬火,按照尖端角度的大小,分为划线样冲和錾孔样冲。

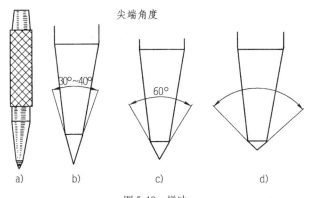

图5-19 样冲
a)尖端淬火;b)用于标志划线;c)用于钻孔中心錾孔;d)尖端角度太大

(4)钳工锤(图5-20)。钳工锤的质量要与所划线的工作相适应,锤头要固定牢固。

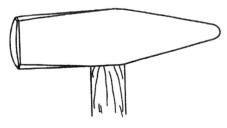

图5-20 钳工锤

(5)圆规(见图5-21)。圆规用以划圆弧和划取等分,尖脚圆规用得最多。把两脚上部合起来的半活动的铰链铆接应使两个转动面之间有足够的摩擦,以免松动(见图5-21a)。

(6)中心塞块。中心塞块的作用是对中心是空洞的零件找圆心用的。划线时在孔中装入中心塞块,就可在塞块上找出孔的中心,以便于划出与此圆心有关的各种尺寸的圆。中心塞块可以是木块,也可以是铅条,要求精度较高的可以是专用的塞块。

（7）各类样板。根据工件设计和加工需要，事先制作的各种划线用样板，如图 5-22 所示。

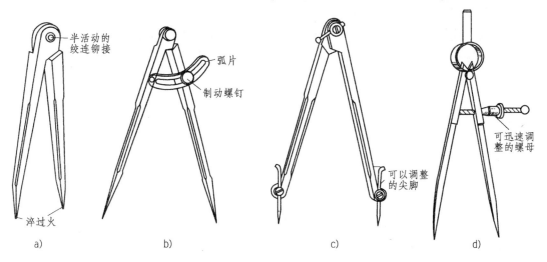

图 5-21 圆规
a)、b)、c)、d) 不同形式的圆规

2.3.2.2 主要用于立体划线的工具。立体划线除了需要平面划线所需的工具外，还需要以下工具：

①钳工桌；
②划线平台；
③划针盘；
④量高尺；
⑤高度游标尺；
⑥平行垫块；
⑦方箱；
⑧V 型铁；
⑨千斤顶；
⑩直角铁；
⑪滚轮支持器；
⑫C 型夹头；
⑬压板；
⑭斜錾垫铁；
⑮分度头；
⑯定轴中心。

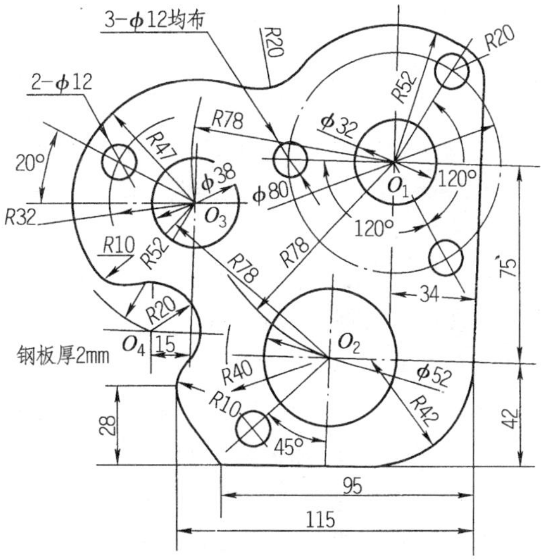

图 5-22 划线样板（单位：mm）

2.3.2.3 平面划线实例。图 5-22 所示为划线样板，要求在板料上把全部线条划出。其具体划线过程如下：按图中尺寸所示，应首先确定以底边和右侧边这两条直线为基准。

①沿板料边缘划两条垂直基准线（底边和右侧边）；
②划尺寸 42mm 水平线；

③划尺寸 75mm 水平线；

④划尺寸 34mm 纵向平行线；

⑤以 O_1 为圆心，R78mm 为半径作弧，并截取 42mm 水平线得 O_2 点，通过 O_2 点作垂直线；

⑥分别与 O_1、O_2 点为圆心、R78mm 为半径作弧相交得 O_3 点，通过 O_3 点作水平线和垂直线；

⑦通过 O_2 点作 45°线，并以 R40mm 为半径截取获得小圆的圆心；

⑧通过 O_3 点作与水平线成 20°线，并以 R32 为半径截取获得另一小圆的圆心；

⑨划垂直线与 O_3 垂直线距离为 15mm，并以 O_3 为圆心，R52mm 为半径作弧截取获得 O_4 点；

⑩划尺寸 28mm 水平线。

按尺寸 95mm 和 115mm 划出左下方的斜线；

划出 ϕ32mm、ϕ80mm、ϕ52mm、ϕ38mm 圆周线；

把 ϕ80mm 圆周按图作三等分；

划出 5 个 ϕ12mm 圆周线；

以 O_1 为圆心，R52mm 为半径划圆弧，并以 R20mm 为半径作相切圆弧；

以 O_3 为圆心，R47mm 为半径划圆弧，并以 R20mm 为半径作相切圆弧；

以 O_4 为圆心、R20mm 为半径划圆弧，并以 R10mm 为半径作两处的相切圆弧；

以 R42mm 为半径作右下方的相切圆弧。

在划线过程中，找出圆心后打样冲眼，以备圆规划圆弧，在划线交点以及划线上按一定间隔也要打样冲眼，以保证加工界限清楚可靠。对于表面经过磨削加工过的精密工件，也可以在划线后不打样冲。

2.3.2.4 划线操作基本方法及注意事项。

划线前的准备工作：

①读懂图纸，搞清用途，明确技术要求；

②初检毛坯，将那些有明显缺陷的报废毛坯清除；

③清理工件，去除铸件上的浇冒口、披缝、表面粘砂、毛刺等；

④给工件涂色并在毛坯孔中装上中心塞块。

由于需要划线的工件表面情况不同，有的颜色太深，有的表皮硬，有的已经加过工，为了使划出的线能够看得清楚，在划线前必须进行不同的准备工作，并在工件表面上涂上显示剂。

2.3.2.5 在工件空心孔中心装中心塞块。

(1)划线时工件的安放和夹持(图 5-23)。正确安放和夹持工件，对于划线安全和划线质量均有重要影响，必须重视。打样冲眼时工件要放在金属平板上，不可以在不平的工作台上打样冲眼，工件会弹动而弯曲。

(2)基本线条的划法。钳工基本线条划法包括：平行线、垂直线、角度线、圆弧线、圆弧与圆弧相切(内切和外切)、圆弧与直线相切、等分圆周成任意等份、等角、等弦长等等，这些内容在初中平面几何中均已学过，请参阅有关内容。

①从相交成直角的基准边出发(图 5-24)。

图 5-25 所示是一些错误的划线方法。注意：圆规和游标卡尺不可以当作划线卡尺用。

单元五　汽车机修基础知识

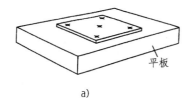 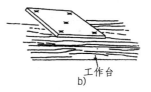

图 5-23　划线时工件的安放和夹持
a)正确安放方法；b)错误的安放方法

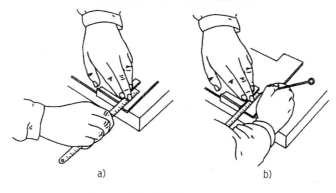

图 5-24　从相交成直角的基准边划线
a)从同一基准边出发,把靠边角尺和钢尺放好按牢；这时角尺只用以保持钢尺的垂直位置；b)靠着刚尺的零边划下短线

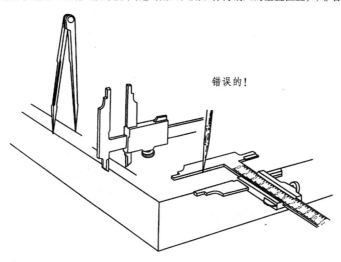

图 5-25　错误的划线方法

有一种游标卡尺是可以用于划线的。它有可以调换的并且可以磨快的钢尖脚,因此可以同划线卡尺一样使用,除此而外的游标卡尺、圆划均不能当成划针用于划线。

②安全技术。工件上用作靠边一面的棱角,必须去掉毛刺,在划线时手必须离开工件的边,工作完毕后带划线刀的划线卡尺、划针等锋利工具必须放在软的承托物上。

(3)在划出的线上打样冲眼,样冲的放置方法见图 5-26 所示。

ａ 先把样冲斜着放到要打样冲眼的地方上,同时手要搁得着实。

ｂ 锤打前再把样冲竖直。

221

c 如果手搁得不着实。样冲不能保持稳当。

为了使工件上已经划好的线,在以后的锉、钻、錾、锯等施工过程中不致模糊而容易看见,所以在线上应打样冲眼。为了让钻头在刚接触工件时能准确定位,也需要在要钻孔的中心打上冲眼。

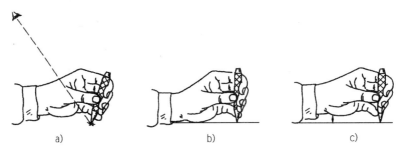

图5-26 打样冲眼
a)斜放样冲;b)锤打前竖直;c)手未搁实

3 锯削的基本知识

3.1 常用工具、仪器和设备

3.1.1 辅助工具
①钢尺一把(长度150~300mm较合适);
②工作场地、钳工桌、台钳等;
③划线工具一套;
④被加工零件若干个。

3.1.2 手工锯

手工锯有两种类型:固定式(图5-27a)和可调整式(图5-27b)。固定式弓锯的弓架是整体的,它只能安装一种长度规格的锯条。可调整式弓锯的弓架分成两段,前段可在后段中伸出缩进(图5-27b),可以安装几种长度规格的锯条,钳工师傅常用折断了的锯条装入可调整式弓架中继续使用。另外,可调整式弓锯其手柄可以方便用力,所以目前广泛使用可调整式弓锯。

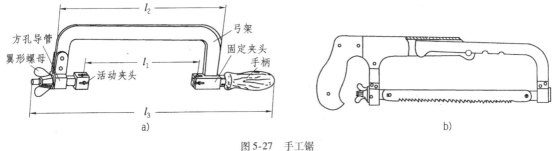

图5-27 手工锯
a)固定式;b)可调整式

3.1.3 锯条

为了避免锯条在锯缝中被卡住,锯齿就做成几个向左,几个向右,横断面形成波形(凹凸锯路)或折线形的锯齿排列,见图5-28。各个锯齿的作用,相当于一排同样形状的凿子。目前常用手工锯条的规格长300mm,宽12~13mm,厚0.64mm。锯条一般用碳素工具钢或合金钢制成,并经热处理淬硬。锯削的时候,要切下较多的锯屑,因此锯齿间要有较大的容屑空间。齿距大的锯条容屑空间大,称为粗齿锯条;齿距小的称为细齿锯条,齿距规格有 0.8mm、1mm、1.2mm、1.4mm、1.8mm 5种。锯条齿纹的粗细应根据所锯材料的硬度,材料的厚薄来选择。锯削软材料或厚的材料时应该选用粗齿锯条;锯削硬材料或薄的材料时应该用细齿锯条。

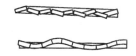

图5-28 锯条

锯削薄料时若用粗齿锯条,则锯削量往往集中在一、二个齿上,锯齿就会崩裂。而用细齿锯条就可避免。一般锯削时至少要有3个齿同时工作,选择锯齿粗细,决定锯削方法时要考虑到这点。

一般说,粗齿锯条使用于锯削紫铜、青铜、铝、层压板、铸铁、低碳钢和中碳钢等;细齿锯条使用于锯削硬钢、各种管子、薄板料、电缆、薄的角铁等。

3.1.4 台钳

中、小工件的锯割、錾削、锉削等工作,一般都在台钳上进行,所以应当了解台钳的构造,并做到正确地应用它。

3.1.4.1 台钳的种类及构造。台钳是夹持工件用的夹具,装在钳工台上。钳工常用的台钳有回转式(图5-29)和带砧座的固定式(图5-30)两种。台钳的大小是以钳口的宽度来表示的,一般在100~150mm之间。

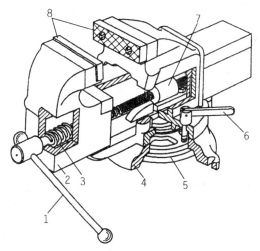

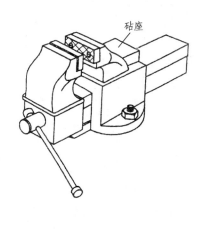

图5-29 回转式台钳
1-手柄;2-活动钳身;3-丝杆;4-转盘座;5-夹紧盘;6-手柄;7-螺母;8-钳口

图5-30 带砧座的固定式台钳

下面以回转式台钳为例,说明它的构造。

台钳主体是用铸铁制成的,它由固定部分和活动部分组成。台钳的固定部分装在转盘座上。转盘座用螺钉固定在钳台上。螺杆通过活动部分伸入固定部分内,跟固定螺母相旋合。摇动螺杆前端的手柄,使螺杆在固定螺母中旋出或旋进,带动活动部分移动,旋出时依靠弹簧的弹力使活动部分能平稳地移动。手柄按顺时针方向旋转钳口即合拢,按反时针方向旋转钳口即张开。台钳上端为钢质钳口(经过淬硬),用螺杆固定在台钳体上,两钳口的平面上制有斜形齿纹,以便夹紧工件时不致滑动。夹持工件的精加工表面时,为了避免夹伤工件表面,可以用护口片(也称软钳口,用紫铜板或铝皮制成)盖在钢钳口上,再行夹紧工件。台钳的转盘座是圆形的。松动手柄,使夹紧盘松开,固定部分就可在旋转运动。因夹紧盘上的凸缘与固定部分下面的孔滑配,就使固定部分下面的圆盘与转盘座同心。这种回转结构便于台钳在各种情况下操作。

3.1.4.2 台钳的使用和维护。台钳夹持工件的力是通过摇动手柄使螺杆旋进产生的。

使用台钳时,只能用双手的力来板紧手柄,不能接长手柄和用手锤敲击,否则会损坏螺母。每次使用完毕,应将台钳擦拭干净,轻轻合拢。

3.2 锯削的基本知识

3.2.1 锯削方法

3.2.1.1 锯条的安装。手工锯是在向前推的时候才起切削作用的,所以应按(图 5-31)所示的方向装锯条。不能反装,锯条不能装得过紧或过松。太紧就失去了应有的弹性,容易折断;太松会使锯条发生扭曲,也容易折断,且在锯削时锯缝容易歪斜。一般松紧程度以用两指的力旋紧为止。锯条装好后应检查锯条是否歪斜扭曲,因为前后夹头的方榫与弓架方孔导管间均有一定间隙。安装锯条尽可能从右向左往销钉上挂,因为一般人都是左手在前右手在后握住锯弓。如果锯条折断,就从右边飞出,可以避免划伤离锯条较近的左手。

3.2.1.2 操作方法。工件的夹持应该稳当、牢固、不可有弹性。工件伸出部分要短,并且要尽可能夹在台钳的左面,这样可以避免握在前面的左手撞在台钳上碰伤。对较大工件的锯削,无法夹在台钳上时,可以在原地进行,一定要固定可靠。在锯削时为防止因发热引起退火,最好用润滑冷却液加以冷却(特别对硬性及韧性材料)。常用的润滑冷却液有水、乳化液等。但锯削铸铁不要加冷却液。

(1)姿势。锯削时的站立位置与锉削基本相似。握锯弓的时候,要舒展自然,右手握稳锯把,左手轻扶在弓架前端,如图 5-32 所示。运动时握锯把的右手施力,左手压力不要过大,主要是协助右手扶正弓锯。锯削时的往复运动有两种姿势:一种直线往复,用于锯削薄形工件及直槽;除此以外,一般都是摆动的。摆动式操作,在弓锯推进时,身体略向前倾,自然地压向锯弓;回程时,左手在锯弓上不但不加压力,而且要把弓锯略微抬起一些,身体回到原来位置。无论那种姿势,在锯削整个过程中要始终保持锯缝平直。

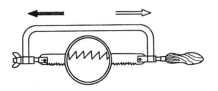

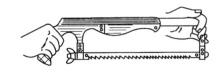

图 5-31 正确的安装锯条方法　　　　　　图 5-32 弓锯的握持

(2)起锯(图 5-33)。锯切工作开始的第一步是起锯,起锯质量的好坏,直接决定锯削的质量。所以,必须重视起锯工作。起锯时,一般用拇指挡住锯条使它正确地锯在所需的位置,如

图 5-34 所示。也可在锯削位置先用三角锉刀锉出一条槽。起锯锯到槽深为 2~3mm 时,挡锯条的手方可拿走,这时锯条不会滑出。

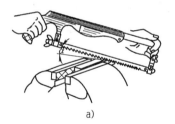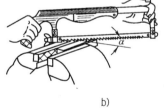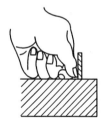

图 5-33 起锯
a)远起锯;b)近起锯

图 5-34 起锯方法

(3)锯削时的压力、速度、往复长度。在锯削的时候,压在锯条上的压力和锯条在工件上往复的速度,都影响到锯削效率。选择锯削时的压力和速度,必须按照所锯工件材料的性质来决定。

锯削硬材料时,因不易切入,压力应该大些,防止产生打滑现象;锯削软性材料时,压力应该小些,防止产生卡住现象。但是,不管何种材料。锯削时,当朝前推锯的时候,对弓锯微微抬起,以减少锯齿的磨损(当锯不锈钢时尤其应如此)。弓锯的锯削速度以每分钟往复 20~40 次为宜。速度过快,锯齿因发热容易磨损;过慢,效率不高。使用弓锯时,应该使锯条全部长度都利用到,但注意不要碰到弓架的两端。

3.2.2 棒料、管子、条料、薄板等的锯断方法

在原材料或工件上划出锯削线,画线时应考虑锯削后的加工余量。锯削时始终使锯条与所画的线重合,才能得到理想的锯缝。如果锯缝有歪斜,应及时纠正,若已歪斜很多,应改从工件锯缝的对面重新起锯。如果不换方向而硬借锯缝,很难把它改直,而且很可能折断锯条。

3.2.2.1 锯削棒料或轴类零件。如果锯出的断面要求比较平整、光洁,应从头锯到底。锯时棒料或轴类零件应夹平,并使锯条与它保持垂直(指所锯的断面与棒料中心线垂直),以防止锯缝歪斜。

当锯出的断面要求不太高时,允许变更起锯方向。这样锯切时的阻力小。容易切入。锯毛坯时,往往对断面要求不高。为了节省锯削时间可分几边锯削,都不锯到中心,然后将毛坯折断。

3.2.2.2 锯削管子。锯削的时候,把管子水平地夹在台钳内,但注意不要把管子夹扁。特别对于薄壁管子和精加工过的管子,都应夹在木垫之间(图 5-35)。锯削时,不可一下子从一个方向锯到底,锯齿会被钩住(图 5-36b),尤其是在锯薄壁管时,锯齿容易被钩住而崩裂。这样锯出的锯缝,因为锯条跳动,也不会平整,所以只可锯到管子内壁上边就要停止,然后把管子向推锯的方向转过一些(图 5-36a),锯条仍然依着原来的锯缝继续锯下去。这样不断地转着锯,直到锯断为止。操作时所以要向推锯方向转动一些,是为了避免锯齿被钩住。如果向相反方向转动,就有被钩住的可能,锯齿容易崩裂。

3.2.2.3 锯削条料、扁钢、薄板。锯削条料、扁钢时,尽可能从宽的一面锯下去。在锯削薄板时,为了增加同时工作的齿数,并使工件刚性较好,往往把一块或几块薄金属板夹于台钳内的木垫之间,连木垫一起锯削,如图 5-37 所示。

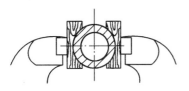 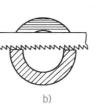 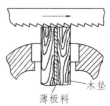

图 5-36 锯管子
a)正确的方法;b)错误的方法

图 5-35 在台钳内用木垫夹管子

图 5-37 锯割薄板料

4 錾削的基本知识

4.1 常用工具、仪器与设备

4.1.1 必备用具

(1)钢尺一把(长度 150～300mm 较合适);
(2)带安全网的钳工桌一张;
(3)带回转盘的钳工台钳一台;
(4)软钳口一套;
(5)钳工手锤一个(0.5kg);
(6)各类錾子若干;
(7)被加工零件若干个;
(8)平整砂轮机一台(如有必要还应准备油石一块);
(9)检查錾子刃磨角度的量角器一个。

4.1.2 錾子

錾削刀具称为錾子。錾子是錾削工作的主要工具。錾子一般用碳素工具钢锻成,并经淬硬和回火处理。

(1)錾子的种类。錾子的种类是根据錾削工作的需要而定,常用有扁錾(阔錾)、窄錾、油槽錾三种(图 5-38)。

(2)錾子的构造。錾子常用已轧成六棱形的碳素工具钢锻成。锻好的錾子一般长 170mm 左右,錾子由锋口、斜面、柄、头部等四个部分组成(见图 5-38 所示)。

錾子的头部很重要。它的正确形状如图 5-39 所示。头部有一定的锥度,顶部略带球面形,这样的顶面锤打时比较稳。图 5-39b)所表示的是不正确的头部。这样的头部不能保证锤击力落在錾刃的中心点上,容易击偏。錾子的头部是不能淬火的,否则手锤打击时会有崩块飞出,很危险。由于比较软,锤击多次以后,就会打出卷回的毛刺来(图 5-39c)。这种头部有毛刺的錾子如果继续再用下去,就很容易把毛刺打飞,造成工伤。所以,出现了毛刺,就应该在砂轮上磨去,以免发生危险。

(3)錾子的刃磨。錾子的好坏直接影响到加工表面质量的优劣和生产效率的高低。錾子经过一定时间的使用后,会磨损变钝,而失去切削能力,这时就要修磨或刃磨。此外,在被锤击的过程中,錾子的头部会逐渐产生毛刺,也必须磨掉。

磨錾子的方法是：将錾子搁在旋转着的砂轮缘上，但必须高于砂轮的中心（图5-40），在砂轮的全宽上作左右移动，要控制握錾子的方向和位置，保证磨出所需的角。锋口的两面要交替着磨，保证一样宽。刃磨錾子的要求是：楔角的大小与工件硬度相适应；楔角在錾子中心线上（油槽錾例外）；锋口两面相交成一直线（油槽錾成一条圆弧）。

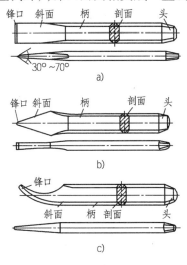

图5-38 錾子的种类
a）扁錾（阔錾）；b）窄錾；c）油槽錾

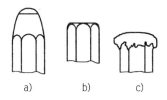

图5-39 錾子的头部形状
a）正确形状；b）不正确形状；c）有毛刺的头部

图5-40 在砂轮机上刃磨

刃磨錾子，应在砂轮运转平稳后再进行。人的身体不能正面对着砂轮，以免产生事故。按在錾子上的压力不能太大，不能使刃磨部分温度太高，以免錾子退火。为此，必须经常将錾子浸入冷水中冷却，因刃磨退了火的錾子必须重新淬火。但是应避免多次淬火，以免脱碳淬不硬或重淬时崩裂。

如果砂轮机上有支架，应检查支架的位置，支架离砂轮不要太远，一般缝隙应小于3mm，以不碰到砂轮即可。要是离的太远，錾子有被砂轮带入缝隙中的可能，以致挤碎砂轮，碎块以高速飞出，造成人身事故。

（4）錾子的淬火。锻好的錾子，一定要经过淬火后才能使用。

4.1.3 手锤

在錾切的时候是借手锤的锤击力使錾子切入金属的，手锤是錾切工作中不可缺少的工具，而且还是钳工装及拆零件时的重要工具。

（1）手锤的种类。手锤一般分为硬手锤和软手锤两种。软手锤有铜锤、铅锤、木锤、硬橡皮锤等。为了节约有色金属，一般在硬锤头上镶或焊入一段铜或铝作为软锤。软锤一般用在装配、拆卸过程中。

硬手锤由碳钢淬硬制成，钳工所用的硬手锤有圆头和方头两种，如图5-41所示。圆头手锤一般在錾切、装、拆零件时使用。方头手锤一般在打样冲眼时使用。

（2）锤柄的安装。无论哪一种形式的手锤，装锤柄的孔都要做成椭圆形的，而且孔的两端比中间大，成凹鼓形，这样便于装紧。当手柄装入锤头时，手柄中心线与锤头中心线要垂直，且柄的最大椭圆直径方向与锤头中心线一致。为了达到紧固不松动，避免锤头脱落，必须用金属楔子（上面刻有反向棱槽，见图5-42）或木楔打入锤柄内加以紧固。楔子上的反向棱槽能防止楔子脱落。

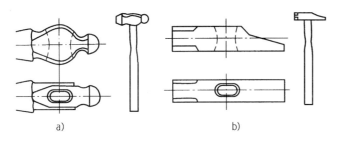

图5-41 钳工手锤
a)圆头手锤;b)方头手锤

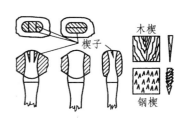

图5-42 锤柄内加楔子

4.2 錾削的基本知识

4.2.1 握錾子的方法

錾子要自如而松动地握着,主要用左手的中指、无名指及小指握持,大拇指与食指自然地接触着,头部伸出部分约20mm。一般有如图5-43a)、图5-43b)所示两种握法。錾削时小臂自然平放,錾子倾斜角正确(保证后角 $\alpha = 5° \sim 8°$),并保持在錾削过程中角度不变。如头部伸出过长,錾子握得太紧,这样手锤容易打在手上。

4.2.2 握锤的方法

握锤有松握和紧握两种。

(1)紧握锤(图5-44)。用右手的食指、中指、无名指和小指握紧锤柄,柄尾伸出15~30mm,大拇指贴在食指上。在挥锤及锤击时握法不变。

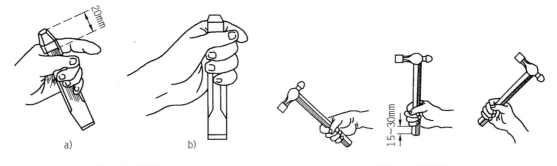

图5-43 握錾法
a)正确方法;b)错误方法

图5-44 紧握锤

(2)松握锤(图5-45)。只有大拇指和食指始终握紧锤柄。锤击时(手锤打向錾子时)中指、无名指、小指一个接一个地握紧锤柄;挥锤时以相反的次序放松。此法使用熟练时可以加强锤击力,而且不易疲劳。

挥锤的方法有手挥、肘挥、臂挥三种:

手挥:只有手腕的运动,锤击力小,一般用于錾切的开始和结尾,或錾油槽、錾制模具等场合。

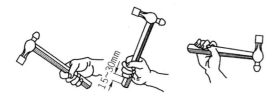

图5-45 松握锤

单元五　汽车机修基础知识

肘挥：手腕和肘一起动作，锤击力较大，运用最广，见图 5-46 所示。

臂挥：手腕、肘和全臂一起运动，锤击力最大，但应用较少，如图 5-47 所示。

錾切的生产率，除錾子质量外，还决定于对錾子的锤击力和每分钟的锤击次数。一般每分钟应锤 40 次左右。

4.2.3　錾削操作要领

（1）錾削姿势和站立位置。在一般的锤击工作中，人应稳定地站立在台钳的近旁，左脚向前半步，腿不要过分用力，膝盖稍有弯曲，保持自然，右脚稍微朝后，要站稳伸直，作为主要的支点。但亦不要过于用力，头部不应探前或后仰，并应面向工件（见图 5-46、图 5-47）。图 5-48 所示的是钳工在台钳上工作时脚的基本站立位置，对錾、锉、锯均适用。

图 5-46　肘挥　　　　　　　　　　图 5-47　臂挥

锤击的时候，手锤在右上方划弧形作上下运动。锤击时眼睛要看在錾刃和工件间，这样才能顺利地工作，才能保证产品质量。如何錾得又快、又准、又平呢？除了学习上面所讲的这些基本知识外，主要应靠实践。只有反复实践，在实践中吸取经验，才能逐步掌握錾削的规律。

（2）各种錾切方法。

①板料的切断。薄板料的切断可以夹在台钳上进行（图 5-49、图 5-50）。

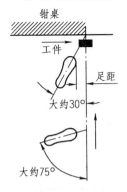 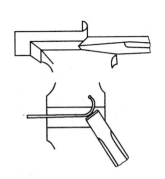 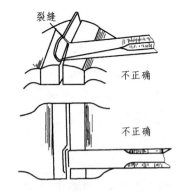

图 5-48　站立位置　　　　图 5-49　薄板料的切断法　　　图 5-50　不正确的薄板料切断法

②錾削平面。工件上难于机械加工的凸出平面，可用扁錾錾切。每次錾掉金属厚度约为 0.5～2mm 为宜，一般还要留下 0.5mm 左右作为锉削加工余量。錾削较窄平面的时候，一般说，錾子的刀刃与錾切方向应保持一定斜度（图 5-51）。这样，工作时导靠较稳，锤打也方便，

229

錾出工件质量也好。

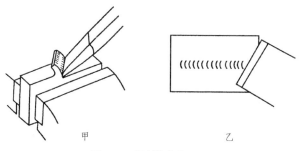

图 5-51 錾削较窄的平面

③起錾方法。起錾对錾削质量有很大影响。起錾时錾子尽可能向右倾斜约 30°（图 5-52），从工件尖处着手，轻打錾子，同时慢慢地把錾子移向中间，使刃口与工件平行为止（图 5-53）。

④錾削尽头的方法。在一般情况下，每次将要錾到尽头 10mm 左右的时候，必须停住，应调头錾掉余下的部分（见图 5-54）。同时，应注意每次錾削后，可将錾子退回一些。刃口不要老是顶住工件，这样，既可随时观察錾削的平整度，又可使手臂肌肉放松一下。有节奏的工作，既便于控制錾层，又可使手臂适当休息。錾切脆性金属的时候，要从两边向中间錾，以免把边缘的材料錾裂。錾子应经常刃磨锋利。

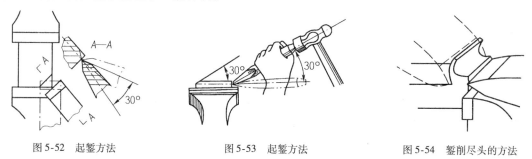

图 5-52 起錾方法　　图 5-53 起錾方法　　图 5-54 錾削尽头的方法

5　锉削的基本知识

5.1　常用工具、仪器和设备

①各类锉刀若干；
②锉刀钢刷若干、软钳口一副；
③检验锉削质量的工具：刀口直尺、角尺、圆弧规及有关的量具；
④钳工桌、台钳一套；
⑤各类夹持工具；
⑥被加工工件若干。

5.2　锉削的基本知识

5.2.1　锉削的基本要领

（1）正确夹持工件。绝大多数锉削都需要将工件正确夹持后方可正常进行，钳工主要是

单元五 汽车机修基础知识

利用台钳及辅助工具完成夹持。掌握正确夹持工件是学好锉削的第一步,工件在台钳上的夹持法见图 5-55 所示。

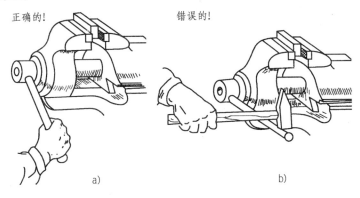

图 5-55 工件在台钳上的夹持法
a)正确方法;b)错误方法

可换的各类软钳口用纸板或牛皮胶粘在特制的角铁口上,或者用软金属(紫铜、锌、铝)铆在角铁形的护口上(图 5-56)。

(2)正确使用锉刀。锉刀的握法见图 5-57 所示,无论何种姿势,左手肘部均应抬起。

锉削时足的位置、身体姿势和工作方法应正确。台钳的钳口应该恰好在使用这个台钳的人的肘下(这时拳放在颚下);太高或太低的台钳使钳工的身体姿势不能自然,因而降低工作效率;对于个子矮的人可用踏脚板垫高;脚的站立角度如图 5-58 所示。

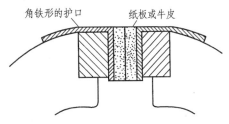

图 5-56 钳口处的护垫

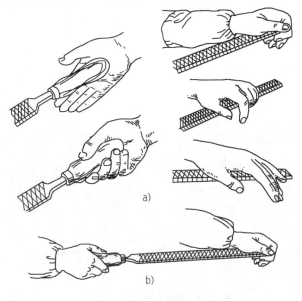

图 5-57 锉刀的握法
a)左右手的握法;b)双手配合握锉

231

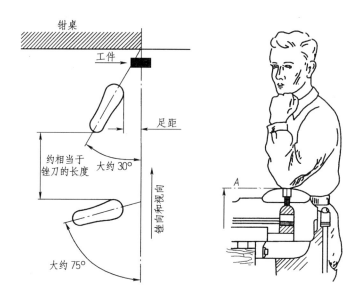

图 5-58　脚的站立角度

用大锉刀的工作方法见图 5-59 所示,工作速度应为每分钟 40 次左右,不要太快。

图 5-59　使用大锉刀的工作方法

(3)注意使用如图 5-60 所示的方法,清除锉刀上的积屑。

单元五　汽车机修基础知识

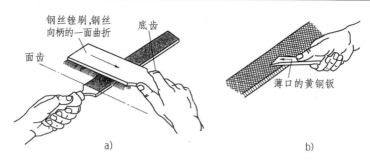

图 5-60　清除锉刀上的积屑

a）为了避免锉齿和钢丝接触太厉害而磨钝，只可顺着齿面的方向刷；b）用铜刮刀剔除嵌牢的大锉屑时，只可依照箭头方向——就是顺着齿面的方向剔除

（4）工具的摆放如图 5-61 所示，只把需要用到的工具、量具和检验工具放在外面；工具放在台钳的右方，不要让它伸出到工作台边外面；量具和检验工具放在台钳左后方的布上或小木板上；靠近台钳左边的地方留作放置工件的地位；量具和工具应该在工具箱或工具抽屉里分开贮藏；只准许把已经清洁过的工具放进去。

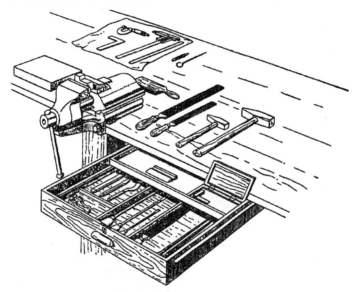

图 5-61　工具的摆放

5.2.2　注意事项

(1) 台钳高度要适合学生的身高；
(2) 在锉以前应清除工件表面的污垢和油脂；
(3) 不可用手擦拭锉过的面；不能用嘴吹工件上的铁屑；
(4) 用样板光隙检查时应把样板垂直在检查面上；
(5) 锉通孔时，经常检查形状、大小、平度和角度；
(6) 用锉刀时必须经常刷清锉刀，防止锉屑粘牢在锉刀上；
(7) 不适当的夹持方法和过大的夹紧压力将损坏工件和台钳；
(8) 提醒学生注意如图 5-62、图 5-63 所示的安全问题。

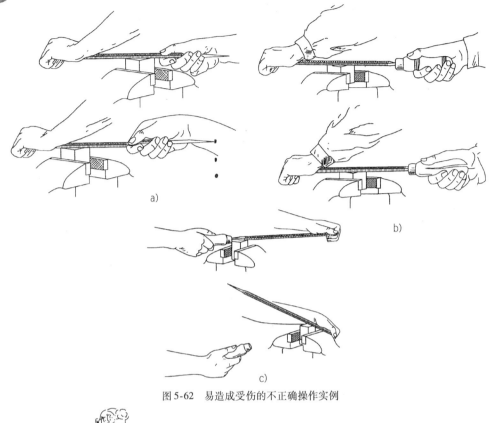

图 5-62 易造成受伤的不正确操作实例

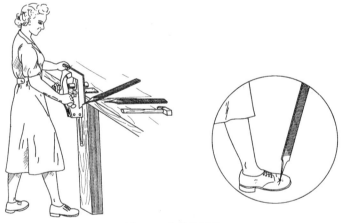

图 5-63 危险的例子

6 钻孔和攻套螺纹

6.1 常用工具、仪器和设备

①划线工具一套,钻、攻、套的相应工具;
②工作场地、钻床、钳工桌、台钳及相关工具;
③被加工零件若干个。

6.2 钻孔和攻套螺纹的基本知识

6.2.1 钻孔

用钻床钻孔时(图5-64),工件夹在钻床工作台上固定不动,钻头装在钻床主轴上(或装在与主轴连接的钻夹头上),一面旋转(切削运动),一面沿钻头轴线向下作直线运动(进给运动)。

钻孔时,由于钻头的刚性和精度都较差,故加工精度不高,一般为IT10~IT9,表面粗糙度$R_a = 12.5 \mu m$。

(1)钻孔的准备工作:
①了解工作场地台钻和立钻的规格、性能及其使用方法;
②掌握标准麻花钻的刃磨方法;
③熟悉钻孔时工件的基本装夹方法;
④熟悉钻孔时转速的选择方法;
⑤掌握钻孔的划线方法;
⑥教师还应向学生介绍在车床、镗床、铣床上进行钻孔操作的常识;
⑦做到安全和文明操作。

(2)设备性能及使用常识。钻床的使用维护方法如下。
①台钻。台式钻床简称台钻(图5-65),是一种小型钻床,一般用来加工小型工件上直径不大于12mm的小孔。

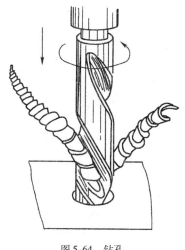

图5-64 钻孔

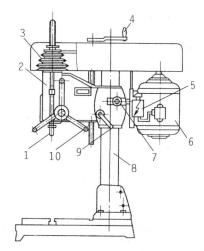

图5-65 台钻外形
1-主轴;2-头架;3-塔轮;4-旋转摇把;5-转换开关;6-电动机;7-锁紧螺母;8-立柱;9-旋转手柄;10-进给手柄

a 传动变速。操纵电器转换开关5,能使电动机6正、反转启动或停止5级V型带轮(塔轮)3和V型带传给主轴1。改变V型带在两个塔轮5级轮槽的不同安装位置,可使主轴获得5级转速。

钻孔时必须使主轴作顺时针方向转动(正转),主轴的进给运动(即钻头向下的直线运动),由手动操纵进给手柄10控制。

b 钻轴头架的升降调整。头架 2 安装在立柱 8 上,调整时先松开手柄 9,旋转摇把 4 使头架升降到需要位置,然后再旋转手柄 9 将其锁紧。

c 台钻的维护。在使用过程中,工作台面必须保持清洁。钻通孔时必须使钻头能通过工作台面上的让刀孔,或在工件下面垫上垫铁,以免钻坏工作台面。用毕后必须将机床外露滑动面及工作台面擦净,并对各滑动面及各注油孔加注润滑油。

② 立钻。立式钻床简称立钻,常用 Z525 立钻,一般用来钻中小型工件上的孔,其最大钻孔直径有 25mm、35mm、40mm 和 50mm 几种。

a 主要机构的使用调整:请熟悉使用说明。

b 使用规则及维护:使用前必须先空转试车,在机床各机构都能正常工作时才操作。工作中不采用机动进给时,必须将三星手柄盖向里推,断开机动进给传动。

c 变换主轴转速或机动进给量时,必须在停车后进行。

d 需经常检查润滑系统的供油情况。

e 维护内容参照立钻一级维护要求。

③ 摇臂钻床。用立式钻床在一个工件上加工多孔时,每加工一个孔,工件就得移动找正一次,这对于加工大型工件是非常麻烦的,并且使钻头中心准确地与工件上的钻孔中心重合,也是很困难的。此时,采用主轴可以移动的摇臂钻床来加工这类工件,就比较方便。

(3) 钻头的刃磨方法。

① 标准麻花钻的刃磨要求见图 5-66 所示。

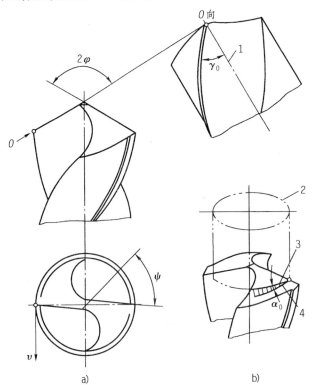

图 5-66 标准麻花钻的刃磨角度

a 顶角 2φ 为 $118°±2°$。

b 外缘处的后角 α_0 为 $10°\sim14°$。

c 横刃斜角 ψ 为 $50°\sim55°$。

d 两主切削刃长度以及和钻头轴心线组成的两个 φ 角要相等。图 5-67 所示为刃磨得正确和不正确的钻头加工孔的情况。图 5-67a) 所示为正确,图 5-67b) 为两个角磨得不对称,图 5-67c) 为主切削刃长度不一致,图 5-67d) 为两个 φ 角不对称,主切削刃长度也不一致,在钻孔时都将使钻出的孔扩大或歪斜,同时,由于两主切削刃所受的切削抗力不均衡,造成钻头振摆磨损加剧。

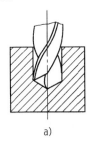 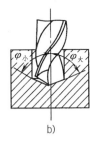 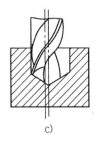 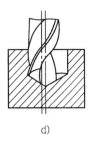

a)　　　　　　　b)　　　　　　　c)　　　　　　　d)

图 5-67　刃磨钻头对孔加工的影响

e 两个主后面要刃磨光滑。

②标准麻花钻的刃磨。

a 两手握法:右手握住钻头的头部,左手握住柄部(图 5-68)。

b 钻头与砂轮的相对位置:钻头轴心线与砂轮圆柱母线在水平面内的夹角等于钻头顶角 2φ 的一半,被刃磨部分的主切削刃处于水平位置(图 5-68a)。

c 刃磨动作。将主切削刃在略高于水平中心平面处先接触砂轮(图 5-68b),右手缓慢地使钻头绕自己的轴线由下向上转动,同时施加适当的刃磨压力,这样可使整个后面都磨到。左手配合右手作缓慢的同步下压运动,刃磨压力逐渐加大,这样就便于磨出后角,其下压的速度及其幅度随要求的后角大小而变;为保证钻头近中心处磨出较大后角,还应作适当的右移运动。刃磨时两手动作的配合要协调、自然。按此不断反复,两后面经常轮换,直至达到刃磨要求。

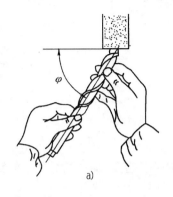 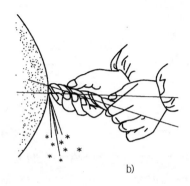

a)　　　　　　　　　　　b)

图 5-68　钻头刃磨时与砂轮的相对位置

d 钻头冷却。钻头刃磨压力不宜过大,并要经常蘸水冷却,防止因过热退火而降低硬度。

(4)划线钻孔的方法。钻孔时的工件划线:按钻孔的位置和要求,划出孔位的十字中心线,并打上中心样冲眼(要求冲点要小,位置要准),按孔的大小划出孔的圆周线。对钻直径较大的孔,还应划出几个大小不等的检查圆(图5-69a),以便钻孔时检查和找正钻孔位置,当钻孔的位置尺寸要求较高时,为了避免中心样冲眼时所产生的偏差,也可直接划出以孔中心线为对称中心的几个大小不等的方框(图5-69b),作为钻孔时的检查线,然后将中心样冲眼敲大,以便准确落钻定心。

(5)工件的装夹。钻孔时,要根据工件的不同形体以及钻削力的大小(或钻孔直径大小)等情况,采用不同的装夹(定位和夹紧)方法,以保证钻孔的质量和操作安全。

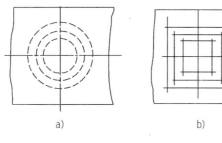

图5-69 孔位检查线形式

(6)钻头的装拆。

①直柄钻头装拆:直柄钻头用钻夹头夹持。先将钻头柄塞入钻夹头的三卡爪内,夹持长度不能小于15mm,然后用钻夹头钥匙旋转外套,使环形螺母带动三只卡爪移动,作夹紧或放松动作(图5-70)。

②锥柄钻头装拆:锥柄钻头用柄部的莫氏锥体直接与钻床主轴连接。连接时必须将钻头锥柄及主轴锥孔揩擦干净,且使矩形舌部的长向与主轴上的腰形孔中心线方向一致,利用加速冲力装接(图5-71a)。当钻头锥柄小于主轴锥孔时,可加过渡套(图5-71b)来连接。用斜铁敲入套管或钻床主轴上的腰形孔内可拆卸套管内的钻头和在钻床主轴上的钻头,斜铁带圆弧的一边要放在上面,利用斜铁斜面的向下分力,使钻头与套管或主轴分离(图5-71c)。

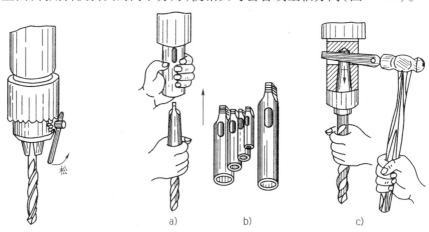

图5-70 用钻夹头夹持　　图5-71 锥柄钻头的装拆及过渡锥套

钻头在钻床主轴上应装接牢固,且在旋转时径向跳动应最小。

(7)钻床转速的选择。选择时要首先确定钻头的允许切削速度v用高速钢钻头钻铸件时,$v=14\sim22\text{m/min}$;钻钢件时$v=16\sim24\text{m/min}$;钻青铜或黄铜件时,$v=30\sim60\text{m/min}$。当工件材料的硬度和强度较高时取较小值;钻头直径小时也取较小值(以$\phi16\text{mm}$为中值);钻孔深度$L>3d$时,还应将取值乘以$0.7\sim0.8$的修正系数。然后用下式求出钻床转速n。

$$n = 1000v/\pi d$$

式中：v——切削速度，m/min；
d——钻头直径，mm。

(8) 钻孔操作。

①起钻：钻孔时，先使钻头对准孔中心处钻出一浅坑，观察钻孔位置是否正确，并要不断校正，使前坑与划线圆同轴，如有偏位，应先纠正后起钻（图5-72）。

②手进给操作：当起钻达到钻孔的位置要求后，即可压紧工件完成钻孔。手进给时，进给用力不应使钻头产生弯曲现象，以免钻孔轴线歪斜（图5-73）；钻小直径孔或深孔时，进给力要小，并要经常退钻排屑，以免切屑阻塞而扭断钻头，一般在钻孔深度达直径的3倍时，一定要退钻排屑；钻孔将穿时，进给力必须减小，以防进给量突然过大，增大切削抗力，造成钻头折断，或使工件随着钻头转动造成事故。

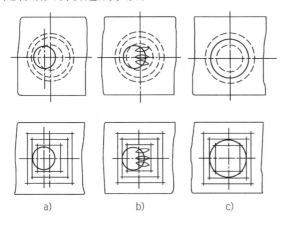

图5-72 用錾槽来校正起钻偏位的孔

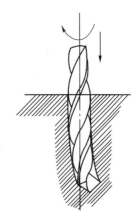

图5-73 钻孔时轴线的歪斜

③钻孔时的切削液：为了使钻头散热冷却，减少钻削时钻头与工件、切屑之间的摩擦，以及消除粘附在钻头和工件表面上的积屑瘤，从而降低切削抗力，提高钻头寿命和改善加工孔表面的质量，钻孔时要加注足够的切削液。钻钢件时，可用3%~5%的乳化液；钻铸铁时，不加冷却液，如果钻头温度升高，可将钻头提起，用另外的容器盛水，对钻头单独进行冷却。

④快钻穿时动作要轻，手动进刀在要钻穿时不但不能再用劲，反而要轻轻把钻头抬着一点。

6.2.2 攻套螺纹

用丝锥在加工工件孔的内表面加工出螺纹的操作叫攻螺纹，用板牙在加工件外表面加工出螺纹的操作叫套螺纹。

6.2.2.1 攻螺纹操作。

(1) 丝锥与铰杠：丝锥是加工小内螺纹的工具。按加工螺纹种类的不同有：普通三角螺纹丝锥，其中$M6$~$M24$的丝锥为二只一套，小于$M6$和大于$M24$的丝锥为三只一套；圆柱管螺纹丝锥，大小尺寸均为单只。按加工方法分有：机用丝锥和手用丝锥。

铰杠是用来夹持丝锥的工具。有普通铰杠（图5-74）和丁字铰杠两类（图5-75）两类。丁字铰杠主要用在攻工件凸台旁的螺纹或机体内部的螺纹。各类铰杠又有固定式和活动式两种。固定式铰杠常用在攻$M5$以下的螺纹，活动式铰杠可以调节夹持孔尺寸。

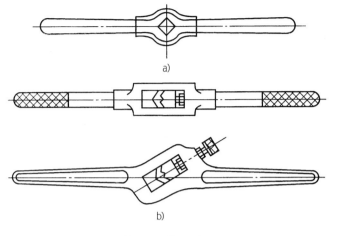

图 5-74 普通铰杠

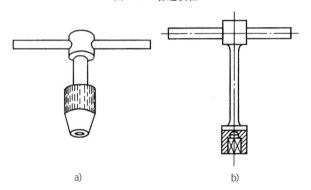

图 5-75 丁字铰杠

铰杠长度应根据丝锥尺寸大小选择,以便控制一定的攻螺纹扭矩,可参考表 5-2 选用。

攻螺纹铰杠的长度选择　　　　表 5-2

丝锥直径(mm)	≤6	8~10	12~14	≥16
铰杠长度(mm)	150~200	>200~250	250~300	400~450

(2)攻螺纹时底孔直径的确定:确定底孔直径的大小要根据工件的材料性质和螺纹直径的大小考虑,其方法可查表或用下列经验公式得出。

普通螺纹底孔直径的经验计算公式:

脆性材料　　　　　　　　　$D_底 = D - 1.05P$

韧性材料　　　　　　　　　$D_底 = D - P$

式中:$D_底$——底孔直径,mm;

　　　D——螺纹大径,mm;

　　　P——螺距,mm。

例 5-1　分别在中碳钢和铸铁上攻 $M10 \times 1.5$ 螺距,求各自的底孔直径。

解:中碳钢属韧性材料,故底孔直径为:

$$D_底 = D - P = 10 - 1.5 = 8.5 \text{(mm)}$$

铸铁属脆性材料,故底孔直径为:

$$D_{底} = D - 1.05P = 10 - 1.05 \times 1.5 = 8.4(\text{mm})$$

（3）不通孔螺纹的钻孔深度：钻不通孔的螺纹底孔时，钻孔深度至少要等于需要的螺纹深度加上丝锥切削部分的长度，这段增加的长度大约等于螺纹大径的 0.7 倍，即

$$L = l + 0.7D$$

式中：L——钻孔深度，mm；

　　　l——需要的螺纹深度，mm；

　　　D——螺纹大径，mm。

（4）攻螺纹方法：

①划线，打底孔。

②螺纹底孔的孔口倒角，通孔螺纹两端都倒角，倒角处直径可略大于螺孔大径，这样可使丝锥开始切削时容易切入，并可防止孔口出现挤压出的凸边。

③用头锥起攻。起攻时，可一手用手掌按住铰杠中部，沿丝锥轴线用力加压，另一手配合作顺向旋进（图5-76a）；或两手握住铰杠两端均匀施加压力，并将丝锥顺向旋进（图5-76b）。应保证丝锥中心线与孔中心线重合，不使歪斜。在丝锥攻入 1~2 圈后，应及时从前后、左右两个方向用 90°角尺进行检查（图5-77），并不断校正至要求。

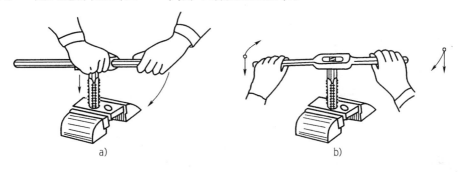

图5-76　攻螺纹

④当丝锥的切削部分全部进入工件时，就不需要再施加压力，而靠丝锥作自然旋进切削。此时，两手旋转用力要均匀，并要经常倒转 1/4~1/2 圈，使切屑碎断后容易排除，避免因切屑阻塞而使丝锥卡住。

⑤攻螺纹时，必须以头锥、二锥、三锥顺序攻削至标准尺寸。在较硬的材料上攻螺纹时，可轮换各丝锥交替攻下，以减小切削部分负荷，防止丝锥折断。

⑥攻不通孔时，可在丝锥上做好深度标记，并要经常退出丝锥，清除留在孔内的切屑，否则会因切屑堵塞使丝锥折断或达不到深度要求。当工件不便倒向进行清屑时，可用弯曲的小管子吹出切屑，或用磁性针棒吸出。

⑦攻韧性材料的螺孔时，要加切削液，以减小切削阻力，减小加工螺孔的表面粗糙度和延长丝锥寿命。攻

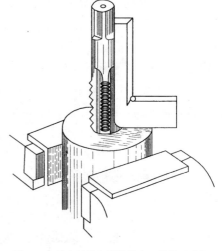

图5-77　检查丝锥和孔设计中心线是否重合

钢件时用机油,螺纹质量要求高时可用工业植物油;攻铸铁件可加煤油。

6.2.2.2 套螺纹操作。

(1)圆板牙与铰杠(板牙架)。板牙是加工外螺纹的工具,常用的圆板牙见图 5-78 所示。其外圆上有四个锥坑和一条 U 形槽,图中下面两个锥坑,其轴线与板牙直径方向一致,借助铰杠(图 5-79)上的两个相应位置的紧固螺钉顶紧后,用以套螺纹时传递扭矩。

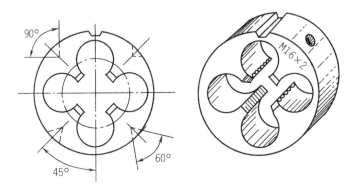

图 5-78 圆板牙

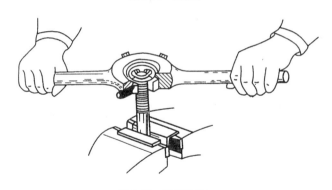

图 5-79 圆板牙铰杠

(2)套螺纹时的圆杆直径及端部倒角。与攻螺纹一样,套螺纹切削过程中也有挤压作用,因此,圆杆直径要小于螺纹大径,可查表或用下列经验计算公式确定。

$$d_{杆} = d - 0.13p$$

式中:$d_{杆}$——圆杆直径,mm;

d——圆杆大径,mm;

p——螺距,mm。

为了使板牙起套时容易切入工件并作正确的引导,圆杆端部要倒角——倒成锥半角为 15°~20°的锥体。其倒角的最小直径,可略小于螺纹小径,避免螺纹端部出现锋口和卷边。

(3)套螺纹时的切削力矩较大,且工件都为圆杆,一般要用 V 形块或厚铜衬作衬垫,才能保证可靠夹紧。

(4)起套方法与攻螺纹起攻方法一样,一手用手掌按住铰杠中部,沿圆杆轴向施加压力,另一手配合作顺时针方向切进,转动要慢,压力要大,并保证板牙端面与圆杆轴线的垂直度,不使歪斜。在板牙切入圆杆 2~3 牙时,应及时检查其垂直度并作准确校正。

(5)正常套螺纹时,不要加压,让板牙自然引进,以免损坏螺纹和板牙,也要经常倒转以断屑。

(6)在钢件上套螺纹时要加切削液,以减小加工螺纹的表面粗糙度和延长板牙使用寿命。一般可用机油或较浓的乳化液,要求高时可用工业植物油。

7 刮削和装配

用刮刀在工件表面上刮掉一层很薄的金属的操作叫做刮削;将零件、部件按图纸要求组装在一起,并调试到符合技术条件要求,能正常运转的操作称为装配。

7.1 安全与环保知识

7.1.1 刮削中的安全规程
(1)刮削前,锐边、锐角必须去掉,防止碰伤手。若不允许倒角者,刮削时应特别注意。
(2)大型工件刮削时,搬动要注意安全,安放要平稳。
(3)因高度不够,人需站在垫脚板上作刮削时,必须将垫脚板放平稳后,才可上去操作。以免因垫板不稳,用力后,人跌倒而出工伤事故。
(4)刮削工件边缘时,不能用力过大,避免人冲出去而产生事故。
(5)刮刀用后安放妥当,防止掉下;三角刮刀用毕要将刀尖放入盒内。不准将刮刀作其他用途,更不允许拿刮刀开玩笑。
(6)不能用嘴吹刮掉的金属屑。

7.1.2 装配中的安全规程
(1)装配前应仔细检查工件及相互之间的装配关系是否符合图纸要求。
(2)要熟悉各种零件的装配要领,不能乱敲乱打。
(3)装配时如有需要配钻、配铰的地方,要注意使用安全电源,在现场要注意防火、防触电。

7.2 常用工具、仪器与设备

(1)工作场地、钳工桌、台钳;
(2)刮刀、显示剂、常用装配工具一套;
(3)被加工零件若干个,需装配的机具若干台套;
(4)配套装配图纸。

7.3 刮削和装配的基本知识

7.3.1 刮削的基本知识
(1)刮削的概念。刮削是机械加工的一个重要工艺手段,有相对运动的配合表面只有经过刮削,才能达到完美的结合。

刮削的任务除了要把机械加工遗留下来的走刀丝纹、表面细微的不平消除外,还要把工件的扭曲、中部凹陷或凸起等误差消除。刮削能提高工件的形状精度和配合精度;形成存油间隙减少摩擦阻力;提高工件表面质量,从而提高工作的耐磨性,延长其使用寿命;刮削还能使工件表面美观。

刮削在机器制造和修理中都占重要的地位,也是钳工基本功之一。

(2) 显示剂。机械加工后的平面误差,只有用一块标准平板才能校验出来。校验时,是在工件刮削面(或平板表面)涂上一层颜料,然后将两个平面互相摩擦,这样凸起处就被磨成黑点(或被着色)。曲面(内孔和外圆)是用心轴、标准套或与其配合的轴、套相互摩擦的方法来校验的。这种颜料叫显示剂。利用显示剂校验的方法叫显示法,工厂中俗称磨点子(图5-80)。

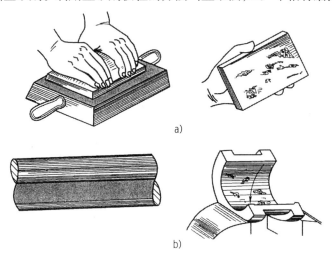

图5-80 平面与曲面的显示法
a)平面显示法;b)曲面显示法

目前常用的显示剂主要有以下两种:

红丹粉——红丹粉有铅丹和铁丹两种。铁丹(呈紫红色)和铅丹(呈橘黄色)的粒度极细,用时与机油调和。红丹粉由于显示清晰,价格较低,因此使用最广,通常在铸铁和钢件上使用。

蓝油——由普鲁士蓝和蓖麻油混合而成。常在铜、铅等工件上使用。

显示剂的使用方法。显示剂使用得是否正确与刮削质量有很大的关系。红丹粉与机油调和时,油不能加得太多,只要能润开就行了。粗刮时,红丹粉可调得稍稀些,便于涂布,显示的点子大。精刮时,红丹粉要调得稠些,否则点子要模糊。刮削时红丹粉可以涂在工件表面上,也可涂在标准平板上。涂在工件表面上,显示后呈红底黑点,不闪光,看得比较清楚。涂在标准平板上,工件只在高点处着色,显示也清楚,同时切屑不易粘附在刀口上,刮削方便,且可减少涂布次数。但随着刮削工作的进行,点子逐渐增多,尤其是在细刮的最后阶段和精刮时,显示点子就模糊,此时应将红丹粉涂在被刮削工件表面上。

(3) 刮削精度的检查。检查刮削精度的方法主要有下列两种。

①以贴合点的数目来表示:就是用在任意抽查的边长为25mm的正方形方框内,点子数目的多少及点子分布的均匀程度来表示(图5-81)。各种平面所要求的点子数见表5-3。

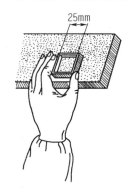

图5-81 用方框检查点子

平面要求的点子数　　　　　　　　　　　　　　表5-3

平　面　种　类	质量情况（边长25mm正方形内的点数）	常　用　范　围
普通平面	6～10	固定接触面
中等平面	8～15	机器台面和量具的接触面
高等平面	16～24	平板、直尺和精密机器的导轨
超等平面	25以上	精密工具的平面

②用平面的平整度表示：工件平面大范围内的中凸、中凹、波形以及两导轨面的扭曲等是用水平仪检查的，它们的允许误差根据不同的要求来规定。例如车床导轨要求中部略为凸起一些（一般为0.02mm/1000mm）以增加导轨的使用期限，而相配的大拖板面要求中部略凹些以与导轨紧密贴合。平面刮好后，就应该根据工件的技术要求，用水平仪来检查。

（4）刮削工具。

①校准工具。校准工具是用来磨点子和检验刮削面准确性的工具。它有下列几种：

a 标准平板。标准平板用来检验宽的平面，是用一级铸铁制成的，经过精刨、粗刮、细刮和精刮，有较高的精度。

b 校准直尺。校准直尺用来检验狭长的平面。

c 角度直尺。角度直尺用来检验燕尾导轨的角度。尺的两面经过精刮并成所需的标准角度，如55°或60°等。第三面只需刨光，此面在放置时作支撑面。

各种直尺不用时一般将其吊起。桥式直尺要安放平整，以防止变形。刮削曲面时，往往用相配的轴作为校准工具。如无现成轴，可自制一根标准心棒来检验。

②刮削工具。刮刀是刮削的主要工具，具有高的硬度，使刃口能经常保持锋利。刮刀的材料一般采用碳素工具钢或轴承钢。刮削硬工件时，也可焊上硬质合金刀头。

刮刀的种类分平面刮刀和曲面刮刀两大类。

a 平面刮刀——用来刮削平面和外曲面。平面刮刀又分普通刮刀和活头刮刀两种。

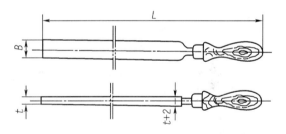

图5-82　普通平面刮刀

普通刮刀（图5-82）——它是平面刮刀中最常见的一种。按所刮表面精度的不同，可分为粗刮刀、细刮刀和精刮刀三种。

b 曲面刮刀——用来刮削内曲面，如滑动轴承等。曲面刮刀分为三角刮刀和蛇头刮刀两种，其形状如图5-83所示。

三角刮刀——可由三角锉刀改制，或用工具钢将头部50mm处锻成等边三角形，柄部为圆柱形（图5-83b）。一般三角刮刀具有三个长的弧形刀刃和三条长的凹槽。它是内曲面刮削的主要刀具。

蛇头刮刀——如图5-83c）所示，它利用两圆弧面刮削内曲面，它的特点是有4个刃口。蛇头刮刀圆弧的大小，依据粗、精刮而定。粗刮刀圆弧的曲率半径大，这样接触面积大，使工件很快达到所需尺寸和全面贴合的要求。精刮刀圆弧的曲率半径小，这样容易刮点子，而且凹坑刮得深，有足够的存油空隙，使滑动轴承和转轴得到充分的润滑。

③刮刀的磨锐和维护。在刮削过程中,为保持刮刀刃口锋利,要经常在油石上磨锐。平面刮刀主要磨顶端,然后修磨几下,去除刃口毛刺。蛇头刮刀主要磨其圆弧面,最后修磨几下平面去除毛刺即可。

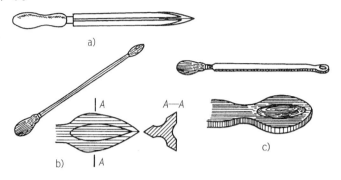

图 5-83　曲面刮刀形状
a)、b)三角刮刀;c)蛇头刮刀

磨出刮刀的质量好坏,与是否合理使用油石有很大的关系。新油石使用前应先放在油中浸几天,使用时油石面上要有足够的润滑油,否则磨出的刮刀刃口不光洁,油石也容易损坏。油石上用的油要清洁,避免铁屑嵌入油石。如油石上已嵌入铁屑,可将油石在水泥地上磨去一层或放在刨床上刨去一层。油石不使用时仍将它浸在油中。

刮刀是精加工工具,它的刃口一定要保护好。用毕要用布包好或放在分格架中以免刃口碰坏和出工伤事故。刮刀不能当撬棒用,也不能当其他工具使用。

(5)平面刮削的操作方法。

①刮削前的准备工作。

a 修磨刮刀。为使刮削工作顺利进行和减轻劳动强度,刮刀应该锋利。刮刀要经常修磨,刀头硬度不够时,应立即淬火,待修磨后再刮削。

b 刮削场地的选择。刮削场地的光线要适当,光线太强会反光,点子不易看清,应设法遮去一部分;光线太弱,也看不清,要附加灯光。如果工件精度要求高,还须有坚硬的工作台面,以保证刮削后工件不变形,例如中型普通车床床身导轨面的刮削就有这样的要求。

c 工件表面的清理。铸件必须彻底清砂、去浇口;工件上锐边必须倒去,以防划伤手;要刮削的表面必须擦净油污。

d 工件的安放和夹持。刮削前,工件必须放平稳,刮削时不能发生摇摆和滑动现象。刮削面的高低位置一定要适合工作者的身高,一般是在近腰部上下。若工件较高,则人应站在垫板上工作,这样才能充分发挥出力量来。刮削小工件时,工件要用台钳或夹具夹持。对刚性不好的工件,夹紧力不能太大,否则要引起变形。成批生产的工件,应制造专用的夹具来夹持。

②刮削姿势。刮削时姿势很重要,如果姿势不正确,就很难发挥出力量,工作效率不高,质量也不能保证。因此必须掌握好正确的刮削姿势。目前工厂采用刮削姿势有两种:一种是挺刮,另一种是手刮。挺刮法:如图5-84a)所示,将刮刀柄放在小腹右下侧肌肉处,双手握住刀身(距刀刃约80mm左右)。刮削时,利用腿力和臀部的力量使刮刀向前推挤,完成刮削动作。

有时会遇到机床导轨下滑面的刮削,可采用如图5-84b)所示的刮削姿势。挺刮法便于作力,每刀刮削量大,但身体经常弯曲比较疲劳。

手刮法：如图 5-84c)所示，右手握刀柄(握法同握锉刀柄一样)，左手握住刮刀近头部约 50mm 处。刮削时右臂利用上身摆动向前推，左手向下压，并引导刮刀的方向。手刮法推、压和提起的动作，都是依靠两手臂的力量来完成的。综上所述，两种方法各有长处和短处。挺刮刮削量大，手刮灵活性大。究竟采用那一种方法，往往按各工厂习惯而定。两种姿势都掌握，则可根据工件刮削面的大小，精度高低情况采用合理的刮法或混合使用，使刮削工作很快地进行，出色地完成任务。

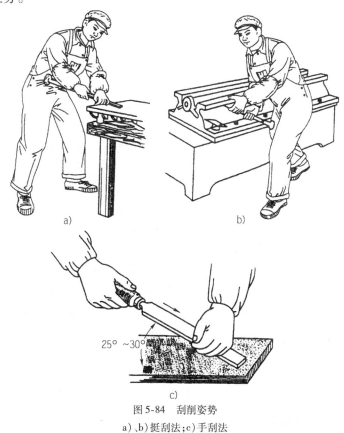

图 5-84　刮削姿势
a)、b)挺刮法；c)手刮法

③刮削步骤。

a 粗刮。一般要进行粗刮的表面有以下三种情况：经过机械加工(如车、铣、刨等)的表面还留有较深的加工纹路；由于维护不妥，表面有严重缺陷；工件经测量，尚有较多的余量(如 0.05mm 以上)。

所谓粗刮，就是拿锋利的粗刮刀，用较大的力气将工件表面刮去一层，在工件整个刮削面上达到边长 25mm 的正方形内有 2~3 点时，粗刮就结束了。

b 细刮。经过粗刮后的表面，还不平整，与标准平板的接触点很少，因此需进行细刮。细刮采用短刮法(刮的刀印短)，刀的宽度应该小些，约为刮刀宽度的 1/3~1/2。细刮开始时，刀印长度与刮刀宽度相等，随着点子的增加，刀印应短些。细刮刀刃可稍带圆弧，以便对准点子。

刮削时，要沿着一定方向刮，刮完一遍，刮二遍时要交叉刮。要防止刮刀的倾斜，将表面划出深痕。为了使贴合点子很快增加，不仅要将着色的斑点刮去，其周围部分也应刮去。这是因为当最高点刮去后，周围的次点就显示出来了，将这些次高点刮去，各次高点周围的点子又会很快的显示出来,这样就可加快刮削的速度。随着点子的逐渐增多,红丹粉要涂布得薄而均匀,显示出的点子硬(斑点发亮),刮重些;点子软(斑点发暗),刮轻些。直至显示出的点子软硬均匀,在工件整个刮削面上,边长 25mm 的正方形内达 12~15 点,细刮就结束了。

c 精刮。精刮时,红丹粉应涂在被刮削工件上,点子显示清晰。精刮时落刀要轻,起刀应挑起。对准点子刮时,每刀一点,不应重复刮,并始终交叉地刮。当点子逐渐增多到 20 点以上,再刮时,可将点子分为三类:最大最亮的点子全部刮去;中等点子在点子中部刮去一小片;小点子留着不刮。这样连续刮几遍就可以很快的达到在工件整个刮削面的任何地方,边长 25mm 的正方形内均达 30 点左右。

d 刮花。刮花的目的,除了增加美观外,还能保证良好的润滑条件,并且还可借刀花的消失来判断平面的磨损程度。一般常见的花纹有斜纹花纹、鱼鳞花纹、半月花纹等。

(6)曲面刮削操作法。曲面刮削的原理和平面刮削一样,但内曲面所用的工具跟平面刮削不同。内曲面刮削用三角刮刀或蛇头刮刀,刀具做螺旋运动。以标准心棒或相配合的轴作内曲面研点子的校准工具。校准时将兰油涂在心棒或轴上,将心棒或轴塞在轴承孔中来回转动显示点子(图5-85a),然后就可以针对高点子刮削。

内曲面的刮削姿势有两种。

第一种如图 5-85b)所示。右手握刀柄,左手掌向下用四指横握刀杆。刮时右手作半圆的转动,左手顺着曲面的方向拉动或推动,与此同时,刮刀在轴向还要移动一些(即刮刀做螺旋运动)。

第二种如图 5-85c)所示。刮刀柄搁在右手手臂上,双手握住刀身。刮时左、右手动作与上一种姿势一样。

刮时用力不可太大,否则容易发生抖动,表面产生振痕。曲面刮削也要交叉进行,不可只顺着一个方向刮,否则要产生波纹。波纹可从点子有规则的排列上看出。

内孔刮削精度的检查,也是以边长 25mm

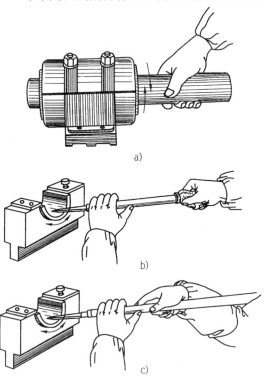

图 5-85 内曲面的显示方法与刮削姿势
a)显示方法;b)、c)刮削姿势

正方形内接触点数而定。一般轴承中间点子可以少些,在 6~8 点范围内;而前、后端则要求在 10~15 点范围内。

7.3.2 装配的基本知识

(1)机械装配的基本要求。将零件、部件按图纸要求组装在一起,并调试到符合技术条件要求,能正常运转的过程称为装配。装配前的准备工作主要有下列内容。

①熟悉产品装配图、工艺文件和技术要求,了解产品的结构、零件的作用以及相互连接关系。
②确定装配方法、顺序和准备需要的工具、材料。

③对装配的零件进行清洗,去掉零件上的毛刺、铁锈、切屑、油污。如有必要还需要在零件允许的部位用电刻、机械刻、人工刻等方法作上记号、标识、编号等。

④对某些零件进行刮削等修配工作,有特殊要求的零件还要进行静、动平衡试验,密封性试验等。

(2)装配的类型。

①完全装配法。装配精度由零件的制造精度保证,任取一个零件,不需要作任何修配,就可实现达到技术要求的装配。

②选配法。装配前按公差范围将零件分成若干组,然后将对应的各组配合件进行装配,以达到要求的装配精度。

③调整装配法。经过调整使配合零件达到要求的装配精度。

④修配法。经过人工修配使配合零件达到要求的装配精度。

各种装配法各有优缺点,各有适合的情况和场所,现代大规模生产都采用完全装配法。

(3)常用零件的装配方法及要求。

①紧连接螺纹的装配(图5-86)。以在装配时是否预紧(螺杆是否受预紧拉力),螺纹连接分松连接和紧连接两大类。松连接主要用在需要留间隙的地方,紧连接用于紧固、承载。不管那种连接都要有防松措施(螺母与螺杆不允许有相对转动),防松方式可参阅设计手册。紧连接在装配时就要先拧紧,拧紧力矩要在规定范围内,太大太小都是不安全的。同时拧紧的顺序也很重要,一般是从中间向两边,对称跳跃式地拧,先轻拧到位后,再逐渐加力,逐渐拧到规定值。

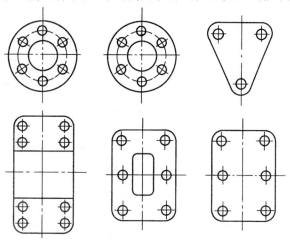

图5-86 螺栓组连接接合面常用的形状

②键的装配(图5-87和图5-88)。键连接以工作面不同划分为两侧面是工作面和上下面是工作面两类。两侧面是工作面的键有普通平键、导向平键、滑键和半圆键。它们装配的共同特点是两侧无间隙(对滑键而言间隙很小),上下有间隙,装配图上的画法如图5-88所示,装配时必须按公差规定装配,一般是先将键装到轴上,再装轮毂。工作面是上下面的键主要有楔形键、切

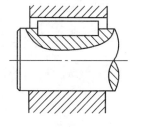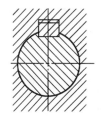

图5-87 平键的装配

向键,它们装配时一般是先将轮毂装到轴上,再把键打入,固定。装配好后如图 5-88 所示。

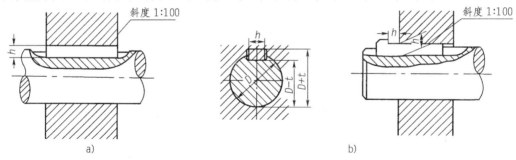

图 5-88 装配图上的画法

③滚动轴承的装配(图 5-89)。滚动轴承的内、外圈分别与轴和孔的配合都是较小过盈量的过盈配合或过渡配合,故装配前应仔细检查核对无误,清除毛刺、污物后才能安装。

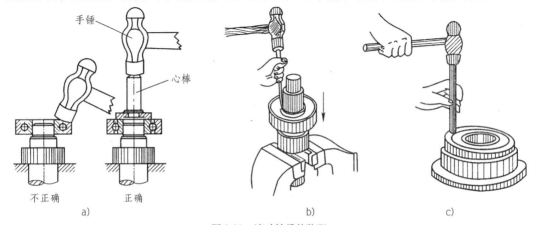

图 5-89 滚动轴承的装配

按安装温度不同可分为常温安装或非常温安装(对孔类零件加热或对轴类零件冷却),对非常温安装无论是加热温度或冷却温度均要严格控制在规定值以内。

常温安装分为用一般工具安装(图 5-89)和用专用工具安装(图 5-90、图 5-91、图 5-92),不管用哪种工具,都是对轴承受摩擦力大的地方施加压力,都要逐渐加力,都尽可能使用润滑油,都不得歪斜,都要注意保护轴承零件,不能损坏,特别要注意保护保持架。

 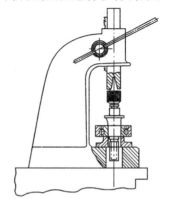

图 5-90 使用专用工具安装　　图 5-91 使用压力机安装

单元五 汽车机修基础知识

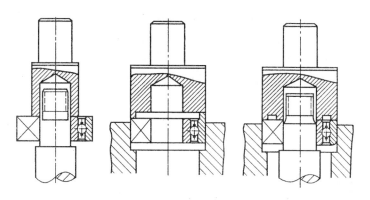

图 5-92 使用专用工具安装

平面推力轴承的安装要注意松圈总是靠着箱体(或是不随轴转动的零件),紧圈总是靠着轴(或随轴转动的零件)(图 5-95)。

所有轴承安装时都要尽可能把有字体的一面朝向可见部位。

轴承的拆卸与安装道理相同,虽是逆过程操作,但有其特殊性,故拆卸时也要注意使用正确的工具和正确的方法。

④间隙调整(图 5-93)。润滑和间隙是机械能否正常工作的两大要素,润滑通道在安装时必须特别注意,以保证润滑能正常进行。

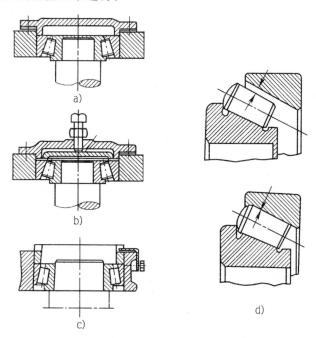

图 5-93 圆锥轴承间隙外圈调整

间隙调整是安装时的重要工作,必须严格按设计要求调整好间隙(包括所有间隙)。由于转速快,负荷大,所以轴承间隙调整是间隙调整工作中的重要环节。轴承间隙分两类,一类轴承的间隙在轴承生产厂生产时已经调整好,安装时无须调整,只要留好热胀冷缩的串动量就可以了。对于圆锥轴承和平面推力轴承的间隙则需要在安装时调整。间隙调整的方法分外圈移动(图5-93)和内圈移动(图5-94)两类,平面推力轴承间隙的调整如图5-95。其他零件间隙的调整可参阅有关资料。

⑤齿轮及轴上零件的装配(图5-96、图5-97、图5-98、图5-99)。零件的总装配是以上各种零件装配的组合,箱类零件的装配如图5-96所示,端盖可以用来调整间隙。

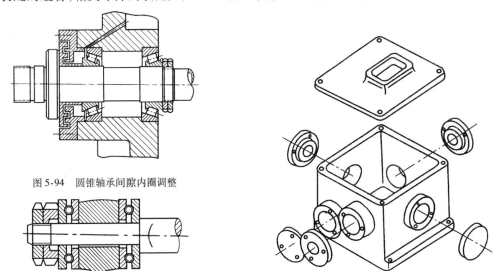

图5-94　圆锥轴承间隙内圈调整

图5-95　平面推力轴承间隙的调整　　　　　图5-96　箱类零件的装配

轴类零件的装配如图5-97所示,要注意轴向、切向、径向定位问题,只有正确定位了,零件才能正常工作。

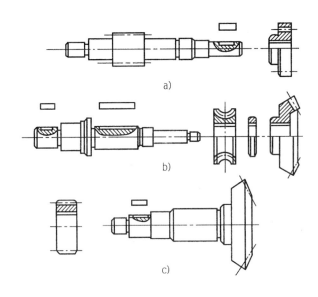

图5-97　轴类零件的装配

图5-98是一个部件(圆锥齿轮轴组件)的总装图,各零件间的装配关系要严格执行。装配顺序见图5-99所示。

设备装配完毕后应进行试车、调整;最后还要进行修饰、包装、入库等工作。

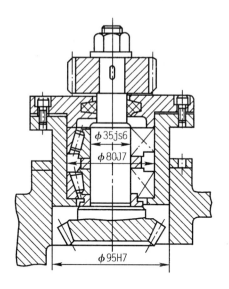

图 5-98　圆锥齿轮轴组件的装配

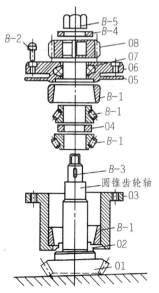

图 5-99　圆锥齿轮轴组件的装配顺序

8　焊接的基本知识

8.1　焊条电弧焊

8.1.1　安全与环保知识

8.1.1.1　个人防护。

(1) 面罩。焊接面罩是一种为防止焊接时的飞溅、弧光及其他辐射对焊工面部及颈部损伤的一种遮盖工具。最常用的面罩有手持式面罩和头戴式面罩两种。

(2) 焊接防护镜片。焊接弧光的主要成分是紫外线、可见光和红外线。而对人体眼睛危害最大的是紫外线和红外线。防护镜片的作用,是适当地透过可见光,使操作人员既能观察熔池,又能将紫外线和红外线减弱到允许值(透过率等于0.0003%)以下。防护镜片由滤光玻璃(用于遮蔽焊接有害光线的黑玻璃)和防护白玻璃(为保护黑玻璃不受飞溅损坏而罩在其外的一种无色透明玻璃)两种组成。

(3) 防护眼镜。防护眼镜包括滤光玻璃(黑色玻璃)和防护玻璃两层,焊工在气焊或气割中必须佩戴,它除与防护镜片有相同的滤光要求外,还应满足不能因镜框受热造成镜片脱落,接触人体面部的部分不能有锐角,接触皮肤的部分不能用有毒材料制作三个要求。

(4) 防尘口罩及防毒面具。焊工在焊接、切割作业时,当采用整体或局部通风不能使烟尘浓度降低到卫生标准以下时,必须选用合适的防尘口罩或防毒面具。

(5) 噪声防护用具。国家标准规定若噪声超过85db时,应采取隔声、消声、减振和阻尼等控制技术。当采取措施仍不能把噪声降低到允许标准以下时,操作者应采用个人噪声防护用具,如耳塞或防噪声头盔等。

(6) 安全帽。在高层交叉作业现场,为了预防高空和外界飞来物的危害,焊工应配戴安全帽。

(7)防护服。焊接用防护工作服,主要起隔热、反射和吸收等屏蔽作用,以保护人体免受焊接热辐射或飞溅物伤害。

(8)焊工手套、工作鞋及护脚。为了防止焊工四肢触电、灼伤和砸伤,避免不必要的伤亡事故发生,要求焊工在任何情况下操作,都必须佩戴好规定的焊工手套、胶鞋及护脚。

(9)安全带。为了防止焊工在登高作业时发生坠落事故,必须使用符合国家标准的安全带。

8.1.1.2 安全用电。

(1)安全用电常识。不同的焊接方法对焊接电源的电压、电流等参数的要求不同,我国目前生产的焊条电弧焊电源的空载电压限制在90V以下,工作电压为25~40V;机械化电弧焊电源的空载电压为70~90V;电渣焊电源的空载电压一般是40~65V;氩弧焊、二氧化碳气体保护焊电源的空载电压是65V左右;氢原子焊电源的空载电压为300V,工作电压为100V;等离子弧切割电源的空载电压高达300~450V,所有焊接电源的输入电压均为220V或380V,都是50Hz的工频交流电,因此触电的危险是比较大的。

焊接操作时造成触电的原因有如下几个方面。

①直接触电。

a 更换焊条、电极和焊接过程中,焊工的手或身体接触到焊条、焊钳或焊枪的带电部分,而脚或身体的其他部位与地或工件间无绝缘防护,当焊工在金属容器、管道、锅炉、船舱或金属结构内部施工,或当人体大量出汗,或在阴雨天,或潮湿地方进行焊接作业时,特别容易发生这种触电事故。

b 在接线、调节焊接电流或移动焊接设备时,易发生触电事故。

c 在登高焊接时,碰上低压线路或靠近高压电源引起触电事故。

②间接触电。

a 焊接设备的绝缘烧损或机械损伤,使绝缘损伤部位碰到机壳,而人们碰到机壳引起触电。

b 焊机的火线和零线接错,使外壳带电。

c 焊接操作时人体碰上了绝缘破损的电缆、胶木电闸带电部分等。

(2)安全用电注意事项。

①焊工必须穿胶鞋,戴皮手套。目前我国使用的劳保用鞋、皮手套,偶然接触220V或380V电压时,还不致造成严重后果。

②焊工在拉、合电闸,或接触带电物体时,必须单手进行。因为双手拉合电闸或接触带电物体,如发生触电,会通过人体心脏形成回路,造成触电者迅速死亡。

③绝对禁止在电焊机开动情况下,接地线和手拿电线。

④焊接电缆软线〈二次线〉,外皮烧损超过两处,应检修更换再用。

⑤在容器内部施焊时,照明电压采用12V,登高作业不准将电缆线缠在焊工身上或搭在背上。

8.1.1.3 防火、防爆。

(1)焊接现场发生爆炸的可能性。焊接时能发生爆炸的几种情况如下:

①可燃气体的爆炸。工业上大量使用的可燃气体,如乙炔(C_2H_2)、天然气(CH_4)等,与氧气或空气均匀混合达到一定限度,遇到火源便发生爆炸,这个限度称为爆炸极限,常用可燃气体在混合物中所占的体积分数来表示。例如:乙炔与空气混合爆炸极限为2.2%~8.1%;乙

炔与氧混合爆炸极限为2.8%~9.3%;丙烷或丁烷与空气混合爆炸极限分别为2.1%~9.5%和1.55%~8.4%;

②可燃液体或可燃液体蒸气的爆炸。在焊接场地或附近放有可燃液体时,可燃液体或可燃液体的蒸气达到一定浓度,遇到焊接火花即会发生爆炸(例如汽油蒸气与空气混合,其爆炸极限仅为0.7%~6.0%);

③可燃粉尘的爆炸。可燃粉尘(例如簇、铝粉尘,纤维素粉尘等),悬浮于空气中,达到一定浓度范围,遇到火源(例如焊接火花)也会发生爆炸。

④焊接密闭容器的爆炸。对密闭容器或正在受压的容器进行焊接时,如不采取适当措施也会产生爆炸。

(2)防火、防爆措施。

①焊接场地禁止放易燃、易爆物品,场地内应备有消防器材,保证足够照明和良好的通风;

②焊接场地10m内不应贮存油类或其他易燃、易爆物质的贮存器皿或管线、氧气瓶;

③对受压容器、密闭容器、各种油桶和管道、粘有可燃物质的工件进行焊接时,必须事先进行检查,并经过冲洗,除掉有毒、有害、易燃、易爆物质,解除容器及管道压力,消除容器密闭状态后,再进行焊接;

④焊接密闭空心工件时,必须留有出气孔;焊接管子时,两端不准堵塞;

⑤在有易燃、易爆物的车间、场所或煤气管、乙炔管(瓶)附近焊接时,必须取得消防部门的同意。操作时采取严密措施,防止火星飞溅引起火灾;

⑥焊工不准在木板、木地板上进行焊接操作;

⑦焊工不准在焊枪手把或接地线裸露情况下进行焊接,也不准将二次回路线乱接乱搭;

⑧气焊、气割时,要使用合格的电石、乙炔发生器及回火防止器,压力表(乙炔、氧气),要定期校检,还要应用合格的橡胶软管;

⑨离开施焊现场时,应关闭电源。

8.1.1.4 焊接安全卫生。由于焊接种类很多,可产生各种职业性有害因素。焊工劳动条件也很不同,有室外、室内、水下、高空密闭环境等,因而焊工在作业过程中,也会受到不同程度的危害。为此焊工必须熟悉自己工作的环境和条件,了解有关医学知识,从而避免或减少自己所从事职业的环境带来的危害。

(1)焊工尘肺。焊条电弧焊时,焊条药皮、焊芯和被焊金属在电弧高温下熔化并激烈反应、蒸发和氧化,产生大量金属氧化物及其他烟尘,呈气溶胶状弥散于空气中,烟尘粒度一般在0.04~0.4mm,呈球形,相互凝集为尘埃。焊工长期吸入高浓度电焊烟尘,可导致在肺内蓄积,引起焊工尘肺。尘肺发病期缓慢(一般在10年以上),临床表现:早期为轻度干咳,合并肺部感染时则有咯痰;晚期咳嗽加剧,有时胸闷、胸痛、气短,甚至咳血。

(2)臭氧对呼吸道的危害。当氢弧焊或碳弧气焊时,空气中的氧(O_2),由于电弧发出的紫外线辐射,而引起光化学反应,产生臭氧(O_3),臭氧是无色气体,具有特殊腥味。臭氧的氧化能力很强,对眼结膜、呼吸道和肺有强烈的刺激作用。臭氧中毒临床表现为:当人体吸入较高浓度($10mg/m^3$)臭氧,在较长时间后,会有明显呼吸困难、胸痛、胸闷、咳嗽、咯痰,严重时引起肺水肿。

(3) 电光性眼炎。电光性眼炎系眼部受紫外线过度辐射所引起的角膜结膜炎。临床表现为：轻则眼部有异物感，重则眼部有烧灼感和剧痛，并伴有高度畏光、流泪和脸痉挛。

(4) 锰中毒。焊条药皮与焊芯中均含有不同数量的锰，在电弧高温下均以氧化锰形式进入烟尘。据测定，电焊作业周围空气 MnO_2 浓度在 $0.3 \sim 47mg/m^3$，焊工不注意，长期吸入含 MnO_2 高的烟尘，会引起锰中毒。

锰中毒临床表现为：精神萎靡、淡漠、头晕、头疼、疲乏、四肢酸疼、注意力涣散、记忆力减退、睡眠障碍，并伴有食欲不振、恶心、流涎增多、心悸、多汗。严重时，会出现锰中毒性帕金森氏综合症，患者四肢僵直，动作缓慢笨拙，说话含糊不清，甚至会出现精神失常。

(5) 氟中毒。由于低氢型焊条药皮中加有萤石（氟化钙），因此焊接烟尘中还含有氟化物（氟化氢、氟化钾、氟化钠等）。焊工长期过量吸入氟化物，可对眼鼻、呼吸道粘膜产生刺激，引起流泪、鼻塞、咳嗽、气急等症状。

(6) 焊工职业病的预防和早期诊断。上述病症，由于焊工职业环境、条件所造成，但并不是每个焊工都必然染上这些病症。关键是要注意预防，注意安全卫生，注意早期诊断治疗。

①在任何情况下进行焊接操作时，都必须佩戴好个人防护用品；

②注意操作现场的通风、除尘、屏蔽。如通风条件差，应戴上口罩，或佩戴通风面罩，设置各种通风设备等；

③个人感觉有上述职业病预兆时，应及时到医院就诊，早期治疗；

④在房间内（例如某些试验间，正规厂房除外）没有通风措施时，绝对不应进行氢弧焊操作。

8.1.2 常用工具、仪器和设备

(1) 设备的型号和要求。焊条电弧焊的电源主要有：弧焊变压器、弧焊整流器、直流弧焊发电机。

弧焊变压器可将交流电变成适用于焊条电弧焊的低压交流电。其优点是结构简单、使用方便、易于维修、价格便宜、噪声小等。缺点是不能用于碱性低氢型焊条焊接。常用的型号有 BX1-300、BX1-330、BX3-300、BX3-500、BX2-500 等。

弧焊整流器是把交流电经整流装置整流变为直流电的弧焊电源，与直流弧焊发电机相比，其优点是噪声小、空载损耗小，随着整流元件质量的提高，性能已接近直流弧焊发电机水平，使用日渐增多。缺点是过载能力小，使用和维护要求较高等。常用的型号有 ZX-160、ZX-250、ZX-300、ZX-400 等硅弧焊整流器，ZX3 系列弧焊整流器，ZX5 系列可控硅式弧焊整流器，ZX7 系列逆变弧焊整流器等。

直流弧焊发电机因其造价高、耗能大，1992 年起已宣布为淘汰产品。

(2) 焊条电弧焊常用工、量具的种类。焊条电弧焊常用工具的种类有焊钳、电缆线、焊接电缆线快速接头；辅助工具有焊条保温筒、敲渣锤和钢丝刷、角向磨光机、地线夹等；常用量具有钢直尺、钢卷尺和焊接测量器。

(3) 焊条电弧焊常用工、量具的使用方法。焊钳的作用是夹持焊条和传导焊接电流，其结构如图 5-100 所示。使用时，钳口上的焊渣应清除，并用钳口夹住焊条一端的焊芯。

电缆线是连接焊机与焊钳和焊机与焊件的导线，其作用是传导焊接电流。电缆线的外表应具有良好的绝缘层，若有烧损，应立即用绝缘胶布包扎完好或更换。电缆线截面积的选择见表 5-4。

焊接电缆线快速接头是一种快速方便连接电缆线的装置，其结构见图 5-101 所示。

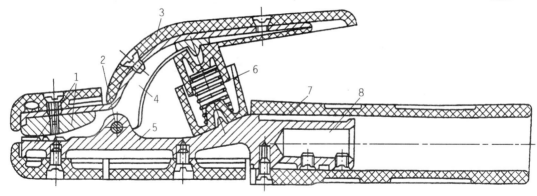

图 5-100 焊钳的结构

1-钳口;2-固定销;3-弯臂罩壳;4-弯臂;5-直柄;6-弹簧;7-胶木手柄;8-焊接电缆线固定处

电缆线截面积选择表 表 5-4

电缆线长度(m)	20	30	40	50	60	70	80	90	100
焊接电流(A)	电缆线截面积(mm^2)								
100	25	25	25	25	25	25	25	28	35
150	35	35	35	35	50	50	60	70	70
200	35	35	35	50	60	70	70	70	70
300	35	50	60	60	70	70	70	85	85
400	35	50	60	70	85	85	85	95	95
500	50	60	70	85	95	95	95	120	120
600	60	70	85	85	95	95	120	120	120

焊条保温筒是在施工现场供焊工携带的可储存少量焊条的一种保温容器,其使用方法和结构见图 5-102 所示。

图 5-101 焊接电缆线快速接头示意图

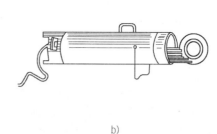

图 5-102 焊条保温筒
a)立式;b)横式

敲渣锤和钢丝刷的作用主要是清理焊缝表面,焊缝层间的焊渣及焊件上的铁锈、油污。

角向磨光机主要用于打磨坡口和焊接头处。如果换上钢丝轮,还可以除锈。其结构见图 5-103 所示。

为保证焊机输出导线与焊件可靠连接,可采用地线夹连接,其结构和使用方法见图 5-104 所示。

焊接测量器是一种精确测量焊缝的量具,其结构见图 5-105 所示,使用方法见图 5-106 所示。

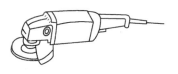

图 5-103　角向磨光机　　　　图 5-104　地线夹

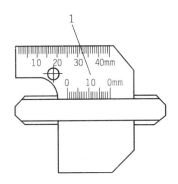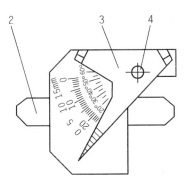

图 5-105　焊接测量器结构图
1-主尺；2-活动尺；3-测角尺；4-铆钉

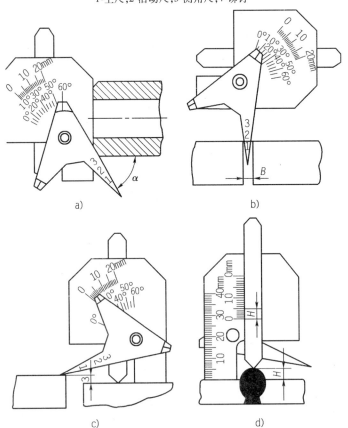

图 5-106　焊接测量器用法示例
a)测量坡口角度；b)测量间隙宽度；c)测量焊件错位；d)测量焊缝高度

8.1.3 焊接参数的选择

(1) 焊条直径的选择。根据实训提供的焊件厚度,参照表5-5选择焊条直径。在焊件厚度相同的情况下,平焊位置焊用的焊条直径比其他焊接位置要大一些。

焊条直径与焊件厚度的关系(mm)　　　　　　　　　　　　　　表5-5

焊件厚度	≤1.5	2	3	4~5	6~12	≥13
焊条直径	1.5	2	3.2	3.2~4	4~5	5~6

(2) 焊接电流的选择。选择焊接电流时,要考虑的因素很多,如焊条直径、药皮类型、焊件厚度、接头形式、焊接位置和焊道、焊层等。但焊接电流主要由焊条直径、焊接位置和焊层决定。焊接电流的选择可参照表5-6提供的数据,并参照其他因素做适当修正。

各种焊条直径使用的焊接电流参考值　　　　　　　　　　　　　表5-6

焊条直径(mm)	1.6	2.0	2.5	3.2	4.0	5.0	5.8
焊接电流(A)	25~40	40~65	50~80	100~130	160~210	200~270	260~300

(3) 电弧电压的选择。电弧电压是由电弧长度来确定的。一般情况下电弧长度应等于焊条直径的1/2~1倍为好,相应的电弧电压为16~25V。

(4) 焊接速度的选择。焊接速度在保证具有所要求的尺寸和外形,保证熔合良好的原则下,由焊接者根据具体情况灵活掌握。

8.1.4 焊条电弧焊的基本操作技术

(1) 平焊的操作姿势。平焊的操作姿势如图5-107所示。

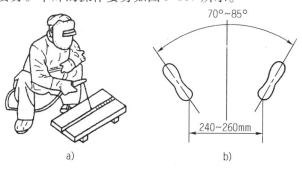

图5-107　焊工平焊的操作姿势
a) 蹲式操作姿势;b) 两脚的位置

(2) 焊条的夹持。夹持焊条时,要将焊条的夹持端夹在焊钳的钳口夹持槽内,不得夹在槽外或夹在药皮上,防止夹持不牢或接触不良而影响正常焊接。

(3) 引弧与稳弧。引焊时,引燃焊接电弧的过程叫引弧。其方法有两种:第一种叫"直击法",即将焊条末端对准引弧处,然后将焊条末端与焊件表面轻轻一碰,迅速提起焊条,并保持一定的距离,如图5-108所示。第二种叫"划擦法",即将焊条末端对准引弧处,然后将手腕扭动一下,使焊条在引弧处轻微划擦一下,划动长度约为20mm左右,电弧引燃后立即使弧长保持在所用焊条直径相应的范围内(约3~4mm),如图5-109所示。

稳弧时,要保持适当的弧长,运条平稳,手不能抖动,焊条要随其不断熔化而均匀地送进,并保证焊条的送进速度与熔化的速度基本一致。防止出现电弧突然拉长或突然缩短而造成电弧不稳定,甚至使电弧熄灭。

(4)焊缝的起头。焊缝的起头是指刚开始焊接的部分,一般来说这部分焊缝余高略高些,为了减少或避免这种现象,可在引燃电弧后先将电弧稍微拉长一些,对焊件进行预热,然后适当降低电弧进行正常焊接。

(5)运条的基本动作和方法。运条的基本动作如图 5-110 所示。运条方法如图 5-111 所示。

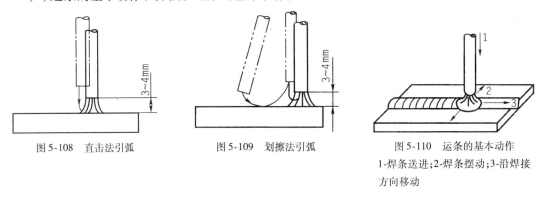

图 5-108　直击法引弧　　图 5-109　划擦法引弧　　图 5-110　运条的基本动作
1-焊条送进;2-焊条摆动;3-沿焊接方向移动

(6)焊缝的连接。焊缝的连接有 4 种方法,如图 5-112 所示。

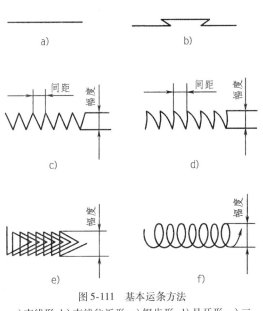

图 5-111　基本运条方法
a)直线形;b)直线往返形;c)锯齿形;d)月牙形;e)三角形;f)圆圈形

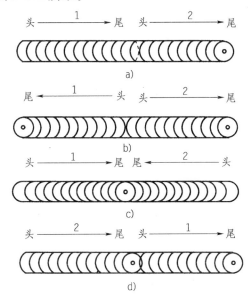

图 5-112　焊缝的连接
a)后焊焊缝的起头与先焊焊缝的结尾连接;b)后焊焊缝的起头与先焊焊缝的起头连接;c)后焊焊缝的结尾与先焊焊缝的结尾连接;d)后焊焊缝的结尾与先焊焊缝的起头连接—1、2-焊缝(接)顺序号

(7)焊缝的收尾。焊缝的收尾有 3 种方法,如图 5-113 所示。

8.2　气焊与气割

8.2.1　安全与环保知识

(1)氧气瓶的安全使用:

①搬运氧气瓶时,应避免氧气瓶剧裂振动或碰撞;

②禁止氧气瓶和可燃物品(溶解乙炔气瓶、油脂等)同车搬运或存放在一起,不准氧气瓶沾有油脂;

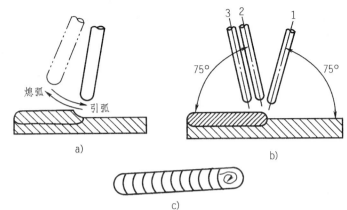

图 5-113　焊缝的收尾
a)反复断弧收尾法;b)划圈收尾法;c)回焊收尾法
1、2、3-焊条变化的位置

③取瓶帽时,只能用手或专用扳手旋取,不得用手锤或其他铁器敲击;

④氧气瓶直立放置时,必须放稳,防止跌倒,最好固定斜置使用,避免卧置使用,严禁用氧气瓶作为接地的导电体;

⑤氧气瓶与高温热源或其他明火的距离应不小于10m;

⑥开启氧气瓶阀时,不允许开启过快,以防止产生静电火花而引起爆炸。开启时,人不要面对出气口和减压器;

⑦夏季使用氧气瓶时要防曝晒,冬季使用时,若发现氧气瓶嘴冻结,不得用火烤,可用热水解冻;

⑧严禁氧气瓶内的氧气全部用光,要求留0.1~0.2个表压,而且用后要关紧阀门,防止漏气;

⑨开启氧气瓶阀时,要开到底,垫紧密封垫,以防漏气,开启及关闭阀门时不要用力过大,防止将阀门扳坏;

⑩氧气瓶要按易燃易爆压力容器的使用要求定期安全检查。

(2)溶解乙炔气瓶的安全使用。使用溶解乙炔气瓶时,除必须遵守使用氧气瓶的有关要求外,还必须注意以下几点:

①溶解乙炔气瓶不允许受到剧烈振动或撞击,以免瓶内的多孔性填料下沉而形成空洞,影响乙炔的贮存;

②溶解乙炔气瓶工作时应直立放置,因卧置时会使丙酮随乙炔流出,甚至会通过减压器流入乙炔胶管和割炬内而造成危险;

③存放溶解乙炔气瓶的库房应注意通风,防止泄漏的乙炔气滞留而遇明火爆炸;

④乙炔减压器与溶解乙炔气瓶的连接必须可靠,严禁在漏气的情况下使用;

⑤溶解乙炔气瓶的温度不应过高,温度过高会降低乙炔的溶解度,使瓶内乙炔气的压力急剧增高而产生爆炸;

⑥使用溶解乙炔气瓶时,应按使用压力安装相应的回火防止器;

⑦冬季使用溶解乙炔气瓶时,防止瓶温过低而影响乙炔的分解,当温度低而乙炔压力不足

时,可将气瓶搬入室内,使瓶温正常后再使用,以便充分使用瓶内的乙炔气;

⑧开启溶解乙炔气瓶时,必须使用专用套筒扳手,防止将瓶阀压紧帽松脱,而造成阀门失灵;

⑨溶解乙炔气瓶的气体严禁用尽,要留0.1~0.2个表压,用后要将瓶阀关紧,防止漏气。

(3)减压器的安全使用:

①安装减压器前,先检查接头螺纹有无损坏,以防安装不牢,检查表针是否处于零位,然后打开氧气阀门,将气嘴内的灰尘、污物等吹掉,以防杂物进入减压器内,损坏减压器;

②安装好减压器,开启氧气阀门前应先将减压器的调压螺钉旋松,使其处于非工作状态,以防止开启氧气阀门而损坏减压器;

③严禁减压器沾有油脂;

④开启氧气瓶时应缓慢进行,以防开得过快,高压气体损坏减压器;

⑤开启氧气阀后,应注意检查减压器各部位是否有漏气现象,压力表工作是否正常;

⑥调节工作压力时(顶风),应缓慢地旋进调压螺钉,防止高压气体冲坏弹簧、薄膜装置或使低压表损坏;

⑦减压器在使用过程中,发现冻结现象时,应用温水解冻,不得用火烤;

⑧严禁氧气减压器和乙炔减压器相互换用;

⑨停止工作时,应先将减压器的调压螺钉松开,再关闭瓶阀,防止减压器内存有气体和拆卸减压器时损坏螺纹或伤人;

⑩减压器必须定期检修,其上的压力表必须定期检验,以确保压力的准确性。

(4)焊炬、割炬的安全使用:

①焊炬(割炬)使用后要妥善保管,防止砸压,不得沾有油脂;

②要保持焊嘴(割嘴)连接面的光洁平整,防止划伤,以免接触不严密而漏气;

③使用时,严禁用焊炬(割炬)敲打工件或清除氧化渣;

④要经常检查焊炬(割炬)的射吸性能,防止各阀门漏气,若发现漏气应及时检修;

⑤使用焊炬(割炬)时若发现嘴内阻塞,要用合适的通针清理内孔,严防将内孔壁划伤;

⑥回火制止后,应清理焊炬(割炬)内的炭灰,并冷却后方可继续使用;

⑦安装拆卸割嘴时,只能用扳手,不得用其他铁器砸。

(5)氧气胶管和乙炔胶管的安全使用:

①胶管要避免长期日光照射;

②胶管在使用过程中,应距离高温和火源1m以上;

③使用胶管前必须用空气把胶管内的杂物吹除,以防堵塞,但不得用氧气吹可燃性胶管;

④当发生回火时,倒流的火焰通过胶管后,此胶管不能继续使用,要更换新的胶管。

8.2.2 常用工具、仪器和设备

(1)气焊和气割的设备及工具。气焊和气割的设备及工具主要有:气瓶、减压器、回火防止器、输气胶管、焊炬和割炬等。

(2)气焊和气割的焊接材料。气焊和气割的焊接材料主要有:氧气、乙炔、气焊丝和气焊熔剂。氧气纯度不应低于98.5%。乙炔是一种有爆炸性的危险性气体。乙炔与铜或银长期接触后会生成一种爆炸性的化合物,所以凡是与乙炔接触的器具设备禁止用银或纯铜制造。气焊丝的选用十分重要,焊缝的成分和质量与气焊丝直接相关,气焊丝的常用牌号和用途见表5-7。

单元五 汽车机修基础知识

钢焊丝的常用牌号和用途 表 5-7

牌 号	用 途	牌 号	用 途
H08A	焊接较重要的低、中碳钢及某些低合金钢结构	H08Mn	焊接较重要的碳素钢及普通低合金钢结构,如锅炉、受压容器
H08E	焊接较重要的低、中碳钢及某些低合金钢结构,工艺性较好	H10Mn2MOA	焊接普通低合金钢

气焊熔剂是为了防止金属的氧化和消除已形成的氧化物,在焊接有色金属(如铜及铜合金、铝及铝合金)、铸铁和不锈钢等材料时,通常要采用气焊熔剂。

气焊熔剂可以在焊接前直接撒在焊件破口上,或者蘸在气焊丝上加入熔池。气焊熔剂的常见牌号和用途见表 5-8。

气焊熔剂的常用牌号和用途 表 5-8

熔剂牌号	代号	名 称	用 途
气剂 101	CJ101	不锈钢及耐热钢气焊熔剂	不锈钢及耐热钢气焊时的助熔剂
气剂 201	CJ201	铸铁气焊熔剂	铸铁件气焊时的助熔剂
气剂 301	CJ301	铜气焊熔剂	铜及铜合金气焊时的助熔剂

(3)气焊和气割的设备、工具的正确使用。

①氧气瓶。氧气瓶是贮存和运输氧气的高压容器,氧气压力一般为 15MPa,它的构造如图 5-114 所示,外表规定为天蓝色。

开启氧气瓶阀时,不要面对出气口和减压器,以防伤人。

②溶解乙炔气瓶。溶解乙炔气瓶是贮存和运输乙炔的高压容器,乙炔压力一般为 1.5MPa,它的构造如图 5-115 所示,外表规定为白色。

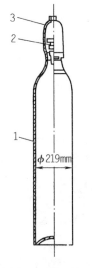
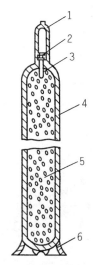

图 5-114 氧气瓶的构造示意图
1-瓶体;2-瓶阀;3-瓶帽

图 5-115 乙炔瓶的构造示意图
1-瓶帽;2-瓶阀;3-石棉;4-瓶体;5-多孔性填料;6-瓶座

溶解乙炔气瓶应直立放置使用,其温度不能过低,否则影响充分使用瓶内的乙炔,但温度也不能过高,高温降低乙炔的溶解度,而使瓶内乙炔气的压力剧增,甚至爆炸。

③减压器。减压器起减压和稳压作用,氧气减压器的构造如图 5-116 所示,外表规定为天蓝色。

乙炔减压器的构造如图 5-117 所示,外表规定为白色。

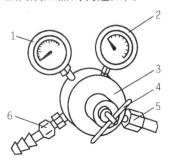

图 5-116 氧气减压器的构造示意图
1-低压表;2-高压表;3-外壳;4-调压螺钉;5-进气接头;6-出气接头

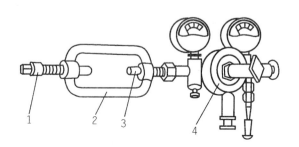

图 5-117 乙炔减压器的构造示意图
1-紧固螺钉;2-夹环;3-连接管;4-乙炔减压器

减压器上有两只压力表,一只为高压表,显示瓶内的压力;一只为低压表,显示气体的工作压力。

乙炔减压器压力表表盘上的红色刻度表示最大的许可工作压力,使用时应严格控制。

④回火防止器。它的作用是当回火发生时阻止倒流的火焰进入乙炔发生器,防止发生爆炸。干式回火防止器的构造如图 5-118 所示。

使用安装干式回火防止器时要注意方向性(一般外部有箭头表示气体的流出方向)。

⑤氧气胶管和乙炔胶管。规定红色为氧气胶管,允许工作压力为 1.5MPa,乙炔胶管为黑色,允许工作压力为 0.5MPa。

⑥割炬。它是气割的主要工具,目前主要使用射吸式割炬,其构造见图 5-119 所示。割嘴主要分为整体式和组合式两种,如图 5-120 所示。

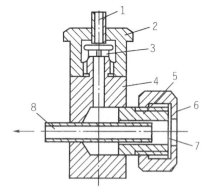

图 5-118 干式回火防止器的构造示意图
1-进气管;2-端盖;3-逆流阀;4-阀体;5-膜座;6-膜盖;7-防爆膜;8-出气口

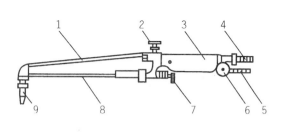

图 5-119 射吸式割炬
1-切割氧气管;2-切割氧气手轮;3-手柄;4-氧气管接头;5-乙炔管接头;6-乙炔开关;7-预热氧气手轮;8-混合气管;9-割嘴

⑦焊炬。目前主要使用射吸式焊炬,如图 5-121 所示。

⑧手工气割(气焊)设备及工具的连接。设备和工具的连接如图 5-122 所示。

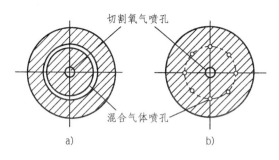

图 5-120 割嘴形式
a) 环形割嘴; b) 梅花形割嘴

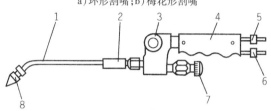

图 5-121 射吸式焊炬
1-混合管; 2-射吸管; 3-氧气调节阀; 4-手柄; 5-氧气管接头; 6-乙炔管接头; 7-乙炔调节阀; 8-焊嘴

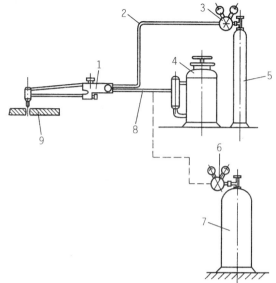

图 5-122 气割(气焊)设备及工具的连接示意图
1-割炬(焊炬); 2-氧气胶管; 3-减压器; 4-乙炔发生器; 5-氧气瓶; 6-减压器; 7-乙炔瓶; 8-乙炔胶管; 9-割件

8.2.3 气焊的基本知识

(1) 气焊焊接参数的选择。

① 焊丝的牌号。焊丝的牌号的选择见表 5-7。

② 焊丝的直径。焊丝的直径的选用,要根据焊件的厚度来确定,焊接 5mm 以下板材时,焊丝直径要与焊件的厚度相近,一般选用 $\phi 1 \sim \phi 3$ 焊丝。

③ 气焊剂。气焊剂的选择见表 5-8。

④ 火焰的种类。各种不同材料的焊件,应选用不同的火焰种类,参见表 5-9。

气焊火焰的种类选用表　　　　表 5-9

焊件材质	火焰种类	焊件材质	火焰种类
低碳钢	中性焰或乙炔稍多的中性焰	纯铜	中性焰
中碳钢	中性焰或乙炔稍多的中性焰	青铜	中性焰或微氧化焰
低合金钢	中性焰	铝及铝合金	中性焰或乙炔稍多的中性焰

⑤ 焊炬的倾斜角度。焊炬的倾斜角度的大小,主要取决于焊件的厚度和母材的熔点。焊件越厚、导热性及熔点越高,应采用较大的焊炬倾斜角。

焊接碳素钢时,焊炬倾斜角与厚度的关系如图 5-123 所示。

⑥ 焊接速度。一般情况下,厚度大、熔点高的焊件,焊接速度要慢些;反之应采用较大的焊接速度。总之,在保证焊接质量的前提下,应尽量加快焊接速度。

(2) 操作方法。气焊的操作方法有左焊法和右焊法两种,如图 5-124 所示。

右焊法适用于焊接厚度较厚的焊件。

左焊法适用于焊接厚度较薄的焊件,应用较为广泛。

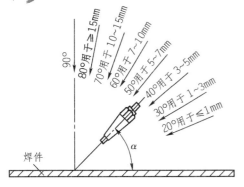

图 5-123　焊炬的倾斜角度与焊件厚度的关系

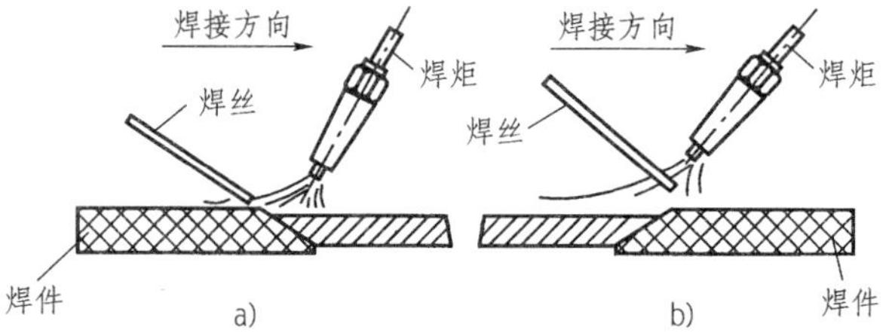

图 5-124　气焊操作方法
a) 右焊法；b) 左焊法

8.2.4　气割的基本知识

（1）气割参数的选择。

气割参数的选择正确与否，直接影响到切口表面的质量，而气割参数的选择又主要取决于割件的厚度。气割的主要参数如下：

①切割氧气压力。氧气压力的大小一般取决于割件的厚度，见表 5-10。

②切割速度。切割速度的大小主要取决于割件厚度和氧气压力，见表 5-10。

钢板的气割厚度与切割速度、氧气压力的关系　　　　　　　　　　　　　　　　表 5-10

钢板厚度 (mm)	切割速度 (mm/min)	氧气压力 (MPa)	钢板厚度 (mm)	切割速度 (mm/min)	氧气压力 (MPa)
4	450~500	0.2	30	210~250	0.45
5	400~500	0.3	40	180~230	0.45
10	340~450	0.35	60	160~200	0.5
15	300~375	0.375	80	150~180	0.6
20	260~350	0.4	100	130~165	0.7
25	240~270	0.425			

③预热火焰能率。预热火焰的作用是把金属割件加热至燃点。板越厚，预热火焰的能率越高。

④割嘴与割件的倾斜角。当割嘴沿气割相反方向倾斜一定角度时，能使氧化燃烧产生的熔渣吹向切割线的前缘，从而减小后拖量，提高切割速度。进行直线切割时，应充分利用这一特性。割嘴与割件的倾斜角度，主要根据割件厚度来确定。

⑤割嘴离工件表面的距离。通常情况下割嘴离工件表面的距离主要与割件厚度有关，见表 5-11。

割嘴离工件表面的距离（mm）　　　　　　　　　　　　　　　　　　　　　　表 5-11

割件厚度	3~5	6~12	12~40	42~80	80~100
割嘴离工件表面的距离	4~5	5~7	7~9	8~12	10~14

（2）操作方法。

①气割操作姿势。根据割件所在的空间位置、切口的形式和切口的长短，气割操作姿势多

种多样,最基本的是"抱割法"。

抱割法是右手把住割把,并以中指靠扶预热氧气调节阀,以便随时调整预热火焰和回火时能及时切断预热氧气供给;左手的大拇指和食指把握切割氧调节阀,其余三指托住混合气管并掌握按线气割的方向。"抱割法"一般是从右向左气割。

②气割前的准备工作:

a 认真熟悉气割工艺;

b 垫高、放稳工件,清除污物;

c 检查复验切割线及尺寸;

d 选用气割方法、割炬和割嘴;

e 连接设备及工具(氧气瓶、乙炔发生器、割炬等);

f 向气割场地洒水,防止吹起尘土;

g 准备遮挡板,防止飞溅;

h 准备通风排烟设施;

i 调试火焰能率及风线等工艺参数。

③气割操作要点:

a 气割过程中,要使割嘴与工件表面距离保持均匀一致,以保证切口宽窄一致。割嘴与工件表面的距离主要根据割件厚度确定,见表5-11。

b 气割时,要使割嘴与切口两侧工件保持垂直,如图5-125所示,以保证切割面的垂直。

c 在气割长直线缝时,随着气割过程的进行,操作者的身体不要弯得太低,沿气割方向不要倾斜太大,因此,要求每次移动距离和位置要适中,一般移动距离为300~500mm。在移动前将割嘴沿切口方向往回带,并立即抬起。如果移动速度快可不关闭切割氧气,立即将割嘴风线沿切口返回气割处继续气割,但气割厚板在移动位置时,一般都要关掉切割氧气,并重新预热、气割。

d 气割过程中,操作者的眼睛要始终注视割嘴和切割线的相对位置,注意割透及后拖量的大小,如图5-126所示。如果后拖量大或割不透时,应放慢切割速度或提高切割氧气的压力。

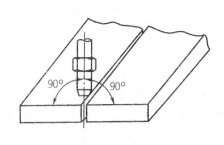

图 5-125　割嘴角度

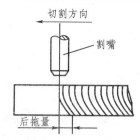

图 5-126　气割后拖量示意图

e 气割时,切口应留半个样冲眼。

f 气割前应认真复查划线尺寸、交叉切口处的样冲眼是否符合要求。

g 气割薄板时,要保持割嘴沿切割方向后倾一致。

h 气割直线时,正确的气割顺序是:先割长缝,后割短缝,应在交叉切口处停割,避免停在交叉切口的两边。

9 钣金的基本知识

9.1 安全与环保知识

9.1.1 汽车钣金维修工艺中的安全生产一般常识

(1) 进行钣金修理作业的工作人员,必须专心工作,绝不可在钣金车间(或场地)嬉戏打闹、闲游。

(2) 搬运重物时,精力集中,量力而行。

(3) 严禁将钣金工具放入衣袋内,以避免尖端刺伤自己和他人。

(4) 工作时要穿紧身工作服,不许穿宽大衣服、系领带到机器附近。

(5) 工具和设备有故障或损坏必须报告。

(6) 所用各类锤具的木柄应光洁无毛刺,锤头必须安装牢固,不允许使用无柄锉刀。

(7) 两人在一起进行锤击操作时,不要相对而站,要保持一定距离,以免脱锤或飞刺伤人。

(8) 使用砂轮机时,必须站在砂轮一侧,并戴护镜。

(9) 要用刷子等工具清理机器附近的金属碎屑,不许用手直接去清除。

(10) 錾子、冲子和其他类似的工具,要磨掉"香菇头"后,方可使用。

(11) 使用扳手时,应向里拉,切勿外推,以免扳手滑脱伤人。

(12) 确保室内通风良好,防止喷漆和灰尘的烟雾过分聚集。

(13) 进入车间或新工位,要立刻记住灭火器和太平门的位置。

9.1.2 剪板机安全生产常识

在剪板机机床上发生的断手指、断臂等人身伤亡事故率最多,因此要特别引起操作者的注意。

(1) 剪板机上任何防护装置均不可拆除。

(2) 不能剪切超过规定厚度的厚板材。

(3) 手不能放入切刀之下。

(4) 切不可将手伸到切刀后方去把持板片。

(5) 手指一定要让开剪板机的压紧架,否则在切板时很可能压断手指。

(6) 切板时切勿用手把持板片。这样断板很容易翘起,由此将你的手指送入刀下。

(7) 不要将脚卡在脚踏板上,更不要二人同时操纵一台机器。

9.1.3 钣金机械安全操作常识

(1) 当有人正在操作折边机手杆时,他人不要把手放在机器上。

(2) 在弯板机的主开关未切断时,绝不能将手放在机器上。

(3) 操作弯板机时,注意平衡锤附近是否站有其他人,避免出现伤人事故。

(4) 折边机工作时,注意别让手杆击伤。

(5) 严禁在任何钣金机械上弯折棍棒或铁丝,以免损坏设备。

(6) 严禁用任何一种手锤在钣金设备上敲击。

9.2 常用工具、仪器和设备

(1) 钣金基本设备。工作平台、平台、工具架和工具箱、清洗盘和零件盘。

(2)下料的工具和设备。手剪、杠杆式剪床、剪板机、圆盘旋转剪切机。

(3)正整形工具:

①手工工具。抵座、锤、修平刀、锉刀等。

②整形机具。夹具、矫正歪斜的机具(液压千斤顶、撑拉器、钣金矫正拉组合工具等)、门式动力机、整平机械和圆盘抛光器。

(4)铆接工具。手锤、漏冲、窝子。

(5)弯曲的工具和设备。手锤、台钳、折板机、卷板机等。

9.3 钣金的基本知识

9.3.1 下料的基本知识

(1)手工剪切。手工剪切的工具一般采用手剪,如图5-127所示。

手剪可剪切厚度为1mm以下的钢板和1.2mm以下的铜、铝板。

(2)杠杆式剪床剪切。如图5-128所示的杠杆式剪床可剪切1~2mm厚的金属板。剪切时,把金属板放在剪台上,要求的宽度应与下刀片重合,用压板9夹住金属板料,即可下压杠杆进行剪切。

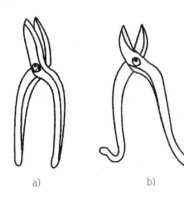

图5-127 手剪
a)弯剪;b)直剪

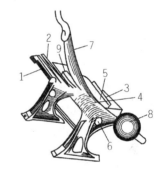

图5-128 杠杆式剪床
1-导尺;2-手轮;3-尾尺;4-螺栓;5-沟槽;
6-下刀片;7-上刀片;8-平衡铊;9-压板

上面两种下料的方法适合于薄板剪切,当厚度较大或批量较大时,可采用机械剪切,如剪板机、圆盘旋转剪切等方法。

(3)其他下料方法。除以上介绍的板材切割外,对扁钢、型钢的下料,在维修企业广泛采用手工锯割方法。锯割方法详见相关的实训部分。

9.3.2 连接的基本知识

板件连接的方法有手工电弧焊、气焊、点焊和铆接等。其中手工电弧焊和气焊的内容前面已经介绍,在此主要介绍点焊和铆接的操作要求。

(1)点焊。点焊机一般包括焊接变压器,焊接电流的调整装置,焊接电极装置,控制装置及水冷装置等部分。其工作原理如图5-129所示。上下两个电极1是由上下两支臂状电极卡头2固持着,下臂是固定的,上臂可以上下作弧状运动。以脚踏板9经弹簧将力传于电极,使其合拢,夹住焊件,但此时电路尚未接通。当继续踏压踏板时,压力杆上的销键使断路控制器

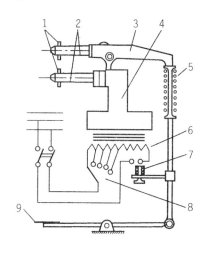

图 5-129 点焊机工作原理
1-电极；2-电极卡头；3-压紧臂；4-次级线圈；5-压紧机构；6-初级线圈；7-断路控制器；8-变压器级数开关；9-脚踏板

7闭合电源电路,则电源电流通过变压器初级线圈6,立刻在单匝的次级线圈4中产生电压,使焊接电流流通进行焊接。待焊接终了,松开踏板,自动控制机构即自动切断电源,电极也立刻离开焊件,第一个焊点即焊接完毕。

脚踏式点焊机的大小型式很多,要按焊件厚薄的需要选择应用。在汽车钣金工作中,一般用容量 1~5VA的小型点焊机,可以从事焊接 0.5~3mm厚的低碳钢板,其电源电压为 220~380V,焊接电压为 5~20V不等。

(2)铆接。铆钉铆接时,要透过两块板料,然后将钉杆用锤打成钉头。铆接常用的工具有以下几种。

手锤。手锤是用含碳 0.4%~0.6%的碳素钢制成,手锤的两端必须淬火。为了便于铆接和连接质量,在铆接中,应根据铆钉的大小来选取合适的手锤,详见表 5-12。

根据铆钉规格不同选用相应手锤　　　表 5-12

铆钉直径(mm)	手锤质量(kg)	铆钉直径(mm)	手锤质量(kg)
2.5~3.6	0.3~0.4	4~6	0.4~0.5

漏冲。漏冲是用来漏冲铆钉和镦紧连接件的。0.7mm以下的薄板件的连接,外观要求不高时,可不用钻孔而直接用漏冲也可以使铆钉透过板件。漏冲的工作端和承受锤击的一端必须淬火。

窝子。窝子是用来把已铆合的铆钉头窝成半圆头。窝子的工作端凹窝大小直接影响钉头的质量,所以,在窝头前应认真根据不同直径选择窝子。

9.3.3 矫正的基本知识

在整个钣金修理作业中,钣金矫正、整形的工作量占有相当大的比重。矫正分手工矫正和机械矫正。我国汽车修理中钣金矫正主要是手工矫正,所以工具也以手工工具为主。

(1)手工工具。由于汽车钣金造型复杂,故汽车钣金修理作业常用的整形矫正工具也繁多(图 5-130)。作业时,根据被修整部位金属板曲面形态等条件,按粗整形、细整形、整形精加工、表面处理等工序,适当选择工具类型,以下对手工工具及使用作简要说明。

①抵座。用手锤敲击钣金件时,用来衬托钣金内面的工具称为抵座(图 5-131)。根据被整修部位的特点,这类工具应制造出相应的各种表面形状。

②锤。根据被修整部位的变形情况及材质等特点,可选用图 5-130 中不同的钣金作业锤,如对薄板件和有色金属工件,应选用铜锤、木锤和硬质橡胶锤进行锤击。

③修平刀。在徒手钣金修理作业中,经常会遇到较难修整的钣金部位及板材,可用图 5-130中所示的各种修平刀具进行修整。

④车身锉刀。车身锉刀是用来修整锤、抵座、修平刀等钣金工具作业留下来的凸凹不平的痕迹而使用的钣金专用工具。它与仅用于锉削金属件的一般锉刀是有区别的。换句话说,车身锉刀只与凸起金属材料接触,适用于对加工后较粗糙的表面进行光洁处理的作业。

单元五 汽车机修基础知识

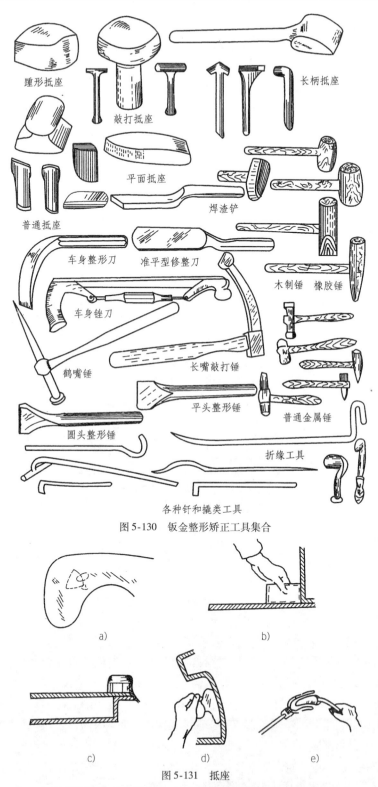

图 5-130 钣金整形矫正工具集合

图 5-131 抵座
a)敲打抵座；b)普通抵座；c)平面抵座；d)踵形抵座；e)长形抵座

⑤其他工具。

折缘工具(图5-130)。折曲或延展金属板材凸缘部分而使用的工具。

平头整形锤(图5-130)。修整箱形角等部位使用的专用钣金整形工具。

鹤嘴钎(也称鹤嘴撬)。修整车门板上带有小凹面的部位时所选用的工具。

焊道刮板。焊道刮板与图5-130中准平型修整刀很相似,但较修整刀刃厚。焊道刮板是为平展焊料而使用的工具。

(2)矫正整形的基本技能。在钣金矫正整形作业中,其基本技能有手工敲平和拉拔两种。

①手工敲平。因某种原因金属板中部形成凸鼓后,敲击矫平的方法是:将板料鼓面向上放在平台上,一手按住板料,一手持锤由板料四周边缘向鼓面中心逐步进行敲击。敲击时,边缘处击力要重,击点密度要大,至鼓面中心,击力逐渐减小,击点逐渐变稀。随着敲击的轻重疏密,金属板从四周开始延伸,逐渐至鼓面中心,最后使整个金属板的组织应力达到平衡,这块板料即矫平了。

在敲击修整的过程中,要随时观察板料的形状变化情况,有针对性地改变敲击力和增减击点,不可在某一处敲击次数过多或用力过重,以免出现新的鼓凹变形。

板料基本敲平后,再用木锤进行一次调整性敲击,以使整个组织舒展均匀,消除内应力。

图5-132为矫平鼓面金属料的敲击示意图。

金属板料四周翘曲不平,即周边组织松弛,中间紧密。这种变形,是由于边缘受到挤压而拉伸膨胀所造成。矫平这种变形,应从板料中间开始敲击,击点逐渐向四周边缘扩散,由密变疏,击力也由强变弱,如图5-132a)所示,敲击方法与图5-132b)相反。

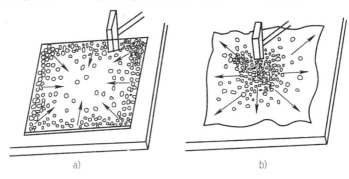

图5-132 矫正金属板料的敲击示意图
a)矫正凸鼓面;b)矫平翘曲面

使用手锤与手顶铁在钣金修理作业中有两种技巧:一种是实敲,另一种是虚敲。

实敲是手顶铁的位置和榔头敲打的位置相同;也就是将手顶铁置于钢板凸出部位的内侧,然后使用榔头敲打凸出部位,如图5-133所示,将手顶铁正确地顶至钢板的凸出部位。一般实敲敲击技巧是使用虚敲修正较大的凹陷后,再用来修整细微的凹陷。

虚敲是手顶铁的位置和榔头敲打的位置不同;也就是将手顶铁置于钢板内侧较低的部位,而以榔头敲打钢板外侧较高的部位。假如敲击凸出部位时没有用手顶铁顶住,则敲击时钢板会因为本身的弹性而引起反跳,而不易将凸出部位敲下;此时若将手顶铁置于钢板内侧如图5-134所示,则敲击时钢板的反跳将会受到限制,而能够将凸出部位敲下。所以虚敲的敲击技巧通常使用于维修大区域的凹陷。

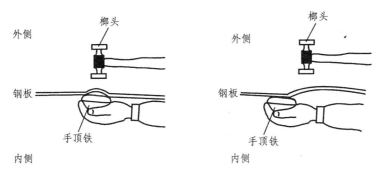

图 5-133　实敲示意图　　　　　图 5-134　虚敲示意图

②拉拔。拉拔作业是通过垫圈熔植机将垫圈固定在凹陷部位,如图 5-135 所示。

拉拔原理如图 5-136 所示,虽然垫圈熔植法是将垫圈熔植于钢板上,但所采用的原理和使用榔头与手顶铁的方式相同。虚敲作业的手法,是将手顶铁置于钢板凹陷部位内侧的最凸出点,而垫圈熔植作业的垫圈是熔植于钢板的外侧,以取代向外侧压出的手顶铁,然后钩住垫圈向外侧拉拔。如图5-136b)所示,钩住垫圈向外侧拉拔时,于凹陷部位周围(A)部位塑性变形,此部位只要用榔头敲人,就可修正垫圈熔植处的凹陷。使用垫圈熔植法来维修钢板时会残留小的凹陷,此种小的凹陷就必须依靠施涂原子灰来填平。

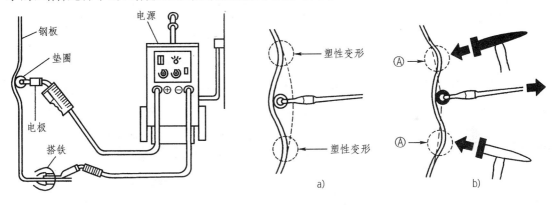

图 5-135　垫圈熔植机示意图　　　　　图 5-136　拉拔作业示意图

拉拔的方法和种类如下。

a 使用手拉器拉拔。如图 5-137a)所示,使用手拉器拉拔熔植垫圈,然后以榔头敲击钢板凸起部位;此种方法适用于维修小的凹陷部位。

b 使用滑动拉拔。如图 5-137b)所示,使用滑动锥拉住熔植的垫圈后,再利用滑动锥的冲击力完成凹陷的粗拉作业和钢板刚性强的部位。

c 使用锁定链拉拔。如图 5-137c)所示,此种方法用于维修大的凹陷部位,将多数的垫圈熔植于钢板上,并且用较大的力量一起将垫圈拉出。

9.3.4　锤拱的基本知识

将板料锤击成曲面形状的钣金制件,这种钣金操作工艺方法被称做锤拱。其基本成型原理是通过锤击使板料中部伸展变薄向外拱曲,板料的边周起皱向里收缩并稍有增厚。这样反复进行锤击,使平板逐渐形成所需要的形状,像客车的车身包角、货车的驾驶室顶、轿车的翼板及各种车型的灯壳等,都可用锤拱的方法配制。

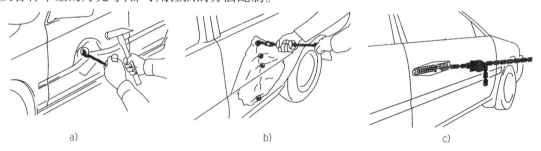

图 5-137 拉拔方法
a)手拉器拉拔;b)滑动拉拔;c)锁定链拉拔

(1)钣金锤拱制件展开尺寸的确定。锤拱制件钣金展开尺寸的确定,常采用实际比量凭经验下料和计算下料两种方法,由于板料质量、拱曲程度和操作方法等因素的不同,计算方法只供参考,一般多采用前种经验法下料。

实际比量法是用纸按实物或模胎的形状压成皱褶附在实物或模胎上,剪去没有贴合的边缘多余部分,然后将贴合部分展开,便是下料的参考样板。

计算法是在没有实物或模胎不足的情况下,采用的一种近似估算的方法,如半个球面的拱形件是按圆形展开下料,其毛料直径 D 可按下列经验公式计算:

$$D = \sqrt{2d^2} = 1.414d$$

式中:d——半球面形制件的直径。

(2)钣金锤拱的操作方法。

①将剪好的板料置于砧座上(图 5-138),使需拱曲的部位对准砧座的凹坑,一手扶持板料,一手持锤敲击需拱曲的部位。敲击时要不断地转动板料,使制件中心向四周逐渐延展形成曲面形状,伴随着曲面的延展,制件周边将出现了皱褶。此刻应停止对中部敲击,要将制件皱缩的边缘贴紧砧座,敲平皱褶,皱褶被敲平后,再继续进行中部锤拱。这样反复进行,直至达到要求为止。

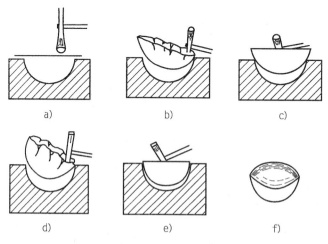

图 5-138 锤拱成型过程

②锤拱过程中,要随时观察成型情况,根据需要变换敲击位置和敲击力量,以免造成撕裂或超过所需的曲度。

③基本成型后,将小凸凹敲平,最后将边缘剪修整齐。

精度要求不高、拱曲度不大的制件,也可在木墩上挖坑代替铁石砧座(图5-139),或在潮湿的土地上进行锤拱。较小的钣金制件,也可利用废轴承圈作砧座,用小手锤进行锤拱。

9.3.5 卷边的基本知识

为了增加钣金构件边缘的刚度和强度,使其光滑美观,将钣金件的边缘卷起来,此工艺称为卷边。卷边的形式分为空心卷边和夹丝卷边两种(图5-140)。空心卷边是将钣金构件的边缘包卷成圆管形。夹丝卷边是在空心卷边管内夹嵌一根钢丝,使部件的刚度和强度得到更进一步加强。

图5-139 在木墩上进行锤拱

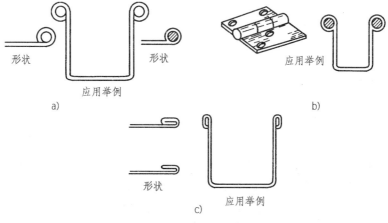

图5-140 卷边的形式

a)空心卷边;b)夹丝卷边;c)平行卷边

卷边的留边余量(图5-141)是根据卷边的圆管内径 D 来决定的,一般卷边圆管内径为板料厚度的4~7倍。卷边余量 δ 按以下公式计算:

$$\delta \approx 3(D+t)$$

式中:δ——卷边余量;

t——板厚;

D——卷边圆管内径(铁丝直径)。

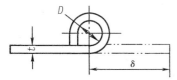

图5-141 卷边圆管留边余量

钣金卷边的方法也有两种,即手工卷边和机械卷边。这里只介绍手工卷边。

①在部件需要卷边的部位画上卷边标记线,并留出卷边余量(图5-142a)。

②将钣金制件放在平台之上,使卷边余量的1/3伸出平台,将伸出部分进行敲击弯曲(图5-142b)。

③将钣金制件逐渐外移,不断敲击,最后使卷边标记线移至与平台边棱对齐,仍继续敲击弯曲(图5-142c)。

④翻转钣金件,使弯边朝上,轻而均匀地敲击弯曲,使其逐渐向里包卷(图5-142d)。如制夹丝边,此刻可嵌入钢丝。为了防止钢丝弹出,可先间隔地包上几点,然后再全部卷合(图5-142e)。

⑤再翻转钣金制件,使卷边向下并紧靠平台边棱,将卷边普遍敲击一次,使其完全扣紧(图5-142f)。

假如部件形状复杂,不便在平台上操作时,可选用相当的抵座(垫铁)和手锤配合进行卷边,用抵座操作的步骤和在平台上完全一样,所不同的,只是部件不动而抵座不断移动位置。

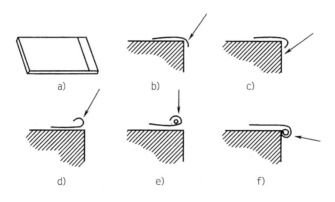

图 5-142　钣金卷边操作步骤

9.3.6　弯曲的基本知识

(1) 角型弯曲。

①"⌊"形的弯曲。弯曲"⌊"形板料的操作过程,可以对照图 5-143 和图 5-144 所示的步骤进行如下操作:

将弯曲线对正下方钢的棱角并夹牢,用木锤直接敲击使其折弯(适于厚度小于 1.5mm 的钢板),也可将木块垫在欲弯曲处用手锤敲击折弯。当板料较厚或强度较高时,也可以直接使用手锤敲打。对于较宽的板料(即弯边较长时),可以用手将其搬弯后再由下至上(从钳口开始)锤击。也可以一边用台钳夹住(图 5-144a),一边用木锤将其弯曲成型。对于过长的板料,还需要借助角钢或简易夹具来完成(图 5-144b)。但无论如何,锤击部位均应沿棱角的边缘从一端循向另一端。需要弯角的棱线比较清晰时,可于弯曲大致完成后,用平锤沿折边轻轻敲击找齐。

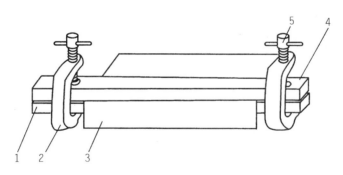

图 5-143　用专用工具加工
1-下方钢;2-弓形钢;3-板料;4-上方钢;5-加工手柄

板料弯曲成"J"形以后,通常还要大致验证一下弯曲角度。直角的验证方法比较容易,但有些摇把形弯件的折角往往大于 90°。一般除按要求处理好夹角外,更主要的是应确保两板平面的平面度。因为这类弯件在装配时,大多数场合都对两平面间的夹角有公差要求,成形过程中应不断进行检查和调整。

②"⊐"形的弯曲。"⊐"形的弯曲仍以"⌊"形弯曲为基础,按图 5-145b)所示方法弯曲一

单元五 汽车机修基础知识

直角后,再按图5-145c)所示方案弯折成槽形。如果将板边扳向另一边,就形成了"⌐"形构件(图5-145d)。与加工"J"形构件不同的是,弯角应略大于90°为宜。因为在成形过程中(尤其是较长的"J"形构件),往往会伴随着局部变形,如槽底的凹凸和弯边呈波浪形等。对此,可用平锤将槽底修平并将棱线理齐,最后再用平锤修整弯边的波形。显然,在修正两弯角直线时,弯边与槽底的夹角还会有所变化。

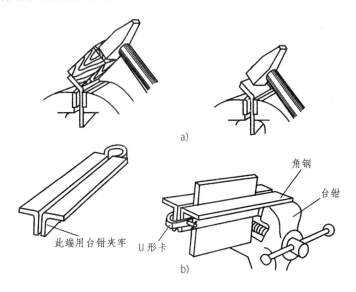

图5-144 "J"形板料的弯曲
a)用手锤加工;b)借助角钢或简易夹具加工

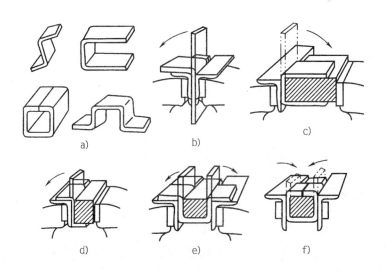

图5-145 "⌐"和"⌐⌐"型的手工成型工序
a)欲扳边形状;b)扳边形成"⌐"形;c)扳另一边形成"⌐⌐";d)反向扳边而成"⌐⌐"形;e)向两边弯折形成"⌐⌐"形;f)向内弯折形成"口"形

277

"⌐⌐"形和"口"形的弯曲都是在"⌐"形基础上完成的。按图 5-145e)所示方法,将槽形件夹持在台钳上并对准弯折线,向外弯曲并敲平便成为"⌐⌐"形构件。如果改为向内弯曲并敲平则成为"口"形构件(图 5-145f)。

弯曲板料最好不直接使用钳口作棱线基准,以防止因经常性锤击而使钳口发生损伤。

(2)弧形弯曲。弧形弯曲作业的目的是将板件弯曲成形为符合要求的弧形或筒形。利用卷板机可批量制作成符合图纸要求的弧形或筒形构件;手工弯曲则更能够满足现场使用要求。图 5-146 为弯曲弧形钣金构件的操作程序。如图所示,加工筒形构件时,第一步先两侧各 1/4 处分别敲成圆弧形状,然后再由两侧向中间逼近敲出圆弧。为了保证制成的圆弧或筒形构件与图纸要求相符,可预先按要求用硬纸作出样板,供制作过程与之对应。

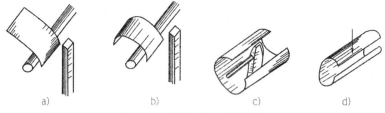

图 5-146 弧形弯曲的操作程序
a)、b)、c)、d)操作过程

9.3.7 咬缝的基本知识

咬缝是将两块板料分别制成梅形并扣合在一起的方法。咬缝可以取代焊接,更适合那些不允许焊接材料的连接。就咬缝的结构可分为单扣和双扣;就咬扣形式而言可分为立扣、角扣和卧扣。

手工咬缝需要使用手锤、弯嘴钳、拍板等,其操作方法与成型过程可由图 5-147 所示意的那样,先在板料上划出扣缝弯折线,再将板料放到砧铁上并使直线与边缘对正,用前述弯曲的办法使板边弯折成直角,然后朝上翻转板料并将弯边向里扣(注意不要扣死)。用同样的方法将另一块如法炮制后,再把两块板料彼此扣合在一起,使咬缝棱线最后压紧即可。

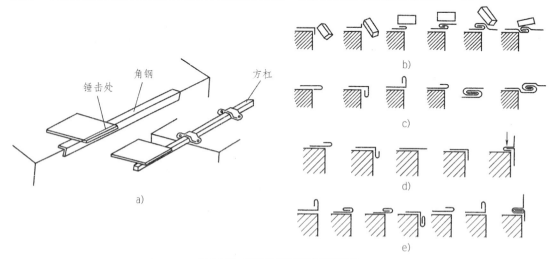

图 5-147 咬缝的类型及其操作过程
a)借助角钢或方杠进行咬缝的弯制;b)卧扣单咬缝的弯制过程;c)卧扣整咬缝的弯制过程;d)站扣单咬缝的弯制过程;e)站扣整咬缝的弯制过程

思考与练习

1. 测量与划线的常用工具、仪器与设备有哪些？
2. 怎样正确使用游标卡尺、千分尺、内径百分表？
3. 试叙述画线的基本要领。
4. 锯削的基本工具有哪些？
5. 试述锯削的基本要领。
6. 錾削常用工具、仪器与设备有哪些？
7. 试述錾削的基本要领。
8. 锉削的常用工具、仪器与设备有哪些？
9. 试述锉削的基本要领。
10. 钻削常用工具、仪器与设备有哪些？
11. 试述钻削的基本要领。
12. 焊条电弧焊的常用工具、仪器与设备有哪些？
13. 怎样合理选择焊条电弧焊的参数？
14. 试述焊条电弧焊的基本操作技术。
15. 气焊的常用工具、仪器与设备有哪些？
16. 试述气焊的基本操作技术。
17. 钣金常用工具、仪器和设备有哪些？
18. 试述钣金的下料、连接、矫正、卷边、弯曲、咬缝和锤拱的基本操作技术。

参考文献

[1] 刘力.机械制图[M].北京:高等教育出版社,2000.
[2] 董桂田.工程训练[M].北京:科学技术出版社,2003.
[3] 杨连生.内燃机设计[M].北京:中国农业机械出版社,1981.
[4] 曹寅昌.汽车构造[M].武汉:湖北科学技术出版社,1989.
[5] 刘维展.汽车制造工艺学[M].北京:人民交通出版社,1989.
[6] 于建淑等.实用汽车维修技术[M].北京:人民出版社,1995.
[7] 朱秀林.汽车机械基础[M].北京:电子工业出版社,2005.
[8] 潘旦君.机械基础[M].北京:高等教育出版社,1986.
[9] 何法明.液压与气动技术学习及训练指南[M].北京:高等教育出版社,2003.
[10] 廖琨.机械原理及机械零件[M].北京:人民交通出版社,1999.
[11] 凤勇.机械基础第一分册工程力学[M].北京:人民交通出版社,2003.
[12] 凤勇.机电维修技术实训[M].北京:人民交通出版社,2002.